みんなが欲しかった！
簿記の教科書

滝澤ななみ
Nanami Takizawa

日商 **3** 級

 商業簿記

授業と書籍の強みを生かした最強の簿記の教科書

本書が選ばれるワケ

本書の特徴 1

授業で行う解説を コンパクトに再現

特に重要な項目や教科書を読んだだけではイメージしづらい内容については、授業中に解説するような、身近な例を用いた説明 をつけました。

これならわかる!!

10,000円札を見て、「お金」という人もいますし、「お札」や「現金」という人もいます。そこで、簿記では誰が処理しても同じ処理になるように、「お金」や「お札」は「現金」、「マンション」や「家屋」は「建物」で処理するというルールがあるのです。「現金」や「建物」のように、取引を処理するさいの、決められた用語が勘定科目です。

また、補助的な知識を説明した **ひとこと** でさらに理解が深まります。

ひとこと

貸借対照表は英語でバランス・シート (Balance Sheet) というため、貸借対照表のことを「ビー・エス (B/S)」ということもあります。また、損益計算書は英語でプロフィット・アンド・ロス・ステートメント (Profit & Loss Statement) というため、損益計算書のことを「ピー・エル (P/L)」ということもあります。

本書の特徴 2

授業の板書を図解に

本書を用いて講義をした場合の板書イメージをそのまま **図解** として載せました。**図解** にはテキストの最重要ポイントがまとめられているので、試験直前に図解部分だけを流し読みすることも効果的です。

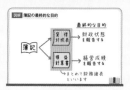

購入者特典

★1 仕訳Webアプリ

簿記において仕訳は超重要課題。すき間時間を有効活用して、仕訳Webアプリ「受かる! 仕訳猛特訓」で毎日練習しましょう!

アクセス方法はP10参照

★2 模擬試験プログラム

ネット試験対策用として、本試験タイプの問題1回分をWeb上で解くことができます。ネット試験を受ける方はぜひご利用ください。

アクセス方法はP10参照

本書は、授業と書籍の両方の強みを取り入れた、簿記の初学者のための日商簿記検定受験用テキストです。

授業の強みはなんといっても、かみ砕いた、わかりやすい講師の解説です。また、書籍の強みはコンパクトさです。この、それぞれの強みをバランスよく配合して特徴づけ、さらにこだわりポイントを入れてパワーアップさせたのがこの本です。

そして、スマートフォンの普及により、本をベースに、もっとわかりやすく、もっと手軽に学習していただける環境が整い、さらには、ネット試験の導入により、パソコンを使って問題を解く練習をする必要も生じました。これらの環境の変化に対応するため、本書ではさまざまな購入者特典をご用意しました。

さらに…こだわりポイント

❶ カラーアイコンで新出勘定科目を制覇

新しく出てきた勘定科目については、本文の左右横にアイコンで表記しました。

資産	負債	資本(純資産)	収益	費用	その他
New 現金	New 借入金	New 資本金	New 売上	New 仕入	New 貸倒引当金

上記の分類により、それぞれのカラーで示してありますので、ひとめで把握できます。

❷ Reviewマーク付き

1度学習したテーマについては、*Review* を入れました。該当箇所に戻って確認してください。

❸ 勘定科目を一覧でチェック！

補助資料（巻末294ページ）は、勘定科目を一覧でまとめたものです。TAC出版書籍販売サイト・サイバーブックストアからダウンロードすることもできます。
https://bookstore.tac-school.co.jp/

本書の特徴

3
読んだらすぐ解く！基本問題

授業では、各項目を学習したあと、練習問題を解いたりすることもあります。そのため、本書では各CHAPTERの最後に「基本問題」をつけました。これによって、本書で学んだ内容をすぐに問題を解いて確認することができます。

本書の特徴

4
これが書籍の強み別冊 SIWAKE-119

教科書で登場する仕訳を別冊のSIWAKE-119としてまとめました。切り離していつでもどこでも利用できます。

よーし！モヤモヤ解消するぞー!!

3
合格力をグンと上げる
フォロー動画

学習スタートから合格まで、動画でもサポートしています。苦手になりやすい論点については、動画で確認して理解を深めましょう！

アクセス方法はP10参照

このような工夫をすることによって、授業と書籍の強みを活かした、最強の「簿記の教科書」ができたと自負しております。本書を活用し、皆様が日商簿記検定に合格されることを心よりお祈り申し上げます。

滝澤ななみ

受験
申込みから合格までの流れ

ネット試験と統一試験の
受験申込みから合格まで
の流れをまとめました。

ネット試験

2021年度に新設された試験方法です

STEP 1 受験申込み

簿記2級・3級テストセンターの全国統一申込サイトより、受験希望日時・会場・個人情報等を入力し、クレジットカード、コンビニ払い等により受験料を支払います。最短で3日後の予約が可能です。

申込サイト:
https://cbt-s.com/examinee/examination/jcci.html

ネット試験と統一試験、どっちを選ぶ?

もしかしたら
ネット試験のほうが
ラクかも…

ネット試験も統一試験も合格の価値は同じです。問題のレベル、形式も同じとされています。入力のしやすさなどを考えると、ある程度パソコンの操作に慣れている方は、ネット試験で受けるのがよいでしょう。なお、ネット試験対策として模擬試験プログラムを用意していますので、活用してください(詳しくはP10参照)。

統一試験

STEP 1 受験申込み

試験の約2か月前から申込受付が開始されます。申込方法は、各商工会議所により異なりますので、受験地の商工会議所のホームページ等でご確認ください。

団体試験 —一部地域の商工会議所が

最新の情報は商工会議所の検定試験ホームページでご確認ください。

試験日	テストセンターが定める日で随時	試験時間	3級：60分 2級：90分	合格基準点	70点以上	受験料	3級：3,300円 2級：5,500円 ※別途事務手数料 550円がかかります。

STEP 2 受験

申込日時に申込みをした会場で受験します。試験画面に受験者情報を入力してから試験を開始します。受験者ごとに異なる試験問題（ランダム組合せ）が受験者のパソコンに配信され、受験者はパソコン上で解答を入力します。計算用紙と筆記用具は配布されますが、試験終了後に回収されます。

STEP 3 合格発表

試験終了後、即座に自動採点され、結果が画面に表示されます。合格者にはデジタル合格証が即日交付されます。

試験日	6月第2週、11月第3週、2月第4週の日曜日	試験時間	3級：60分 2級：90分	合格基準点	70点以上	受験料	3級：3,300円 2級：5,500円 ※別途事務手数料がか かる場合があります。

STEP 2 受験票の送付

試験日の約2週間から1週間前に受験票が送付されます。

STEP 3 受験

指定された試験会場で受験します。試験方式は紙媒体（ペーパーテスト）で、試験回ごとに全員同一の問題が出題されます。試験終了後、問題用紙、答案用紙、計算用紙は回収されます。

STEP 4 合格発表

試験日の約2週間から1か月後に合否が発表されます。

不定期で実施している一般向け団体試験もあります。（詳しくは各商工会議所ホームページでご確認ください）

なにが出題される？

3

ネット試験、統一試験ともに3級は第1問～第3問の
3問構成となっています。
各問で予想される出題内容は次のとおりです。

第1問

配点▷45点

第1問は仕訳問題が出題されます。
問題数は15問以内となっています。

ネット試験

勘定科目はプルダウン形
式で与えられ、1つを選択。
金額はテンキーで入力。

仕訳問題（主に第1問）では、同一勘定科目は
借方と貸方でそれぞれ1回までしか使えない

本来、仕訳を行うにあたっては、下記の（A）、（B）のどちらでも正解ですが、試験においては（A）
の形で答えなければなりません。

（A） 正解 正解となる例：各勘定科目を借方ま
たは貸方で1回しか使用していない

借　方		貸　方	
勘定科目	金　額	勘定科目	金　額
（ウ）現　金	1,000	（オ）売　上	3,000
（カ）売掛金	2,000		

（B） 不正解 不正解となる例：貸方で同じ勘定科
目を2回使用している

借　方		貸　方	
勘定科目	金　額	勘定科目	金　額
（ウ）現　金	1,000	（オ）売　上	1,000
（カ）売掛金	2,000	（オ）売　上	2,000

問題に指示が記載されますが、問題集を解くときにも気にするようにしましょう。

級編

※刊行時の日本商工会議所からの情報をもとに作成しています。出題内容は随時変更、追加されることが予想されます。

ネット試験の導入により、出題は、問題データベースからランダムに抽出されるので問題の質が均一となり、難易度のバラツキが解消されつつあります。「統一試験とネット試験では問題のレベル等に差異はない」とする以上、両者の問題の質はある程度、均一化されるはずです。標準的な問題が試験範囲全体からまんべんなく出題されるので、苦手を作らず、もれなく学習するようにしましょう。

第1問（45点）
次の取引について仕訳しなさい。ただし、勘定科目は各取引の下の勘定科目の中からもっとも適当と思われるものを選び、記号で解答すること。

1. さきに立替払いしていた発送費の精算として、取引先から郵便為替証書￥12,400を受け取った。
   ア．現金　イ．当座預金　ウ．立替金　エ．前受金　オ．発送費　カ．仮払金

2. 取引先秋田株式会社に貸し付けていた￥1,350,000（貸付期間：3か月、利率：年1％）について、本日、3か月分の利息とともに同社振り出しの小切手で返済を受けた。
   ア．受取利息　イ．貸付金　ウ．借入金　エ．当座預金　オ．支払利息　カ．現金

3. 週末に用度係より、次のとおり1週間分の小口現金に関する支払報告を受けた。なお、当社は定額資金前渡制（インプレスト・システム）を採用しているが、用度係に対する小口現金は、週明けに普通預金口座から引き出して補給する。また、ICカードについては、チャージの報告時に旅費交通費勘定で処理している。
   ICカードチャージ　￥　10,000（全額電車・バス料金支払いのために使用している）
   ハガキ・切手代　￥　3,500
   事務用品・文房具代　￥　2,000
   収入印紙　￥　2,500
   ア．小口現金　イ．租税公課　ウ．雑費　エ．旅費交通費　オ．通信費　カ．損益　キ．消耗品費

問題用紙

統一試験

勘定科目は与えられたものの中から1つを選択して記号を記入。金額は数字を記入。

答案用紙

第1問（45点）

	仕　　訳			
	借　方　科　目	金　額	貸　方　科　目	金　額
1				
2				
3				

仕訳のスピードを意識して

本試験では、じっくり見直しができる時間はありません。問題を読んで、一度で正確に解答できるよう、スピードが大変重要です。そのためにはどれだけ仕訳を、悩むことなく、素早くできるかがポイントとなります。特に3級は第1問の仕訳問題が15問もあります。1問1分程度でサクサク解けるように、仕訳Webアプリを用意していますので、活用して練習しておきましょう（詳しくはP10参照）。

第2問
配点▷20点

第2問は勘定記入、補助簿、空欄補充などの問題から2題出題されます。

ネット試験

該当する項目にチェックしたり、プルダウンによる選択群から語句などを選択。金額はテンキーで入力。

日商簿記3級 試験問題

第2級

第2問

(1) 以下の取引について解答欄の勘定に記入しなさい。当社の会計期間は3月31日を決算日とする1年である。ただし、勘定記入に用いる勘定科目に関しては、プルダウンの中から最も適当と思われるものを選びなさい。

[法人税、住民税及び事業税に関する取引]
×6年3月31日　×5年度の決算において、法人税、住民税及び事業税¥960,000を計上し、全額を未払法人税等として処理している。
×6年5月25日　確定申告を行い、法人税、住民税及び事業税¥960,000を現金で納付した。
×6年11月20日　中間申告を行い、法人税、住民税及び事業税¥480,000を普通預金から納付した。
×7年3月31日　×6年度の決算において、税引前当期純利益の30%を法人税、住民税及び事業税として計上した。

[解答欄]

	法人税、住民税及び事業税		
×7年3/31		×7年3/31	

	仮払法人税等		
×6年11/20		×7年3/31	

	未払法人税等		
×6年5/25		×6年4/1	
×7年3/31		×7年3/31	

	損　益		
×7年3/31	仕　入 5,200,000	×7年3/31	売　上 12,800,000
	給　料 1,200,000		

第2問 (20点)

(1) 以下の取引について答案用紙の勘定に記入しなさい。当社の会計期間は3月31日を決算日とする1年である。

ただし、勘定記入に用いる勘定科目に関しては、下記の選択肢の中から最も適当であると思われるものを選び、ア～コの記号で解答すること。なお、記号は何度使用してもよい。

ア．法人税、住民税及び事業税　　イ．損益　　ウ．現金　　エ．普通預金　　オ．未払法人税等
カ．仮払法人税等　　キ．繰越利益剰余金　　ク．前期繰越　　ケ．次期繰越　　コ．諸口

[法人税、住民税及び事業税に関する取引]
×6年3月31日　×5年度の決算において、法人税、住民税及び事業税¥960,000を計上し、全額を未払法人税等として処理している。
×6年5月25日　確定申告を行い、法人税、住民税及び事業税¥960,000を現金で納付した。
×6年11月20日　中間申告を行い、法人税、住民税及び事業税¥480,000を普通預金から納付した。
×7年3月31日　×6年度の決算において、税引前当期純利益の30%を法人税、住民税及び事業税として計上した。

統一試験

該当する項目にチェックしたり、選択群から語句を選択。金額は数字を記入。

問題用紙

答案用紙

第2問 (20点)

(1)

		法人税、住民税及び事業税			
×7年3/31	[ ]	( )	×7年3/31	[ ]	( )

		仮払法人税等			
×6年11/20	[ ]	( )	×7年3/31	[ ]	( )

		未払法人税等			
×6年5/25	[ ]	( )	×6年4/1	[ ]	( )
×7年3/31	[ ]	( )	×7年3/31	[ ]	( )

勘定記入は重要

第2問は勘定記入の出題が多く見受けられます。期首の記入、期中取引の記入、勘定の締め切りまで、一連の記入の仕方を理解しておくようにしましょう。

なお、試験では日付欄に配点がないことが多いです（問題に指示があります）が、問題集を解くときには日付欄もしっかり記入するようにしましょう。

第3問は財務諸表**や**精算表、**後T/Bを作成する**決算に関する問題**が出題されます。**

※2020年度試験まで第3問で出題されていた、期中の試算表作成問題は出題されなくなりました。

ネット試験

金額は数字を入力。一部空欄となっている勘定科目は適切な勘定科目や語句をキーボードを使って入力。

統一試験

金額は数字を記入。一部空欄となっている勘定科目は適切な勘定科目や語句を記入。

第3問 (35点)

次の [資料Ⅰ:決算整理前残高試算表] と [資料Ⅱ:決算修正事項] にもとづいて、答案用紙の損益計算書と貸借対照表を完成させなさい。なお、会計期間は20×8年4月1日から20×9年3月31日までの1年である。

[資料Ⅰ:決算整理前残高試算表]

決算整理前残高試算表
20×9年3月31日

借 方	勘 定 科 目	貸 方
192,000	現　　　　金	
785,200	当 座 預 金	
230,000	受 取 手 形	
155,000	売 掛 金	
595,000	繰 越 商 品	

問題用紙

損 益 計 算 書
20×8年4月1日から20×9年3月31日まで　　　　　　(単位:円)

費 用	金 額	収 益	金 額
売 上 原 価	(　　　　　)	売 上 高	(　　　　　)
給 料	(　　　　　)	受 取 手 数 料	(　　　　　)
広 告 宣 伝 費	(　　　　　)		
支 払 家 賃	(　　　　　)		
保 険 料	(　　　　　)		
貸倒引当金繰入	(　　　　　)		
減 価 償 却 費	(　　　　　)		
雑 損	(　　　　　)		

答案用紙

最新情報はこちらでチェック！

商	商工会議所の検定試験ホームページ **商工会議所の検定試験**	https://www.kentei.ne.jp
T	TAC出版書籍販売サイト **CYBER BOOK STORE**	https://bookstore.tac-school.co.jp
な	ネット試験が体験できる!! **滝澤ななみのすすめ!**	https://takizawananami-susume.jp

簿記の学習方法と

1 簿記の教科書をしっかりと読み込む

最低2回は読みましょう。実際に勘定科目を書きながら読み進めると効果的です。

また各CHAPTERの冒頭には、日商簿記3級で学習する内容がひと目でわかる、フローチャートがついています。簿記を学習するうえで非常に重要なので、これを使って「簿記の流れ」を、しっかりと頭に入れて読み進めましょう。

あわせて動画（③a.b）も確認しましょう。

簿記の流れ

| 日々やること | 決算でやること（年1回） |

取引の発生 → 仕訳をする（仕訳帳に記入する） → 総勘定元帳に転記する → 試算表を作成する → 決算整理をする → 精算表・財務諸表を作成する → 勘定を締め切る

2 簿記の教科書の章末にある基本問題を繰り返し解く！

こちらも最低2回は解きましょう。1回目は教科書を見ながらでも構いません。2回目以降は何も見ずにスラスラ解けるようになるまで繰り返しましょう。

また、仕訳が素早く正確にできることは合格への一番の近道。教科書で登場する重要な仕訳をまとめた**SIWAKE-119（本書別冊部分）**や、仕訳Webアプリ（①）を使って、仕訳の特訓をするのもおすすめです。

特典を使いこなして合格へ近づこう！

①仕訳Webアプリ

「受かる！
　仕訳猛特訓」

仕訳を制する者は、本試験を制するといっても過言ではありません。スキマ時間などを使い、仕訳を徹底的にマスターして本試験にのぞんでください！

②ネット試験の演習ができる

「模擬試験
　プログラム」

ネット試験を受ける方は、ぜひこの模擬試験プログラムを使って、ネット試験を体験してみてください。

模擬試験プログラム＆仕訳Webアプリへのアクセス方法

STEP 1　TAC出版　検索

STEP 2　書籍連動ダウンロードサービス　にアクセス

パスワードを入力
240211006

STEP 3

Start!

※本特典の提供期間は、本書の改訂版刊行月末日までです。

合格までのプロセス

3 簿記の問題集(別売り)の個別問題を解く

教科書の基本問題がすべて解けるようになったら、問題集にとりかかります。教科書で身につけた知識を、本試験で活用できるレベルまで上げていきます。わからないところは、教科書の関連 CHAPTER に戻ってしっかりと復習したり、ワンポイント Web 解説(③c)を確認したりして、苦手な論点を克服しましょう。

4 簿記の問題集(別売り)の模擬試験を3回分解く!

本試験形式の問題を解くことで、1 〜 3 の知識がしっかり定着しているかを確認することができます。解き終わったら、解き方講義動画(③d)を見て、解けなかった問題や、総合問題の解き方などを把握してください。また、ネット試験を受ける方は模擬試験プログラム(②)にもチャレンジしてみましょう。
さらに、本試験タイプの問題集※を解くこともオススメいたします。

※ TAC出版刊行の本試験タイプの問題集:「合格するための本試験問題集」

★ 合格

本書購入の読者には、3つの特典をご用意しています。

③勉強のスタートから合格まで、徹底フォロー「フォロー動画」

a. 日商簿記3級 スタートアップ動画

日商簿記3級って、どんな試験? どんな勉強をすればよいの? 日商簿記試験の試験概要・最近の傾向、おすすめの教材などを紹介します。

b. 合格するための勉強法紹介

本書を効果的に使うために、勉強の手順と合わせて、特典を使うタイミングも確認していきましょう。

c. ワンポイント Web 解説

苦手になりやすい論点をピックアップして TAC の講師が解説! イメージや解き方のコツをつかんで、試験に挑みましょう!!

d. 模擬試験の解き方講義動画
(簿記の問題集・別売り)

姉妹書の「簿記の問題集(別売り)」に収載の模擬問題1回分の解き方を全問解説! 試験当日に慌てないためには、時間配分や本試験の解き方のコツもつかんでおきましょう。

ふむふむ...

簿記の教科書 日商3級

目　次

START UP

特別企画

簿記ってそもそもなに? がスッキリわかる

スタートアップ講義

Let's study!

簿記の世界へ ようこそ！

簿記ってなに？

みなさん、こんにちは〜!!
簿記の世界へようこそ!
ナビゲーターのハカセです。

こんにちは。
今日はよろしくお願いします!

それでは、さっそくですが・・・

（新聞紙面・会社四季報より「7203 トヨタ自動車」の記事）

（出所：東洋経済新報社「会社四季報」2023年1集）

これ、なんだかわかる？

これは…
トヨタ自動車の数字が載っている…

会社四季報、ですか?

そう、四季報。株式投資のときなんかに、
会社の業績をみるためのものだね。

ここにさ、【業績】ってあるでしょ?

【業績】(百万円)	営業収益	営業利益	税前利益	純利益	1株益(円)	1株配(円)	【配当】	配当金(円)
○18. 3＊	29,379,510	2,399,862	2,620,429	2,493,983	168.4	44	21. 3	135
○19. 3＊	30,225,681	2,467,545	2,285,465	1,882,873	130.1	44	21. 9	120
○20. 3＊	29,929,992	2,442,869	2,554,607	2,076,183	147.1	44	22. 3	28
◇21. 3＊	27,214,594	2,197,748	2,932,354	2,245,261	160.6	48輪	22. 9	25
◇22. 3＊	31,379,507	2,995,697	3,990,532	2,850,110	205.2	52	23. 3予	27~31
◇23. 3予	37,000,000	2,800,000	3,835,000	2,684,000	196.7	52~56	23. 9予	26~30
◇24. 3予	38,000,000	3,230,000	3,960,000	2,770,000	203.0	52~60	24. 3予	26~30
◇22.4~9	17,709,348	1,141,444	1,834,276	1,171,084	85.4	25	予想配当利回り	2.56%
◇23.4~9予	18,500,000	1,480,000	1,850,000	1,290,000	94.5	26~30	1株純資産(円)〈22. 9〉	
◇23. 3予	36,000,000	2,400,000	3,340,000	2,360,000	(22.11.1発表)		2,048	(1,905)

売上高とか、
営業利益とかってあるところですか?

そう。「利益」というのはもうけのことをいうんだ
けど、ここには主に会社のもうけに関する内容
が記載されているんだ。

ここをみれば、会社のもうけが増えているの
か、減っているのかがわかるわけですね。

うん。そして、この「利益」を計算するために必要
なのが、これから学習していく「簿記」なんだ。

へえ～。ということは、簿記がわかれば、会
社の利益の仕組みがわかるんですね。

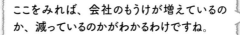

利益だけじゃないよ。
会社の財産がどのくらいあるのか、
とかも簿記によって求めていくんだよ。

で、会社の利益については、最終的に損益
計算書という書類にまとめられるんだ。

そして、会社の財産がどのくらいあるか、これ
を財政状態というのだけど、財政状態は貸
借対照表という書類にまとめられる。

損益計算書と貸借対照表ですね。
これを簿記で学習するのですか?

う〜んとね…。損益計算書や貸借対照表を
作成するのは、簿記の最終目的で…

損益計算書や貸借対照表を作成するための
道すじっていうのかな。その方法を学習する
のが簿記なんだ。

簿記でやること って？

損益計算書や貸借対照表を作成するための
道すじってどういうことですか？

たとえば、企業は、日々、
活動しているじゃない？

企業っていうのは、会社のこと？

会社とかお店（個人事業）のことだね。
会社とかお店はさ、日々、物を売ったり、
サービスを提供したりしているじゃない？

社員に給料を支払ったりとか・・・？

そう！　給料や水道光熱費を支払ったり…
いろいろな活動をしている。
その活動を簿記では「取引」というんだ。

その日々の取引を「帳簿」という
ノートに記入していくのが簿記なんだ。
「帳簿」に「記入」するから・・・

あ、「簿記」なんですね！　なるほど〜!!

帳簿に記入するから「簿記」!

そして、帳簿の記入をもとにして、まあ一般的には1年ごとなんだけど…1年ごとに利益がいくらだったか、財産がどのくらいあるかを計算するんだよ。

それが損益計算書や貸借対照表なんですね!

その損益計算書や貸借対照表の数値が、たとえば…

7203 トヨタ自動車

【業績】(百万円)

【業績】(百万円)	営業収益	営業利益	税前利益	純利益	1株益(円)	1株配(円)	【配当】	配当金(円)
◇18. 3*	29,379,510	2,399,862	2,620,429	2,493,983	168.4	44	21. 3	135
◇19. 3*	30,225,681	2,467,545	2,285,465	1,882,873	130.1	44	21. 6	120
◇20. 3*	29,929,992	2,442,869	2,554,607	2,076,183	147.1	44	22. 3	28
◇21. 3*	27,214,594	2,197,748	2,932,354	2,245,261	160.6	48	22. 9	25
◇22. 3*	31,379,507	2,995,697	3,990,532	2,850,110	205.2	52	23. 3*	27~31
◇23. 3予	37,000,000	2,800,000	3,835,000	2,684,000	196.7	52~56	23. 3予	26~00
◇24. 3予	38,000,000	3,230,000	3,960,000	2,770,000	203.0	52~60	24. 3予	26~00
◇22.4~9	17,709,348	1,141,444	1,834,276	1,171,084	85.4	25	予想配当利回り	2.56%
◇23.4~9予	18,500,000	1,480,000	1,850,000	1,290,000	94.5	26~30	1株純資産〈22.9〉	(予)
◇23. 3予	36,000,000	2,400,000	3,340,000	2,360,000			(22.11.1発)	2,048 (1,905)

【本社】471-8571愛知県豊田市トヨタ町1　☎0565-28-2121

【東京本社】☎03-3817-7111
【名古屋オフィス】☎052-552-2111
【工場】本社、元町、上郷、高岡、三好、堤、他
【従業員】〈22.9〉連372,817名 単70,710名
【証券】①東京P、名古屋P、NY、LON
　幹野村
【銀行】三菱U、三井住友
【仕入先】―
【販売先】―

【決算】3月
【設立】1937.8
【上場】1949.5

あ、会社四季報ですね。
株式投資の一押し参考資料!

さっき言った「利益」は、
損益計算書の数値で、

【業績】(百万円)	営業収益	営業利益	税前利益	純利益	1株益(円)	1株配(円)
◎18. 3*	29,379,510	2,399,862	2,620,429	2,493,983	168.4	44
◎19. 3*	30,225,681	2,467,545	2,285,465	1,882,873	130.1	44
◎20. 3*	29,929,992	2,442,869	2,554,607	2,076,183	147.1	44

「総資産」とか、「資本金」とか…まあ、この
へん(↓)の数値は貸借対照表の数値。

【財務】〈◇22.9〉　　百万円	
総資産	74,484,023
自己資本	28,037,253
自己資本比率	37.6%
資本金	397,050
利益剰余金	27,304,994
有利子負債	29,797,725

なるほど～
…ということは、簿記がわかると、
こういった数値の意味がわかるっていうこと?

そうだよ。こういった数値は、もともとは会社
の活動から生じているものだから、簿記がわ
かると、会社の状態がわかってくるんだ。

簿記がわかれば
会社が読める!

わあ～っ!!
株式投資に役立ちそう!

簿記を勉強すると…?

…。　きみ、株が好きなの?

あっ…
やってみようかな〜と思ってるんです…

簿記の知識が役に立つのは
株式投資だけじゃないよ。

たとえば、入社しようと思っている会社や、
転職先の会社の経営状態も読めるし、

口先ではいいことを言っていても、実際のところ、倒産しそうな会社とかもありますもんね…

管理職になったら、自分の部署の業績を出して、分析しなくちゃいけないし…

会社単位じゃなくて、部署単位で利益の
計算とかしたほうがいいんですよね…

そういったときに、簿記の知識は役に立つんだ。それ以外にも…

まだあるんですか?!

簿記ってさ、結局は「数字」だから、
簿記を学習すると数字に強くなるんだ。

え〜、私、算数や数学は苦手なんです…

ああ、簿記ではそんな難しいことはしないから。安心して。せいぜい、「＋（足す）」、「－（引く）」、「×（掛ける）」、たまに「÷（割る）」くらいかな…

あ、そんな感じなんですね！

とはいえ、数字を扱うわけだからさ…。数字に強くなるんだよ。ちょっと難しい言葉でいうと、計数感覚が身につくってこと。

そうすると、会社で取引先に見積書を作るときとか、ラクだし、資料に財務数値を入れると…あ～ら不思議！　とっても説得力のある資料となる！…んだよ。

素敵！　できるビジネスマンみたいですね！

「みたい」じゃなくて、そう「なる」んだよ、簿記を学習すると。

だから、簿記はすべてのビジネスパーソンに必要な知識だと思うよ。

簿記はすべての
ビジネスパーソンに
必要な知識だ！

経理事務に携わるんだったら、
簿記を知らないとダメですよね。

もちろん。経理事務をやるなら、
簿記を知らなきゃ。

あと、簿記の資格を持っていれば
履歴書の資格欄に書けるし、

就職にも有利ですよね。

簿記の上位資格に、税理士や公認会計士と
いった魅力的な資格もあるから、上に進むもよし。

そういえば、ハカセのお姉さんですか？滝澤なな
み先生の本（簿記の教科書）からはじめて、公認会
計士に受かりました〜っていう人、いましたよ。

それはそれはおめでとう。

あとは、会計系だったら、「建設業経理士検定試験」とか
は、（日商）簿記と範囲がかなりかぶっているから、勉強しや
すいし、受かりやすい…

公務員系だと、国税専門官の試験は簿記に関する問題が
多めに出題されるし、経営系では中小企業診断士試験で
も簿記に関する問題が出てくるから…

簿記を学習しておくと、ほかの資格の勉強にも役立つってことですね!

 だから、よく「資格をとるならまずは（日商）簿記!」って言われている…

 ちなみに日商簿記（1〜3級）の受験者数は年間約60万人

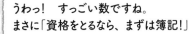

 うわっ! すっごい数ですね。
まさに「資格をとるなら、まずは簿記!」

 ビジネスにも役立つし、資格として履歴書にも書けるし…。
資格の登竜門としての簿記の学習、はじめてみない?

 やります! いまからやります!
いろいろ教えてください!!

 一緒にがんばっていきましょう!

3級に合格したあとは…

先日、日商簿記3級を受験してきました。結果は・・・

次は2級にチャレンジしようと思うんです。

 いいね、いいね。

それですね。以前、ハカセ、「簿記の上位資格に税理士や公認会計士といった資格がある」って言っていましたよね？

ざっくりでいいんですけど、税理士と公認会計士のちがいって何ですか？

 どちらも経理業務にとても詳しい人なんだけど、専門領域がちがうんだ。

 税理士さんは法人税とか、所得税とか、そういった税務のスペシャリストで、公認会計士さんは会計・監査のスペシャリストという位置付けなんだ。

「監査」というのは?

「会計監査」のこと。大きな会社では、経理の人が作成した財務諸表をその会社とは関係のない、外部の人にチェックしてもらって、財務データが適正かどうかの証明を受けないといけないんだ。

その証明をするのが会計監査で、公認会計士じゃないと会計監査をしてはダメなんだ。

こういった、その資格を持っている人しかできない業務を「独占業務」といって、公認会計士の独占業務が会計監査というわけ。

税理士さんにも独占業務ってあるんですか?

税理士の独占業務は3つあって…

まずは「税務書類の作成」。
税理士じゃない人が他人の確定申告書を作成することはできないんだけど、税理士だと他人の確定申告書などの税務書類を作成することができるんだ。

ふんふん、2つ目は？

他人の確定申告を代わりにやってあげるなど、「税務代理」も税理士しかできない。

それから、税金に関する相談を受けてアドバイスするという、「税務相談」も税理士の独占業務なんだ。

なるほど、こうやってみると、確かに税理士は税務のスペシャリストですね。

ところで、税理士試験や公認会計士試験ってむずかしそうなんですけど、そうなると、やっぱり、大学を卒業してたり、経理の仕事に何年かついていないと受験すらできないんですよね？

受験資格だね。まず、公認会計士試験のほうは受験資格ってないんだ。高卒の人でも受けられるよ。

税理士試験のほうは受験資格が定められていて、大学を卒業している人とか、大学3年生以上で一定の単位をとっている人とか、あとは日商簿記1級に合格している人とか、会計実務に2年以上携わっていた人とか、いろいろあって、その中の1つに該当すれば受験できるんだ。

そうすると、私の場合は日商簿記1級に合格しないと受験できないですね…。

ただ、令和5年度の税理士試験から、会計科目（簿記論、財務諸表論）については受験資格の制限がなくなって、誰でも受験できるんだ。
税法科目については、受験資格の制限が残るけどね。

へえ〜。そうしたら特に受験資格なしで、とりあえず簿記論と財務諸表論を勉強・受験して、簿記のエキスパートになるっていうのもよさそうですね。

そうだね。簿財をやってみて、これ、自分に向いてる！　とか、税理士になりたい！　って思ったら、そのときに日商簿記1級を受けて、受験資格をゲットするといいと思うよ。細かい試験科目や受験資格、合格基準は「公認会計士試験」とか「税理士試験」で検索して調べてみてね！

とりあえず、私は日商簿記2級の勉強を進めながら、公認会計士と税理士について調べてみます！

上位級の目標があると、やる気が出るよね。がんばって！

最近の日商3級試験においては、簿記の一連の流れについて、きちんとイメージができていること、これが大切になっています。
細かいところに目がいってしまうと、とかく迷い道に入りこみがちな簿記の一巡は、大きくザックリと全体像をとらえることがポイントです。
ぜひこの巻頭企画で、簿記一巡の全体像のイメージをつかんでください。

簿記の一連の流れを
ザックリ講義

簿記の流れ

取引の発生 → 仕訳をする → 総勘定元帳に転記する → 試算表を作成する → 決算整理をする → 貸借対照表損益計算書を作成する → 帳簿(勘定)を締め切る

簿記の流れをかる〜くみておこう!

これから、「簿記」について詳しく学習していきますが、その前に、簿記の流れを簡単に見ておきましょう。

「なんで突然?」と思うかもしれませんが、これ、簿記を理解する上でも、実務でも、とっても重要なんです。

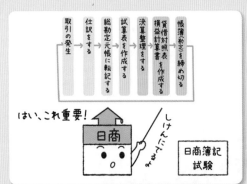

取引の発生 → 仕訳をする → 総勘定元帳に転記する → 試算表を作成する → 決算整理をする → 損益計算書を作成する → 貸借対照表を作成する → 帳簿(勘定)を締め切る

はい、これ重要!

日商

しけんにでるよ

日商簿記試験

さらに日本商工会議所(簿記試験の主催団体)は、「簿記の流れを理解しているかを問う問題を出題していく」と言っている(らしい)…。
だから、試験問題を解く上でも、この流れを理解しておく必要があるのです。

(1) 日々やること
(2) 1か月ごとにやること
(3) 1年ごとにやること

会社(株式会社)の
簿記をマスターしよう！

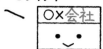

では、さっそく見ていきましょう。

簿記の作業には、(1)日々やること、(2)1か月ごとにやること、(3)1年ごとにやることがあります。

(1)日々やること

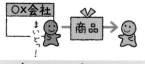

商品を販売したり…

給料を支払ったり…

まずは、(1)日々やること。

会社では、日々、お客さんに商品を販売しています。また、売るための商品をどこからか仕入れてきますし、光熱費や従業員に給料を支払ったりします。

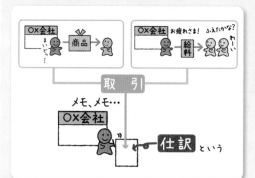

このような会社の活動を取引というのですが、取引が発生したら、それをメモしておく必要があります。
この、メモする手段を簿記では仕訳（しわけ）といいます。

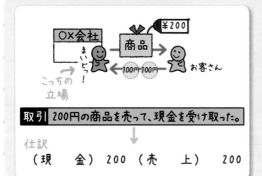

たとえば、「200円の商品を売って、現金を受け取った」という取引が生じた場合の仕訳は次のようになります。

あ、仕訳についてここで詳しく理解する必要はありませんよ。あとでじっくりやるので、ここでは「ふ〜ん、こんな形でやるのね」というのだけおさえておいてくださいね。

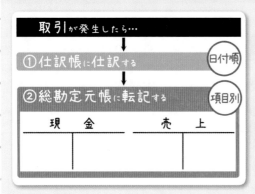

そして、仕訳をしたら総勘定元帳（そうかんじょうもとちょう）という帳簿に転記します。
総勘定元帳というのは、「現金」とか「売上」とか、項目ごとに金額をメモするノートです。
仕訳は日付順にメモしますが、総勘定元帳は項目ごとに金額をメモするのです。

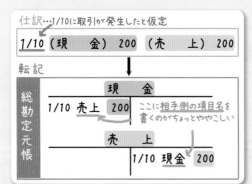

さきほどの、「200円の商品を売って、現金を受け取った」という取引については、総勘定元帳の「現金」と「売上」に次のように転記…金額等を書き移します。

…これも詳しくはあとで説明しますから、「ふ〜ん」と思って眺めておいてください。

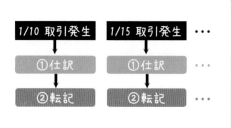

この、「仕訳」→「転記」を、取引のつど、やります。

(2)1か月ごとにやること

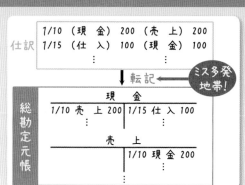

つづいて、(2)1か月ごとにやることを見てみましょう。

毎日、「仕訳」→「転記」をやっていると、結構な量になります。ミスがあるかもしれません。
1年間ひたすら「仕訳」→「転記」をやりつづけて、ミスがあった場合、そのミスの原因を調べるのは大変ですよね…。

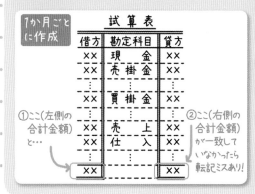

できれば、はやいうちにミスを見つけておこう！
…ということで、一般的には1か月ごとに試算表（しさんひょう）という表を作って、転記ミスがないかどうかを調べます。

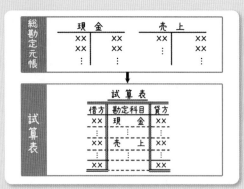

試算表は、総勘定元帳の記入をもとに作成します。

試算表の形は3つ

① 合計試算表
② 残高試算表
③ 合計残高試算表

なお、試算表には3つの形があります。
①合計試算表、②残高試算表、③合計残高試算表の3つです。

詳しくはあとで説明しますが、それぞれについて、ここで簡単に見ておきましょう。

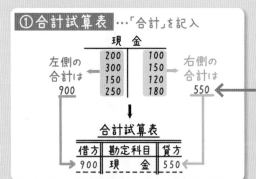

①合計試算表は、総勘定元帳の各項目について、左側の金額の合計と右側の金額の合計を記入します。「現金」だったらこんなカンジ。

あ、ここでは説明上、総勘定元帳を簡略化して金額だけ書いておきますね。

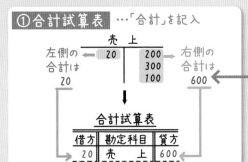

①合計試算表 …「合計」を記入

「売上」だったら、こんなカンジ

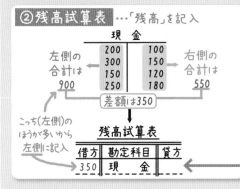

②残高試算表は、総勘定元帳の各項目について、残高のみを記入します。
残高というのは、左側の金額の合計と右側の金額の合計の差額です。左側のほうが金額が多かったら試算表の左側のみに記入します。
「現金」だったらこんなカンジ。

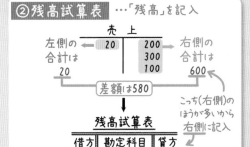

反対に、右側のほうが金額が多かったら試算表の右側のみに記入します。

「売上」だったら、こんなカンジ

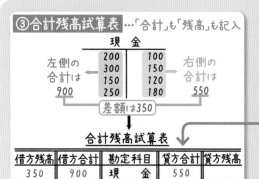

③合計残高試算表は、合計試算表と残高試算表を組み合わせたもので、合計金額も、残高も記入します。
現金だけ見ておきましょうか…。
現金の場合はこんなカンジ。

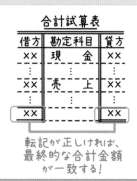

この3つの試算表のうち、いずれかを作るのですが、どの試算表についても、「転記が正しければ最終的な合計金額が一致する」という特徴があります。
この最終的な合計金額が一致していなかったら、どこかで転記ミスが生じているということになるので…

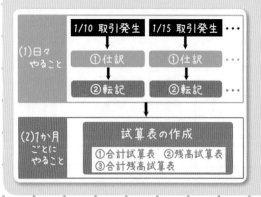

試算表を作成することによって転記ミスを発見することができるのです。

…ね、だから1か月に1回程度、試算表を作成しておいたほうが転記ミスがはやめに発見できて、あとあとラクでしょ？…という話。

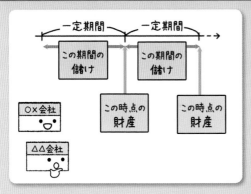

では最後に、(3)1年ごとにやること。

会社では、一定期間ごとに儲けや財産の状況を一覧にする必要があります。

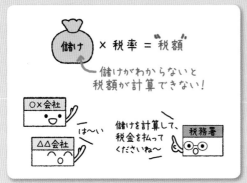

「なんで、そんなことをするの？」って…？

いくつか目的はありますが、一番イメージしやすいのは、「税金（税額）を計算するため」でしょうか。

税金は儲けに対してかかるので、儲けがわからないと、税額が計算できないんですね。

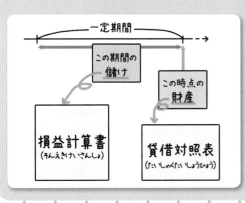

だから、一定期間ごとに儲けや財産の状況を明らかにするのです。

儲けは損益計算書（そんえきけいさんしょ）、財産の状況は貸借対照表（たいしゃくたいしょうひょう）という書類に記載します。

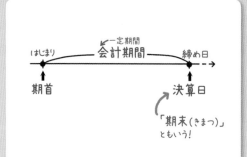

ちなみに…。
さきほどから、「一定期間、一定期間」と言っていますが、この「一定期間」を簿記では**会計期間**といいます。
そして、会計期間の最終日…いわゆる締め日ですね…これを**決算日**（けっさんび）、会計期間の初日を**期首**（きしゅ）といいます。

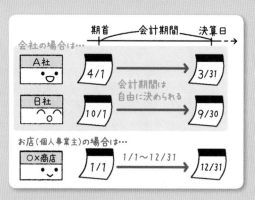

会社の場合、会計期間や決算日は自由に決めることができます。ちなみに、お店（個人事業主）の場合は、会計期間は1月1日から12月31日と決まっています。

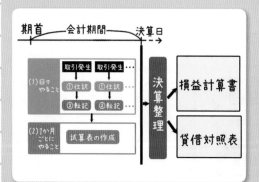

さて、決算日を迎えたら、損益計算書や貸借対照表を作成するのですが、その前に**決算整理**という手続きがあります。

残高試算表

借方	勘定科目	貸方
××	現　　金	
××	売 掛 金	
:	:	:
	買 掛 金	××
:	:	:
	売　　上	××
××	仕　　入	
××	○○費	
××		××

← 4月から3月までの
1年分の取引が
集計された金額

まず…、毎月毎月、試算表を作成していくと、決算整理をする前の試算表は4月から3月までの1年分の取引が集計された金額となっています。

残高試算表

借方	勘定科目	貸方
××	現　　金	
××	売 掛 金	
:	:	:
	買 掛 金	××
:	:	:
	売　　上	××
××	仕　　入	
××	○○費	
××		××

今年度計上されるべきなのに、まだ計上されていないものがある！

来年度計上されるべきものがすでに計上されてしまっている！

だけど、この金額の中には、「今年度計上されるべきものなのに、まだ計上されていないもの」とか、「来年度計上されるべきものがすでに計上されてしまっている」という金額も含まれているのです。

今年度計上されるべきなのに、まだ計上されていないものがある！

来年度計上されるべきものがすでに計上されてしまっている！

適切に修正する必要がある！ → 決算整理

そこで、今年度の儲けを正しく計算するために、そういった金額を適正に修正する必要があるのです。この作業を決算整理といいます。

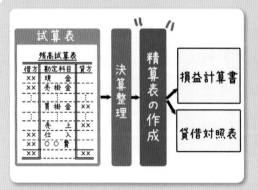

そして、決算整理をしたあと、損益計算書や貸借対照表を作成するのですが、「いきなり作っちゃうのは危なくない？」ということで、その前に精算表（せいさんひょう）というワークシートを作ることがあります。

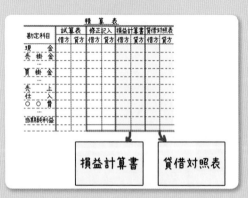

精算表というのは、決算整理をする前の試算表から決算整理を経て、損益計算書、貸借対照表の金額を求めるまでの過程をまとめた表です。

そして、精算表から損益計算書、貸借対照表を作成します。

決算整理からの精算表、損益計算書、貸借対照表の作成は第3問で出題される内容です。
なお、精算表の作成に比べて、損益計算書・貸借対照表の作成のほうを苦手とする人が多いので、どちらもしっかり対応できるようにしておいてください。

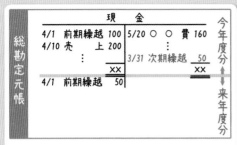

→帳簿(勘定)の締め切り

…という感じで、簿記の1年が終わるのですが、そのほか、来年度の記入にむけて、総勘定元帳を締め切るという作業があります。

毎日毎日、転記作業をしていた総勘定元帳について、「はい、ここまでが今年度分ですよ」「ここからが来年度分になります」というのを分けておくんですね。

これを帳簿の締め切りとか、勘定の締め切りといいます。

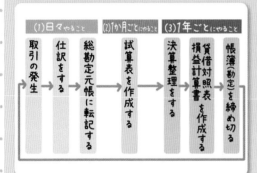

以上が、おおまかな簿記の流れとなります。

ひとつひとつ、詳しくは第1章から説明しますが、途中で迷ったら、ここに戻ってきてくださいね。

日商 **3** 級 商業簿記

簿記の教科書

よーし！モヤモヤ
解消するぞー!!

簿記の流れ

日々やること

```
取引の発生  →  仕訳をする      →  総勘定元帳に転記する
               （各帳簿に記入する）
```

売上
A社 —商品→ B社
←お金—

```
        現  金  ｜  売  上
        100    ｜       100
```

CHAPTER 07 で学習

```
           仕訳帳
  （現金）100 （売上）100
```
または
```
        入金伝票
     （売上） 100
```

☆仕訳は仕訳帳または伝票に記入します。
仕訳：CHAPTER 02〜CHAPTER 06 で学習
帳簿：CHAPTER 07 で学習　伝票：CHAPTER 09 で学習

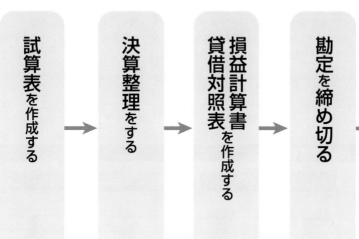

決算でやること（年1回）

試算表を作成する　→　決算整理をする　→　損益計算書
貸借対照表を作成する　→　勘定を締め切る

	試算表	
借方	勘定科目	貸方
××	現　金	
	：	
	売　上	××
	：	
××		××

CHAPTER 08 で学習

貸借	損益
対照表	計算書

CHAPTER 12 で学習

（減価償却費）100
　（減価償却累計額）100

CHAPTER 11 で学習

現　金	売　上
100 | 100	100 | 100
100 |	

CHAPTER 12 で学習

CHAPTER 01

簿記の基礎

◆会社や店の活動を記録する手段

　これから簿記を学習していきますが、そもそも「簿記」とは何でしょう？

　このCHAPTERの内容は試験で直接問われることはありませんが、ここの内容を知らなければ問題は解けません。特に仕訳の仕方は重要なので、しっかりおさえておいてください。

簿記の流れ

日々やること	決算でやること（年1回）

取引の発生 → 仕訳をする（各帳簿に記入する） → 総勘定元帳に転記する → 試算表を作成する → 決算整理をする → 損益計算書貸借対照表を作成する → 勘定を締め切る

✓ 全体の流れと簿記の基礎：CHAPTER 01

1 簿記の基礎

I 簿記とは

　会社や店（まとめて企業といいます）では、商品の販売や従業員への給料の支払い、光熱費や広告費の支払いといったさまざまな活動を行っています。

　このような企業の活動を**帳簿**（ノートのようなもの）に記録し、報告する手段を**簿記**といいます。

> **ひとこと**
>
> 「帳簿に記録する」から「簿記」という用語ができたといわれています。

II 簿記の最終的な目的

　企業は、その活動を簿記によって帳簿に記録しますが、その記録した内容は最終的に次の2つの書類にまとめられ、企業を取りまく人々に報告書という形で開示されます。

> **ひとこと**
>
> 企業を取りまく人々のことを少し難しいことばで**利害関係者**といいます。利害関係者には、銀行などの金融機関、税務署、株主、その企業の従業員などさまざまな人がいます。

1 貸借対照表

　企業は現金や建物、土地などの資産をどれだけ持っているか、またはどれだけ借金があるかを報告しなければなりません。現金や建物、土地、借金など企業の財産の状況を**財政状態**といい、財政状態は**貸借対照表**という書類にまとめられます。

2 損益計算書

　企業は一定期間にいくら使って、どれだけ儲けたのかを報告しなければなりません。いくら儲けたのか（またはいくら損したのか）を**経営成績**といい、経営成績は**損益計算書**という書類にまとめられます。

貸借対照表と損益計算書によって、企業の財政状態と経営成績を報告することが簿記の最終的な目的です。

　なお、貸借対照表と損益計算書をまとめて**財務諸表**といいます。

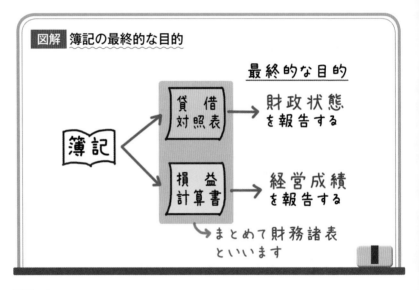

図解 簿記の最終的な目的

最終的な目的

簿記 →

貸借対照表 → 財政状態を報告する

損益計算書 → 経営成績を報告する

まとめて財務諸表といいます

Ⅲ 勘定科目

　企業が行った日々の取引は、**仕訳**という簿記独特の方法によって帳簿に記録します。

　仕訳とは、簡単な用語と金額のみで取引を表す方法をいい、このときの簡単な用語のことを**勘定科目**といいます。

　たとえば「建物を購入し、現金100円を支払った」という取引ならば、仕訳は次のようになります（具体的な仕訳の仕方は後述します）。

図解 仕訳と勘定科目

（建　　物）　100　（現　　金）　100

勘定科目

これならわかる!!

モヤモヤ
解消！

　10,000円札を見て、「お金」という人もいますし、「お札」や「現金」という人もいます。そこで、簿記では誰が処理しても同じ処理になるように、「お金」や「お札」は「現金」、「マンション」や「家屋」は「建物」で処理するというルールがあるのです。「現金」や「建物」のように、取引を処理するさいの、決められた用語が勘定科目です。

Ⅳ　借方と貸方

　簿記では左側を**借方**、右側を**貸方**といいます。

ひとこと

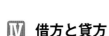

ふむふむ…

　借方と貸方には特に意味がありませんので、そのまま暗記してしまってください。
　「かりかた」の「り」が左に向いているのに対し、「かしかた」の「し」は右側に向いています。だから、「かりかた」は左側で「かしかた」は右側と覚えてしまってもかまいません。

借方
かりかた　貸方
　　　　　かしかた

Ⅴ　簿記の5要素

　簿記では、取引によって増減した要素を**資産**、**負債**、**資本**（**純資産**）、**収益**、**費用**の5つに分けて処理するというルールがあります。また、さきに説明した勘定科目は、基本的に資産、負債、資本（純資産）、収益、費用のいずれかに分類されます。

1 資産

　資産とは、現金や建物、土地など一般的に財産とよばれるものをいいます。また、他人にお金を貸したときの、「あとで返してもらえる権利＝貸付金」なども資産に分類されます。

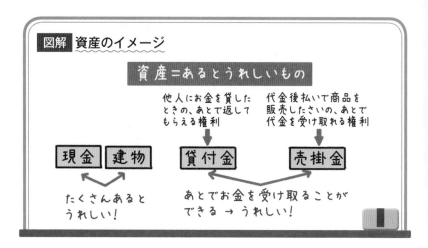

図解 資産のイメージ

資産＝あるとうれしいもの

他人にお金を貸したときの、あとで返してもらえる権利

代金後払いで商品を販売したさいの、あとで代金を受け取れる権利

| 現金 | 建物 | | 貸付金 | | 売掛金 |

たくさんあるとうれしい！

あとでお金を受け取ることができる → うれしい！

●主な資産の勘定科目（詳細は後述します）

現　　金	紙幣や硬貨など
売　掛　金	代金後払いで商品を販売したさいの、あとで代金を受け取る権利
貸　付　金	他人にお金を貸したときの、あとで返してもらえる権利
建　　物	店舗や倉庫など
土　　地	店舗や倉庫などの敷地、駐車場など

2 負債

　負債とは、将来、お金を支払わなければならない義務をいいます。銀行からお金を借り入れたときの「あとで返さなければならない義務＝借入金」や、代金後払いで商品を購入したときの「あとで代金を支払わなければならない義務＝買掛金」などは負債に分類されます。

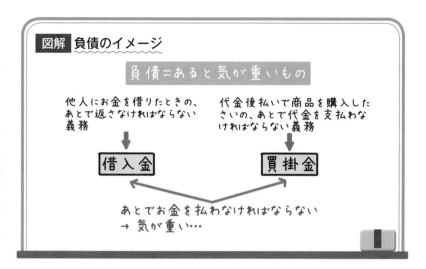

●**主な負債の勘定科目**(詳細は後述します)

買 掛 金	代金後払いで商品を購入したさいの、あとで代金を支払わなければならない義務
借 入 金	銀行等からお金を借りたときの、あとで返さなければならない義務

3 **資本** (純資産)

　資本とは、事業の元手となる金額をいい、会社（株式会社）においては、株主から受け取った（払い込まれた）金額（出資額）と、事業によって儲けた金額で構成されています。

　また、**純資産**とは、資産合計から負債合計を差し引いた金額をいいます。

ひとこと

ふむふむ…

　　資産がプラスの財産であるのに対し、負債はマイナスの財産といえます。そして、資産から負債を差し引いたものが純資産なので、純資産は自分の純粋な財産ということになります。

　厳密にいうと、純資産は、資本を含む、より広い範囲のものなのですが、3級で学習する純資産の内容は資本のみなので、本書では「資本＝純資産」として取り扱っています。3級で学習する資本（純資産）の勘定科目は、資本金、利益準備金、繰越利益剰余金です。

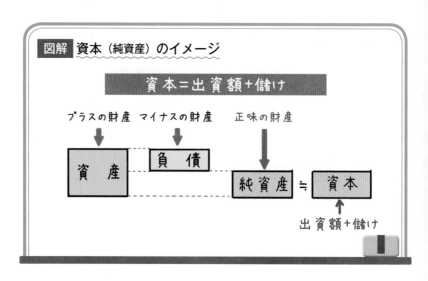

図解 資本（純資産）のイメージ

資本＝出資額＋儲け

プラスの財産　マイナスの財産　　正味の財産

資　産　－　負　債　　→　純資産　≒　資　本

出資額＋儲け

● **主な資本の勘定科目**（詳細は後述します）

資　本　金	出資額。株式会社では株主から払い込まれた金額
利 益 準 備 金	会社の利益から生じたもののうち、会社法で積立てが強制されている金額
繰越利益剰余金	会社の利益から生じたもののうち、配当、処分が決定していない金額

4 収益

　収益とは、商品を販売したときや、銀行にお金を預け入れたことによって受け取る利息など、外部から受け取った収入で、資本（純資産）を増やす原因となるものをいいます。

これならわかる!!

　10,000円の商品を販売すると、お客さんから10,000円を受け取ることができます。10,000円という**現金〔資産〕**が増加することになるので、その分だけ資本（純資産）も増加するのです（資本（純資産）を構成する儲けが増えるため）。したがって、商品を販売したときの収入（10,000円）は資本（純資産）を増やす原因となるもの＝収益に分類されるのです。
　収益の勘定科目には「受取利息」や「受取手数料」など「受取」がつくことが多いです。

モヤモヤ
解消

図解 **収益のイメージ**

収益＝資本（純資産）を増やす原因となるもの

商品の販売によって
得た収入

↓

売　上

商品を販売すると、代金
（お金）を受け取ることができる
↓ いいかえると
お金が増えたのは
商品を販売した（売り上げた）から

預金利息や
貸付金の利子

↓

受取利息

銀行にお金を預けておくと
利息がつく（お金が増える）
↓ いいかえると
お金が増えたのは
利息を受け取ったから

お金が増えた原因
＝うれしい原因

● **主な収益の勘定科目**（詳細は後述します）

売　　　上	商品の販売によって得た収入
受 取 利 息	預金利息や貸付金の利子
受取手数料	取引を仲介することによって得た仲介手数料など

5 費用

　費用とは、商品の購入にかかった代金や広告費など、収益を得るためにかかった支出で、資本（純資産）を減らす原因となるものをいいます。

これならわかる!!

　商品を販売して、売上という収益をあげるためには、商品を購入しなければなりません。また、商品を販売するためには広告費がかかりますし、従業員に対する給料も支払わなければなりません。このような、収益を得るために必要な支出が費用です。

　費用の勘定科目には「広告宣伝費」や「水道光熱費」など「費」がついたり、「支払利息」や「支払手数料」など「支払」がつくことが多いです。

モヤモヤ
解消

費用のイメージ

> 費用＝収益を得るために必要な支出で
> 資本（純資産）を減らす原因となるもの

商品の購入にかかった支出　　　従業員に支払う給料や手当

↓　　　　　　　　　　　　　　↓

| 仕　入 | | 給　料 |

商品を販売するためには、
商品を買ってこなければ
ならない

↓　いいかえると

売上［収益］を得るには
お金を払って、商品を購入
してくる（仕入れてくる）必要
がある

商品を販売し、収益を得る
ために従業員を雇う
→従業員を雇ったら給料を
　支払わなければならない

↓　いいかえると

売上［収益］を得るには
給料を支払って従業員を
雇う必要がある

売上［収益］を得るために必要な支出
＝いやだけど、必要な支出

●主な費用の勘定科目（詳細は後述します）

仕　　　　入	販売するための商品の購入にかかった支出
給　　　　料	従業員に支払う給料や手当
水道光熱費	店舗の電気代、ガス代、水道代など
広告宣伝費	チラシ代など商品の広告・宣伝にかかった支出
支 払 利 息	銀行等からの借入金に対して支払った利子
支払手数料	取引を仲介してもらったことによる仲介手数料など
保 　険 　料	建物に付した火災保険料など

Ⅵ 会計期間

　財務諸表を作成するタイミングは通常１年に一度で、この１年間のこと
を会計期間といいます。

　会計期間の開始日を**期首**、終了日を期末または**決算日**、期首から期末ま
での間を**期中**といいます。

　また、現在の会計期間（今年）を**当期**、１つ前の会計期間（去年）を**前
期**、１つあとの会計期間（来年）を**次期**といいます。

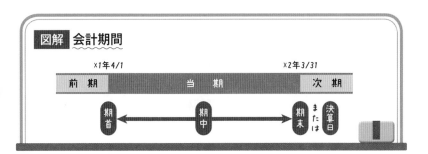

図解 会計期間

x1年4/1		x2年3/31
前　期	当　　　期	次　期

期首 ←→ 期中 ←→ 期末 または 決算日

> **ひとこと**
>
> 　個人商店（お店）では、暦にしたがって１月１日から12月31日までの１年が
> 会計期間となります。
> 　一方、会社では、会計期間を任意に決めることができるので、４月１日から
> ３月31日までの１年とする場合や、10月１日から９月30日までの１年とする
> 場合もあります。

Ⅶ 簿記の５要素と貸借対照表、損益計算書

　貸借対照表と損益計算書には、資産、負債、資本（純資産）、収益、費用
が記載されます。

1 貸借対照表

　貸借対照表は期末時点における財政状態を明らかにした書類で、資産、
負債、資本（純資産）がどれくらいあるのかを記載します。

貸借対照表は以下のように、左側と右側に分け、左側に**資産**、右側に**負債**と**資本（純資産）**を記載します。

貸　借　対　照　表

×2年3月31日　　　　　　　（単位：円）

資　　　産	金　　額	負債・資本(純資産)	金　　額
現　　　　金	10,000	買　　掛　　金	40,000
売　　掛　　金	30,000	借　　入　　金	100,000
建　　　　物	200,000	資　　本　　金	400,000
土　　　　地	400,000	繰越利益剰余金	100,000
	640,000		640,000

2 損益計算書

損益計算書は一会計期間における経営成績を明らかにした書類で、一会計期間に発生した収益と費用を記載し、収益と費用の差額で儲けや損失を計算します。なお、儲けのことを**当期純利益**、損失のことを**当期純損失**といいます。

損益計算書は以下のように、左側と右側に分け、左側に**費用**、右側に**収益**を記載し、収益と費用の差額で当期純利益（または当期純損失）を計算します。

損　益　計　算　書

自×1年4月1日　至×2年3月31日　　　　（単位：円）

費　　　用	金　　額	収　　　益	金　　額
売　上　原　価	400,000	売　　上　　高	700,000
給　　　　料	150,000		
広　告　宣　伝　費	50,000		
法　人　税　等	40,000		
当　期　純　利　益	60,000		
	700,000		700,000

ひとこと

　貸借対照表における資産、負債、資本（純資産）、損益計算書における収益、費用の記載位置（左側か右側か）は、このあとの仕訳を考えるさいに非常に重要です。5要素の記載位置はしっかりおさえておきましょう。

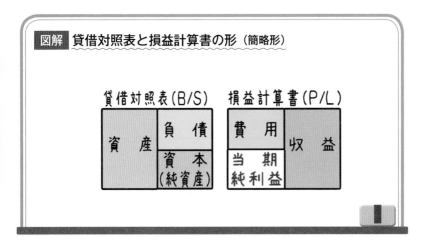

図解 貸借対照表と損益計算書の形（簡略形）

2 仕訳と転記

Ⅰ 仕訳と転記

　取引が発生したら、**仕訳帳**という帳簿に仕訳をし、その後、**総勘定元帳**という帳簿に転記します。

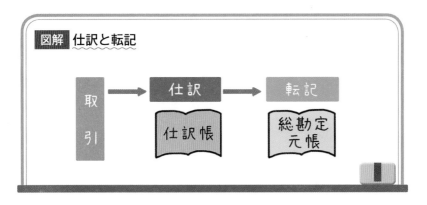

図解 仕訳と転記

Ⅱ 仕訳の仕方

仕訳とは、取引を勘定科目と金額のみで表す簿記独特の方法をいいます。

たとえば「建物を購入し、現金100円を支払った」という取引ならば仕訳は次のようになります。

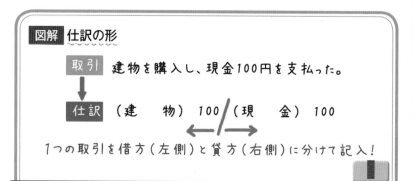

このように、1つの取引を借方（建物100円）と貸方（現金100円）に分けて記入するのが仕訳の最大の特徴です。

借方と貸方のいずれに記入するかについては、貸借対照表または損益計算書の記載位置をベースに、それぞれの要素（前記の5要素）が増えたら貸借対照表または損益計算書の記載位置と同じ側に記入し、それぞれの要素が減ったら貸借対照表または損益計算書の記載位置とは逆側に記入します。

最初のうちは、次の流れで仕訳を考えましょう。

① 5要素を選択する
② それぞれの要素が増えたか減ったかを考える（借方に記入するか、貸方に記入するかを考える）
③ 適切な勘定科目を選択する

① 5要素を選択する

取引からどんな要素（資産、負債、資本、収益、費用）が発生したかを考えます。

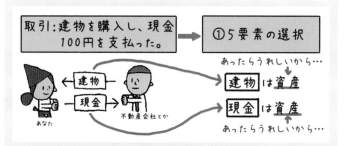

② それぞれの要素が増えたか減ったかを考える

次に、それぞれの要素が増えたのか、減ったのかを考えます。このとき、頭の中に貸借対照表と損益計算書を思い浮かべます。そして、それぞれの要素が増えたら貸借対照表または損益計算書と同じ側に、それぞれの要素が減ったら貸借対照表または損益計算書の逆側に勘定科目（下記③参照）を記入します。

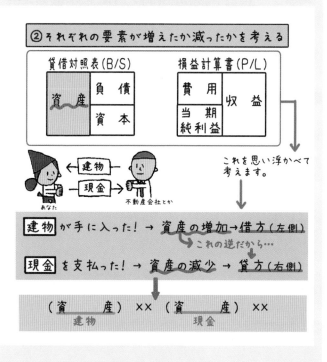

③ 適切な勘定科目を選択する

最後に適切な勘定科目を選択し、仕訳を完成させます。

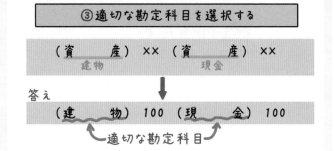

一見、めんどくさそうですが、慣れてくれば①～③を同時に考えることができます。最初のうちは根気よく、丁寧に仕訳を考えましょう。

5要素別に、具体的な仕訳の仕方をみてみましょう。

1 資産

資産は貸借対照表の**借方（左側）**に記載されます。したがって、資産が増加したならば仕訳の左側に、減少したならば仕訳の右側に記入します。

	例1			資産の増加

商品100円を売り上げ、代金は現金で受け取った。

例1の仕訳	（現　　　　金）❶	100	（売　　　　上）❷	100

❶現金を受け取ったことにより、「現金」という資産が増えた→左側に記入
❷説明は後述

例2 ━━━━━━━━━━━━━━━━━━━━━━━━ 資産の減少

広告宣伝費100円を現金で支払った。

| 例2の仕訳 | （広 告 宣 伝 費）❷ | 100 | （現　　　　金）❶ | 100 |

❶現金で支払ったことにより、「現金」という資産が減った→右側に記入
❷説明は後述

---

2 負債

　負債は貸借対照表の**貸方（右側）**に記載されます。
したがって、負債が増加したならば仕訳の右側に、
減少したならば仕訳の左側に記入します。

貸借対照表（B/S）

| 資　産 | 負　債 |
| | 資　本 |

例3 ━━━━━━━━━━━━━━━━━━━━━━━━ 負債の増加

銀行から現金100円を借り入れた。

| 例3の仕訳 | （現　　　　金） | 100 | （借　　入　　金）✪ | 100 |

✪借入れにより、あとで返さなければならない義務＝借入金［負債］が増えた
　→右側に記入

例4 ━━━━━━━━━━━━━━━━━━━━━━━━ 負債の減少

借入金100円を現金で返済した。

| 例4の仕訳 | （借　　入　　金）✪ | 100 | （現　　　　金） | 100 |

✪借入金の返済により、借入金［負債］がなくなった→左側に記入

---

3 資本

　資本は貸借対照表の**貸方（右側）**に記載されます。
したがって、資本が増加したならば仕訳の右側に、
減少したならば仕訳の左側に記入します。

貸借対照表（B/S）

| 資　産 | 負　債 |
| | 資　本 |

例5 ━━━━━━━━━━━━━━━━━━━━━━━━━━━━━ **資本の増加**

株式を発行し、100円が普通預金口座に払い込まれた。

| 例5の仕訳 | (普 通 預 金)❷ | 100 | (資　　本　　金)❶ | 100 |

❶株式の発行により、資本金［資本］が増えた→右側に記入

❷普通預金口座に払い込まれた→普通預金［資産］が増えた→左側に記入

ひとこと

ふむふむ…

　資本（純資産）、収益、費用が減少するパターンはあまりないので、ここでは減少するパターンの仕訳例は省略します。

4 収益

　収益は損益計算書の**貸方（右側）**に記載されます。したがって、収益が増加したならば仕訳の右側に、減少したならば仕訳の左側に記入します。

損益計算書（P/L）

| 費　用 | 収　益 |
| 当　期純利益 | |

例6 ━━━━━━━━━━━━━━━━━━━━━━━━━━━━━ **収益の増加**

商品100円を売り上げ、代金は現金で受け取った。

| 例6の仕訳 | (現　　　　金) | 100 | (売　　　　上)✪ | 100 |

✪商品を売り上げた＝売上［収益］が増えた→右側に記入

5 費用

　費用は損益計算書の**借方（左側）**に記載されます。したがって、費用が増加したならば仕訳の左側に、減少したならば仕訳の右側に記入します。

損益計算書（P/L）

| 費　用 | 収　益 |
| 当　期純利益 | |

例7 ━━━━━━━━━━━━━━━━━━━━━━━━━━ 費用の増加

広告宣伝費100円を現金で支払った。

| 例7の仕訳 | （広 告 宣 伝 費）✪ | 100 | （現　　　　金） | 100 |

✪広告宣伝費［費用］が増えた→左側に記入

Ⅲ 仕訳のルール

　仕訳は1つの取引を借方（左側）と貸方（右側）に分けて記入するため、必ず借方の合計金額と貸方の合計金額が一致します。

　なお、借方または貸方に複数の勘定科目が記載されることがありますが、どの勘定科目を上に書いて、どの勘定科目を下に書くといった順番はありませんので、わかる順に記入するようにしましょう。

図解 仕訳のルール

ルール1 借方の合計金額と貸方の合計金額は
　　　　　　　　　　　　　　　　　必ず一致する！

［例］（仕　入）⟨100⟩（現　金）⟨40⟩合計100
　　　　　　　　　　　（買掛金）⟨60⟩

ルール2 勘定科目の順番に決まりはない

［例］（仕　入）100（現　金）40
　　　　　　　　　　　（買掛金）60
　　─────────────────────
　　（仕　入）100（買掛金）60
　　　　　　　　　　　（現　金）40

「現金40」が上でも、
「買掛金60」が上でもOK！
（ただし、勘定科目と金額の
組合わせが異なったら×）

Ⅳ 転記とは

　上記のルールにしたがって取引を仕訳したら、こんどはこれを**勘定口座**
に記入します。勘定口座とは、勘定科目ごとに金額を集計する表のことを
いい、次のような形をしています。

　仕訳から勘定口座に記入することを**転記**といいます。また、現金勘定、
売上勘定など、各勘定口座をまとめた帳簿を**総勘定元帳**といいます。

これならわかる!!

モヤモヤ
解消

　仕訳帳には取引が発生した順に記入していくため、いつ、どんな取引をした
のかはわかりますが、現時点で現金や売掛金などがいくらあるのかを把握する
ことはできません。そこで、現金や売掛金など、勘定科目ごとに金額を把握す
るための作業（勘定口座への転記）が必要となるのです。

Ⅴ 転記の仕方

　転記をするさいは、仕訳の左側に記入された勘定科目はその勘定口座の左側に、また、仕訳の右側に記入された勘定科目はその勘定口座の右側に、日付、相手科目（仕訳の逆側に記入されている勘定科目）、金額を記入します。

　たとえば「銀行から現金100円を借り入れた」という場合の仕訳と転記は次のようになります（転記の仕方はあとで詳しく説明するので、ここでは概略だけをおさえておいてください）。

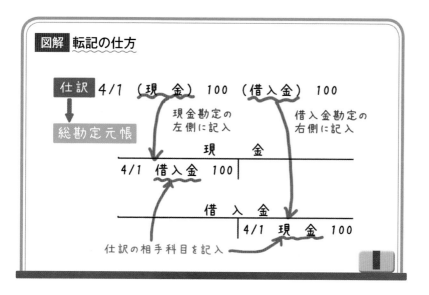

CHAPTER 02

商品売買

商品

◆3級では三分法をおさえよう

　ここでは、商品を仕入れたときや売り上げたときの処理についてみていきます。

　商品売買の処理の仕方には、いくつかの方法がありますが、3級では三分法という方法で処理します。

簿記の流れ

日々やること			決算でやること（年1回）			
取引の発生	仕訳をする（各帳簿に記入する） ✓	総勘定元帳に転記する	試算表を作成する	決算整理をする	損益計算書貸借対照表を作成する	勘定を締め切る

```
       仕訳帳
（現金）100 （売上）100

                    または
                        入金伝票
                        （売上）100
```

☆仕訳は仕訳帳または伝票に記入します。
仕訳：CHAPTER 02〜CHAPTER 06 で学習
帳簿：CHAPTER 07 で学習
伝票：CHAPTER 09 で学習

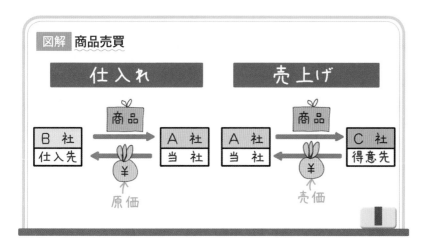

1 用語の説明

会社の売り物となる商品を買ってくることを**仕入れ**といい、仕入れたときの金額を**原価**（または**仕入原価**）といいます。

商品を顧客に販売することを**売上げ**といい、販売したときの金額を**売価**といいます。

また、商品を仕入れた相手先のことを**仕入先**、商品を売り上げた相手先のことを**得意先**といいます。

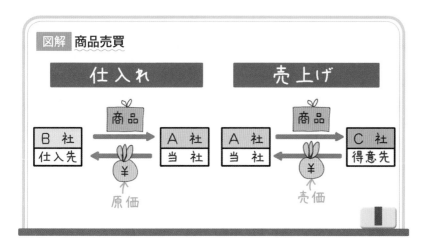

図解 商品売買

| 仕入れ | 売上げ |

B 社　仕入先 → 商品 → A 社　当社
A 社　当社 → 商品 → C 社　得意先

原価 ／ 売価

2 三分法

I 三分法とは

商品を仕入れたり、売り上げたりすることを**商品売買**といいます。

商品売買の処理方法はいくつかありますが、3級では**三分法**によって処理します。

三分法とは、商品の売買について**仕入**［費用］、**売上**［収益］、**繰越商品**［資産］の3つの勘定で処理する方法をいいます。

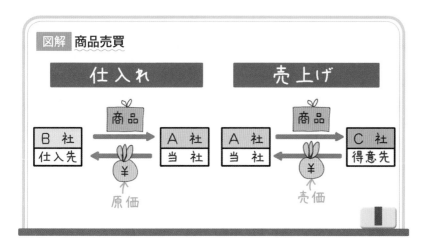

Ⅱ 三分法による処理

New

1 商品を仕入れたとき

　商品を仕入れたときは、原価（仕入れたときの金額）で**仕入** [費用] を計上します。

☞**費用の増加⇒借方（左）**

▶ **例1** ━━━━━━━━━━━━━━━━━━ **商品を仕入れたとき**

　Ａ社はＢ社から商品100円を仕入れ、代金は現金で支払った。

| 例1の仕訳 | （仕　　　　　入） | 100 | （現　　　　　金） | 100* |

※　現金 [資産] が減少したので、貸方「現金」で処理します（詳細は後述）。

New

2 商品を売り上げたとき

　商品を売り上げたときは、売価（販売したときの金額）で**売上** [収益] を計上します。

☞**収益の増加⇒貸方（右）**

▶ **例2** ━━━━━━━━━━━━━━━━━━ **商品を売り上げたとき**

　Ａ社はＣ社に商品（原価100円、売価150円）を売り上げ、代金は現金で受け取った。

| 例2の仕訳 | （現　　　　　金） | 150* | （売　　　　　上） | 150 |

※　売価150円分の現金 [資産] が増加したので、借方「現金」で処理します（詳細は後述）。

　三分法では、このあと、期末において残っている商品の原価を**繰越商品** [資産] に振り替える処理をしますが、これについてはCHAPTER 11（売上原価の算定）で説明します。

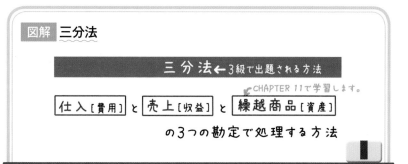

図解 三分法

三分法 ← 3級で出題される方法

CHAPTER 11で学習します。

仕入［費用］ と 売上［収益］ と 繰越商品［資産］

の3つの勘定で処理する方法

3 掛けによる仕入れ、売上げ

Ⅰ 掛け取引とは

　掛け取引とは、商品の代金を後日支払ったり、受け取ったりすることを約束して商品を仕入れたり、売り上げたりすることをいいます。

これならわかる!!

　たとえば、A社はB社から毎日のように商品を仕入れているとしましょう。この場合、商品を仕入れるつど現金で代金を支払うのはお互いに手間がかかります。そこで、1か月間で仕入れた商品代金をまとめて一定の日に支払うといった方法（掛け取引）が採用されるのです。

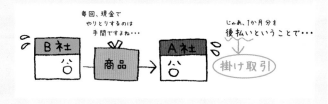

Ⅱ 掛けで商品を仕入れたとき

　商品を掛けで仕入れたときは、あとで代金を支払う義務が発生します。この「あとで代金を支払う義務」は**買掛金**［負債］で処理します。

☞ 負債の増加⇒貸方（右）

New

買掛金

▶ **例3** ━━━━━━━━━━━━━━━━━━ 掛けで商品を仕入れたとき

A社はB社から商品100円を仕入れ、代金は掛けとした。

例3の仕訳	（仕 入）	100	（買 掛 金）	100

後日、掛け代金を支払ったときは、**買掛金** [負債] を減少させます。

☞**負債の減少⇒借方（左）**

▶ **例4** ━━━━━━━━━━━━━━━━━━ 買掛金を支払ったとき

A社はB社に対する買掛金100円を現金で支払った。

例4の仕訳	（買 掛 金）	100	（現 金）	100

Ⅲ 掛けで商品を売り上げたとき

New
売掛金

商品を掛けで売り上げたときは、あとで代金を受け取る権利が発生します。この「あとで代金を受け取る権利」は**売掛金** [資産] で処理します。

☞**資産の増加⇒借方（左）**

▶ **例5** ━━━━━━━━━━━━━━━ 掛けで商品を売り上げたとき

A社はC社に商品（原価100円、売価150円）を売り上げ、代金は掛けとした。

例5の仕訳	（売 掛 金）	150	（売 上）	150

後日、掛け代金を回収したときは、**売掛金** [資産] を減少させます。

☞**資産の減少⇒貸方（右）**

▶ **例6** ━━━━━━━━━━━━━━━━━━ 売掛金を回収したとき

A社はC社より売掛金150円を現金で回収した。

例6の仕訳	（現 金）	150	（売 掛 金）	150

4 返品

Ⅰ 返品とは

商品の品違い等を理由に、商品を仕入先に戻したり、得意先から商品が戻ってくることを**返品**といいます。

ひとこと

いったん仕入れた商品を返品することを**仕入戻し**、いったん売り上げた商品が返品されることを**売上戻り**ともいいます。

Ⅱ 仕入れた商品を返品したとき

仕入戻しをしたときは、いったん計上した**仕入** [費用] を取り消します。

☞**費用の減少⇒貸方（右）**

なお、代金は通常、**買掛金** [負債] と相殺します。　☞**負債の減少⇒借方（左）**

つまり、仕入戻しをしたときは、返品した分だけ仕入れたときの仕訳の逆仕訳（仕入れたときの仕訳の借方科目と貸方科目を反対にした仕訳）をするのです。

図解 **仕入戻しの処理**

たとえば、100円で仕入れた商品のうち、20円の返品があったとしたら…

①仕入時の仕訳：(仕　入)　100　(買掛金)　100

逆仕訳

②返品時の仕訳：(買掛金)　20　(仕　入)　20

B社から掛けで仕入れた商品のうち、20円を品違いのため返品した。

| 例7の仕訳 | （買　　掛　　金） | 20 | （仕　　　　　入） | 20 |

〈解説〉

仕入時の仕訳：（仕　　　　　入）　　××　（買　　掛　　金）　　××

返品時の仕訳：（買　　掛　　金）　　20　（仕　　　　　入）　　20

Ⅲ 売り上げた商品が返品されたとき

売上戻りがあったときは、いったん計上した**売上** [収益] を取り消します。

☞収益の減少⇒借方（左）

なお、代金は通常、**売掛金** [資産] と相殺します。　☞資産の減少⇒貸方（右）

つまり、売上戻りがあったときは、返品された分だけ売り上げたときの仕訳の逆仕訳（売り上げたときの仕訳の借方科目と貸方科目を反対にした仕訳）をするのです。

図解 売上戻りの処理

たとえば、150円で売り上げた商品のうち、40円の返品があったら…

① 売上時の仕訳：（売掛金）　150　（売上）　150

　　　　　　　　　　　　　　　　　　逆仕訳

② 返品時の仕訳：（売上）　40　（売掛金）　40

例8 ────────────────── 売上戻りがあったとき

C社に掛けで売り上げた商品のうち、40円が品違いのため、返品された。

例8の仕訳	（売	上）	40	（売 掛 金）	40

〈解説〉

売上時の仕訳：（売　掛　金）　××　（売　　　　上）　××

返品時の仕訳：（売　　　　上）　40　（売　掛　金）　40

5　クレジット売掛金

I　クレジット売掛金とは

商品を売り上げ、代金の支払いがクレジット・カードで行われたときは、（クレジットによる）あとで代金を受け取る権利が発生します。この（クレジットによる）あとで代金を受け取る権利を**クレジット売掛金** [資産] といいます。

New

クレジット売掛金

ひとこと

ふつうの掛け売上の場合は、お客さんに対して代金を受け取る権利が発生します。この権利は**売掛金** [資産] で処理します。

クレジットによる売上の場合、会社とお客さんとの間に信販会社が入り、お金のやりとりは会社と信販会社、お客さんと信販会社で行われます。そのため、クレジットによる売上の場合、会社はお客さんではなく、信販会社に対して代金を受け取る権利を有します。この、信販会社に対する代金を受け取る権利は、ふつうの**売掛金** [資産] と区別して、**クレジット売掛金** [資産] で処理します。

II　クレジット売掛金の処理

1　商品を売り上げたとき

商品を売り上げ、代金の支払いがクレジット・カードで行われたときは、（クレジットによる）あとで代金を受け取る権利を**クレジット売掛金** [資産] で処理します。
☞**資産の増加⇒借方（左）**

なお、代金の支払いがクレジット・カードで行われる場合、会社は信販

31

会社に決済手数料を支払います。この決済手数料は**支払手数料** [費用] で処理します。

☞**費用の増加⇒借方（左）**

ひとこと

決済手数料を計上するタイミングには、❶商品を売り上げたときと❷決済時がありますが、本書では❶商品を売り上げたときに計上する方法で説明します。

商品を売り上げたときに決済手数料を計上する場合、商品代金から決済手数料を差し引いた金額を**クレジット売掛金** [資産] として処理します。

ひとこと

商品代金から決済手数料が差し引かれた金額が、会社の銀行口座等に入金されるので、銀行口座等に入金される額（純額）を**クレジット売掛金** [資産] として処理するのです。

▎**例9** ────────── **クレジット売掛金（商品を売り上げたとき）**

商品100円をクレジット払いの条件で販売した。なお、信販会社への手数料（販売代金の2％）は販売時に計上する。

例9の仕訳	（支 払 手 数 料）	2*1	（売 上）	100
	（クレジット売掛金）	98*2		

　　　　　*1　100円×2％＝2円
　　　　　*2　100円−1円＝98円

2 代金が入金されたとき

後日、信販会社から商品代金が入金されたときには、**クレジット売掛金** [資産] を減少させます。

☞**資産の減少⇒貸方（右）**

▎**例10** ────────── **クレジット売掛金（代金が入金されたとき）**

信販会社より決済手数料を差し引かれた残額98円が当座預金口座へ入金された。

例10の仕訳	（当 座 預 金）	98	（クレジット売掛金）	98

6 諸掛り

I 諸掛りとは

商品を取引先に発送するさい、運賃などの費用がかかります。この費用を**諸掛り**といい、商品を仕入れるさいにかかった費用を**仕入諸掛り**、商品を売り上げるさいにかかった費用を**売上諸掛り**といいます。

II 当社負担の仕入諸掛りを支払ったとき

商品を仕入れたとき、当社が負担すべき諸掛りを支払った場合（当社負担の仕入諸掛り）は、**仕入[費用]**の金額に含めて処理します。

ひとこと

　問題を解くさい、仕入諸掛りの負担先が明確に示されていない場合には、当社負担と考えて処理してください。

例11 ———— 当社負担の仕入諸掛りを支払ったとき

　A社はB社から商品100円を仕入れ、代金は掛けとした。なお、引取運賃10円を現金で支払った。

例11の仕訳	（仕　　　　入）	110	（買　掛　金）	100
			（現　　金）	10

Ⅲ 取引先負担の仕入諸掛りを立て替えたとき

仕入先が負担すべき引取運賃を当社が立て替えて支払ったときは、あとで仕入先から代金を受け取ることができます。

New
立替金

したがって、この場合の諸掛りは**立替金** [資産] として処理します。

☞**資産の増加⇒借方（左）**

▶ 例12 ━━━━━━━━━ **仕入先負担の仕入諸掛りを支払ったとき**

　Ａ社はＢ社から商品100円を仕入れ、代金は掛けとした。なお、Ｂ社負担の引取運賃10円を現金で立替払いした。

例12の仕訳	（仕　　　　入）	100	（買　　掛　　金）	100
	（立　　替　　金）	10	（現　　　　金）	10

Ⅳ 売上諸掛りを支払ったとき

New
発送費

商品を売り上げたとき、諸掛りを支払った場合は、**発送費** [費用] として処理します。

☞**費用の増加⇒借方（左）**

なお、３級では、売上諸掛りを**売上** [収益] に含めて処理します。

▶ 例13 ━━━━━━━━━ **売上諸掛りを支払ったときーⅠ**

　Ａ社はＣ社へ商品170円（送料込み）を販売し、代金は掛けとした。また、同時に運送業者へ商品を引き渡し、送料20円（費用処理する）は現金で支払った。

例13の仕訳	（売　　掛　　金）	170	（売　　　　上）	170
	（発　　送　　費）	20	（現　　　　金）	20

ただし、試験において、「送料（発送費用）は当社が負担する」という指示があった場合には、売上諸掛りを**売上** [収益] に含めないで処理します。

例14 ━━━━━━━━━━━━━━━ **売上諸掛りを支払ったとき－Ⅱ**

A社はC社へ商品150円を販売し、代金は掛けとした。なお、送料（当社負担）20円は現金で支払った。

例14の仕訳	（売　掛　金）	150	（売　　　上）	150
	（発　送　費）	20	（現　　　金）	20

図解 **仕入諸掛りと売上諸掛りのまとめ**

諸掛り		処理
仕入諸掛り	当社負担	仕入 [費用] に含める
	仕入先負担	立替金 [資産]
売上諸掛り	特に指示がない場合	売上諸掛りを売上 [収益] に含めて処理するとともに支払った売上諸掛りは発送費 [費用] で処理する
	「当社負担」の指示がある場合	売上諸掛りを売上 [収益] に含めないで処理する

問1　**三分法**

次の取引について仕訳しなさい。なお、勘定科目は〔　　〕内に示すものの中から選ぶこと。

〔勘定科目：現金、売掛金、買掛金、売上、仕入〕

(1)　青森商事㈱から商品10,000円を仕入れ、代金は掛けとした。

(2)　青森商事㈱に対する買掛金10,000円を現金で支払った。

(3)　山口物産㈱に商品20,000円を売り上げ、代金は掛けとした。

(4)　山口物産㈱から売掛金20,000円を現金で回収した。

問2　**返品**

次の取引について仕訳しなさい。なお、勘定科目は〔　　〕内に示すものの中から選ぶこと。

〔勘定科目：売掛金、買掛金、売上、仕入〕

(1)　以前、掛けで仕入れた商品のうち、品違いのため1,000円を返品した。

(2)　以前、掛けで売り上げた商品のうち、品違いのため2,000円が返品された。

問3　**クレジット売掛金**

次の一連の取引について仕訳しなさい。なお、勘定科目は〔　　〕内に示すものの中から選ぶこと。

〔勘定科目：当座預金、クレジット売掛金、売上、支払手数料〕

(1)　商品2,000円をクレジット払いの条件で販売した。なお、信販会社への手数料80円は販売時に計上する。

(2)　信販会社より、決済手数料を差し引かれた残額が当座預金口座に入金された。

問4　**諸掛り**

次の取引について仕訳しなさい。なお、勘定科目は〔　　〕内に示すものの中から選ぶこと。

〔勘定科目：現金、売掛金、買掛金、売上、仕入、発送費〕

(1)　東京商事㈱は、青森商事㈱から商品10,000円を仕入れ、代金は掛けとした。

なお、引取運賃400円は現金で支払った。

(2) 東京商事㈱は、山口物産㈱へ商品20,500円（送料込み）で販売し、代金は掛けとした。また、同時に配送業者へこの商品を引き渡し、送料500円（費用処理する）は現金で支払った。

(3) 東京商事㈱は、島根産業㈱へ商品30,000円を販売し、代金は掛けとした。なお、東京商事㈱負担の送料1,000円は現金で支払った。

解答

問1 三分法

(1)	（仕　　　　入）	10,000	（買　掛　金）	10,000
(2)	（買　掛　金）	10,000	（現　　　　金）	10,000
(3)	（売　掛　金）	20,000	（売　　　　上）	20,000
(4)	（現　　　　金）	20,000	（売　掛　金）	20,000

問2 返品

(1)	（買　掛　金）	1,000	（仕　　　　入）	1,000
(2)	（売　　　　上）	2,000	（売　掛　金）	2,000

問3 クレジット売掛金

(1)	（支 払 手 数 料）	80	（売　　　　上）	2,000
	（クレジット売掛金）	1,920*		
(2)	（当 座 預 金）	1,920	（クレジット売掛金）	1,920

＊　2,000円－80円＝1,920円

問4 諸掛り

(1)	（仕　　　　入）	10,400	（買　掛　金）	10,000
			（現　　　　金）	400
(2)	（売　掛　金）	20,500	（売　　　　上）	20,500
	（発　送　費）	500	（現　　　　金）	500
(3)	（売　掛　金）	30,000	（売　　　　上）	30,000
	（発　送　費）	1,000	（現　　　　金）	1,000

CHAPTER 03

現金預金

◆小切手の処理に注意！

　ここでは、現金と預金の取引についてみていきます。試験で必ず出題される項目なので、しっかり学習しましょう。

　一般的にいう「現金」と、簿記上の「現金」では範囲が異なります。簿記上の「現金」の範囲をしっかりとおさえておいてください。また、小切手の処理が、小切手を作成した人と受け取った人とで異なりますので、注意が必要です。

簿記の流れ

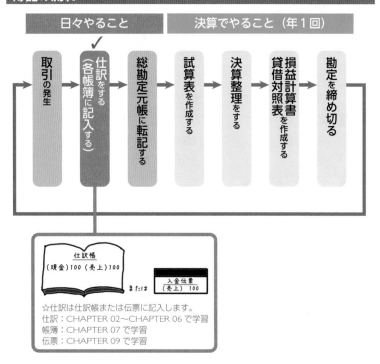

| 日々やること | 決算でやること（年1回） |

取引の発生 → 仕訳をする（各帳簿に記入する） → 総勘定元帳に転記する → 試算表を作成する → 決算整理をする → 損益計算書貸借対照表を作成する → 勘定を締め切る

仕訳帳
（現金）100（売上）100

または

入金伝票
（売上）100

☆仕訳は仕訳帳または伝票に記入します。
仕訳：CHAPTER 02〜CHAPTER 06 で学習
帳簿：CHAPTER 07 で学習
伝票：CHAPTER 09 で学習

1 現 金

Ⅰ 簿記上の現金とは

　一般的に「現金」というと、**硬貨**（500円玉や100円玉）や**紙幣**（1万円札や千円札）といった通貨を指しますが、簿記上は、金融機関ですぐに現金に換えられるもの（**通貨代用証券**）も現金として処理します。

　なお、通貨代用証券には次のようなものがあります。

> ●**通貨代用証券**
>
> ❶　他人振出の小切手
> ❷　送金小切手
> ❸　普通（郵便）為替証書

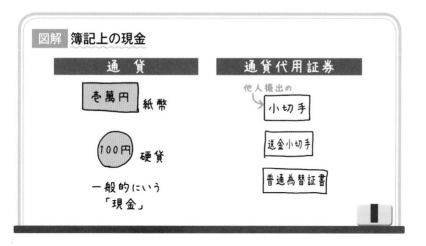

図解　簿記上の現金

通　貨
壱萬円　紙幣
100円　硬貨
一般的にいう「現金」

通貨代用証券
他人振出の　小切手
送金小切手
普通為替証書

New 現金

Ⅱ 他人振出小切手を受け取ったとき

他人が作成した小切手（他人振出小切手）を受け取ったときは、通貨を受け取ったときと同様、**現金**［資産］の増加として処理します。

☞資産の増加⇒借方（左）

例１　他人振出小切手を受け取ったとき

C社に商品100円を売り上げ、代金はC社振出の小切手で受け取った。

例１の仕訳	（現　金）	100	（売　上）	100

ひとこと

小切手や手形（CHAPTER 04で学習）に金額等を記入し、相手方に渡すことを「振り出す」といいます。

Ⅲ 送金小切手や普通（郵便）為替証書を受け取ったとき

送金小切手や普通為替証書を受け取ったときは、**現金**［資産］の増加として処理します。

☞資産の増加⇒借方（左）

例２　普通（郵便）為替証書を受け取ったとき

C社の売掛金100円の回収として、普通為替証書を受け取った。

例２の仕訳	（現　金）	100	（売　掛　金）	100

2 現金過不足

Ⅰ 現金過不足とは

現金の収支は日々、記録されますが、帳簿に記録した現金の残高（**帳簿残高**）と実際の現金の金額（**実際有高**）が一致しないことがあります。この場合の、帳簿残高と実際有高との不一致を**現金過不足**といいます。

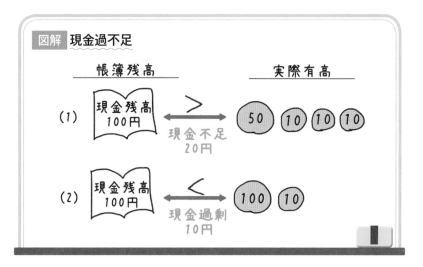

Ⅱ 現金過不足が生じたとき

現金の帳簿残高と実際有高に不一致が生じたときは、現金の帳簿残高が実際有高になるように、帳簿上の**現金** [資産] を調整します。

このときの相手科目（不一致の金額）は**現金過不足**という勘定科目で処理します。

New

現金過不足

ひとこと

ふむふむ…

「現金過不足」は不一致の金額を一時的に処理する勘定科目なので、資産、負債、資本（純資産）、収益、費用のいずれにも該当しません。

1 帳簿残高＞実際有高の場合

現金の帳簿残高よりも実際有高のほうが少ない場合、帳簿上の**現金** [資産] を減少させて、実際有高に合わせます。また、相手科目は**現金過不足**で処理します。

▌ 例3 ──────── 現金過不足が生じたとき（不足の場合）

現金の帳簿残高が100円のところ、実際有高は80円であった。

例3の仕訳	（現 金 過 不 足）	20	（現 金）	20*

> ＊ 実際有高のほうが20円少ない（80円−100円）ので、現金［資産］を20円減少させます。

2 帳簿残高＜実際有高の場合

現金の帳簿残高よりも実際有高のほうが多い場合、帳簿上の**現金**［資産］を増加させて、実際有高に合わせます。また、相手科目は**現金過不足**で処理します。

▌ 例4 ──────── 現金過不足が生じたとき（過剰の場合）

現金の帳簿残高が100円のところ、実際有高は110円であった。

例4の仕訳	（現 金）	10*	（現 金 過 不 足）	10

> ＊ 実際有高のほうが10円多い（110円−100円）ので、現金［資産］を10円増加させます。

Ⅲ 原因が判明したとき

現金過不足の処理をしたあとで、不一致の原因が判明したときは、原因が判明した分の現金過不足を減少させ、該当する勘定科目に振り替えます。

図解 「振り替える」とは？

振り替える…ある勘定の金額を、ほかの勘定に移すこと

現金過不足　　　　　　　該当する勘定

たとえば、「現金過不足10円（借方残高）を
水道光熱費勘定に振り替える」という場合は…

現金過不足　　　　水道光熱費

残高10　→　10　　　　→　　10

現金過不足の　　　水道光熱費を
残高を減らし…　　計上します。

上記の振替仕訳は…
（水道光熱費）　10　（現金過不足）　10

1 帳簿残高＞実際有高の場合（現金過不足が借方の場合）

　借方に計上されている**現金過不足**を減らし（貸方に記入し）、相手科目は該当する勘定科目で処理します。

例5 ———————— 原因が判明したとき（不足の場合）

　現金の不足額20円を現金過不足勘定の借方に記入していたが、このうち15円は電気代（水道光熱費）の記入漏れであることが判明した。

| 例5の仕訳 | （水道光熱費） | 15 | （現金過不足） | 15 |

New

水道光熱費

2 帳簿残高＜実際有高の場合（現金過不足が貸方の場合）

　貸方に計上されている**現金過不足**を減らし（借方に記入し）、相手科目は該当する勘定科目で処理します。

▎**例6** ━━━━━━━━━━━━━ 原因が判明したとき（過剰の場合）

　現金の過剰額10円を現金過不足勘定の貸方に記入していたが、このうち8円は売掛金の回収額であることが判明した。

例6の仕訳	（現 金 過 不 足）	8	（売 　 掛 　 金）	8

3 普通預金と定期預金

I 普通預金と定期預金とは

　普通預金と定期預金は、どちらも預金口座の1つですが、普通預金は、いつでも預け入れ、引き出しができるのに対して、定期預金は原則として満期時のみ引き出しが可能となっています（預け入れはいつでもできます）。

ふむふむ...　**ひとこと**

　　預入期間は1か月、3か月、6か月、1年、2年、5年などがあります。

II 普通預金と定期預金の処理

New　普通預金の預け入れや引き出しは**普通預金** [資産] で、定期預金の預け入れや引き出しは**定期預金** [資産] で処理します。

普通預金

New　**1 普通預金口座や定期預金口座に預け入れたとき**

定期預金　普通預金口座や定期預金口座に現金などを預け入れたときは、**普通預金** [資産] や **定期預金** [資産] の増加として処理します。　　☞**資産の増加⇒借方（左）**

例7 ── 普通預金口座や定期預金口座に預け入れたとき

① 普通預金口座に現金100円を預け入れた。
② 定期預金口座に現金200円を預け入れた。

例7の仕訳①	(普 通 預 金)	100	(現　　　　金)	100
②	(定 期 預 金)	200	(現　　　　金)	200

2 普通預金口座や定期預金口座から引き出したとき

　普通預金口座や定期預金口座から現金などを引き出したり、引き落としや振り替えをしたときは、**普通預金** [資産] や **定期預金** [資産] の減少として処理します。

☞ **資産の減少⇒貸方（右）**

例8 ── 普通預金口座や定期預金口座から引き出したとき

① 普通預金口座から現金100円を引き出した。
② 定期預金口座から普通預金口座に200円を預け替えた。

例8の仕訳①	(現　　　　金)	100	(普 通 預 金)	100
②	(普 通 預 金)	200	(定 期 預 金)	200

3 複数の口座を開設している場合の管理

　1つの会社が、複数の金融機関に普通預金口座や当座預金口座（**4**で学習します）等を開設している場合、管理のために、勘定科目に銀行名を入れて仕訳することがあります。

　たとえば、甲銀行と乙銀行に普通預金口座を開設している場合、**普通預金甲銀行**や**普通預金乙銀行**といった勘定科目で仕訳することがあります。

　現金100円を甲銀行の普通預金口座に、現金200円を乙銀行の普通預金口座に預け入れた。

例9の仕訳	（普通預金甲銀行）	100	（現	金）	100
	（普通預金乙銀行）	200	（現	金）	200

4 当座預金

I 当座預金とは

　当座預金とは、預金口座の1つですが、預金を引き出すときに小切手を用いる点と、利息がつかない点が特徴的な預金です。

これならわかる!!

　銀行で振込依頼書や振替申込書に記入するとき、振込先の預金の種類に「普通預金」と「当座預金」があるのを見たことはないでしょうか？
　「普通預金」は、通常私たちが何気なく使っている個人用の預金ですよね。これに対して「当座預金」は、いわゆる商売用の預金といえます。

商売用の口座

　商売をしていると、日々、多くの取引が発生し、取引額も大きくなります。もし、代金の支払いを現金で行うとすると、つねに多額の現金を手許においておき、取引のたびに持ち運ばなければならないので、盗難や紛失の危険が高まります。そこで登場するのが当座預金口座です。当座預金口座を作っておくと、小切手を振り出すだけで支払いができ、安全です。
　なお、当座預金口座は商売用の預金なので、利息がつかない、預金残高が0円でも小切手を振り出すことができる（契約が必要）という特徴があります。

モヤモヤ解消

小切手が決済されるまでの流れは以下のとおりです。

① A社（当社）は、現金を預け入れてX銀行から小切手帳等を受け取る。
② A社（当社）はB社に対する買掛金を支払うため、小切手を振り出す。
③ B社は受け取った小切手を取引銀行（Y銀行）に持っていき、現金を受け取る。
④ 手形交換所を通じてX銀行とY銀行で小切手を交換する。
⑤ X銀行のA社（当社）・当座預金口座から小切手の金額が引き落とされる。

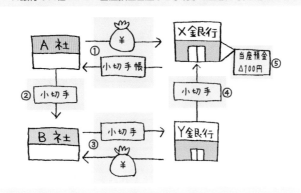

II 当座預金の処理

当座預金の預け入れや引き出しは**当座預金** [資産] で処理します。

ひとこと

複数の金融機関に当座預金口座を開設している場合には、銀行名をつけて**当座預金○○銀行**で処理することもあります。

1 当座預金口座に預け入れたとき

当座預金口座に現金を預け入れたときや当座預金口座に入金があったときは、**当座預金** [資産] の増加として処理します。　　☞**資産の増加⇒借方（左）**

New

当座預金

━━━━━━━━━━━━━━━━━ **当座預金口座に預け入れたとき**

A社はX銀行と当座取引契約を結び、当座預金口座に現金100円を預け入れた。

| 例10の仕訳 | （当 座 預 金） | 100 | （現　　　　金） | 100 |

2 小切手を振り出したとき

小切手を振り出したときや当座預金口座から自動引き落としがあったときは、**当座預金** [資産] の減少として処理します。　　　　☞**資産の減少⇒貸方（右）**

▶ 例11 ━━━━━━━━━━━━━━━━━━━ **小切手を振り出したとき**

A社はB社に対する買掛金100円を支払うため、小切手を振り出した。

| 例11の仕訳 | （買　掛　　金） | 100 | （当 座 預 金） | 100 |

3 ただちに当座預金口座に預け入れたとき

現金や他社が振り出した小切手等を受け取り、ただちに当座預金口座に預け入れた場合には、**現金** [資産] を増加させたあと、**現金** [資産] を減少させて**当座預金** [資産] に振り替えることになります。しかし、結局、**現金** [資産] の増加と**現金** [資産] の減少が相殺されることになるので、通常は**現金** [資産] の増加で処理せず、直接**当座預金** [資産] の増加として処理します。

▶ 例12 ━━━━━━━━━━━ **ただちに当座預金口座に預け入れたとき**

A社はC社に対する売掛金100円について、C社振出の小切手で受け取り、ただちに当座預金口座に預け入れた。

| 例12の仕訳 | （当 座 預 金） | 100 | （売　掛　　金） | 100 |

〈解説〉

①小切手を受け取ったときの仕訳：（現───金）~~100~~ （売 掛 金）　100

　　　　　　　　　　　　　　　　　　　　　　　　＋

②当座預金口座に預け入れたときの仕訳：（当 座 預 金）　100 （現───金）~~100~~

　　　　　　　　　　　　　　　　　　　　　　　　↓

③解　答　の　仕　訳：（当座預金）　100 （売 掛 金）　100

4 自己振出小切手を受け取ったとき

　小切手を受け取った場合でも、その小切手が以前に自分が振り出したもの（自己振出小切手といいます）である場合には、**現金** [資産] の増加ではなく、**当座預金** [資産] の増加として処理します。

　これは、小切手を振り出したときに**当座預金** [資産] の減少として処理しているので、その小切手が戻ってきたときには、**当座預金** [資産] の減少を取り消す処理をするということです。

▼ 例13 ────────────────── 自己振出小切手を受け取ったとき

　A社はC社に対する売掛金100円について、以前にA社が振り出した小切手で受け取った。

例13の仕訳	（当 座 預 金）	100	（売　　掛　　金）	100

〈解説〉

小切手を振り出したとき：（買掛金など）　　　100　　（**当 座 預 金**）　　100

これを取り消す

解　答　の　仕　訳：（**当座預金**）　　100　（売　　掛　　金）　　100

5 当座預金口座の残高を超えて小切手を振り出したとき

　通常は、当座預金口座の残高を超えた金額の小切手を振り出すことはできません。しかし、銀行と当座借越契約を結んでおけば、一定額を限度とし、当座預金口座の残高を超えて小切手を振り出すことができます。これを**当座借越**といいます。

ひとこと

当座借越は銀行からの一時的な借入れを意味します。

　当座預金口座の残高を超えて小切手を振り出したときでも、**当座預金** [資産] の減少として処理します。　　　　　☞**資産の減少⇒貸方（右）**

▎**例14** ── 当座預金口座の残高を超えて小切手を振り出したとき

　A社はB社に対する買掛金300円を支払うため、小切手を振り出した。なお、A社の当座預金口座の残高は100円であったが、取引銀行と限度額500円の当座借越契約を結んでいる。

例14の仕訳	（買　　掛　　金）	300	（当　座　預　金）	300

> **ひとこと**
>
> 　当座預金口座の残高がマイナス（貸方残高）の場合には、決算時において、そのマイナス分を当座預金から当座借越という負債の勘定に振り替えます（詳しくはCHAPTER11で学習します）。

5 小口現金

Ⅰ 小口現金とは

　企業では、日常発生する細かい支払いに備えて、各部署の担当者に一定額の現金を渡し、各部署で発生した少額の支払いについてはこの現金で行うということがあります。この場合の各担当者に渡された現金を**小口現金**といいます。

Ⅱ 登場人物の名称

　小口現金制度では、小口現金を管理する各部署の担当者を**小口係**（または**用度係**、**小払係**）といいます。また、小口係に資金を渡す、小口係から支払報告を受けて仕訳を行うなど、企業全体の資金を管理する人（経理部のこと）を**会計係**といいます。

Ⅲ 定額資金前渡法（インプレスト・システム）

　通常、小口現金は、一定額を一定期間（1週間または1か月）のはじめに会計係から小口係に前渡しし、一定期間終了後に小口係からの支払報告にもとづいて、使った金額だけ補給するという方法がとられます。この方法を**定額資金前渡法**（インプレスト・システム）といいます。

これならわかる!!

定額資金前渡法（インプレスト・システム）の流れは次のとおりです。

① 会計係（経理部）から小口係（営業部などの小口担当者）に一定期間（1週間または1か月）に必要な小口現金を前渡しする（試験では小切手を振り出すことが多い）。

② 小口係は、日々の取引で発生する交通費等の少額の支払いを行い、小口現金を管理する。

③ 一定期間終了後に小口係は会計係に支払報告をする。支払報告を受けた会計係は、仕訳をして総勘定元帳に記入する。

④ 会計係は報告された支払額と同額だけ小口現金を補給する。

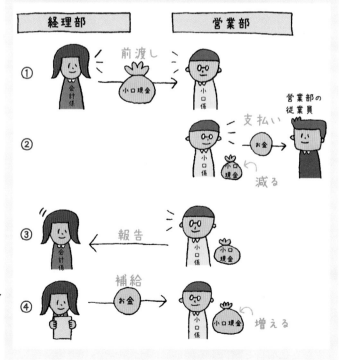

Ⅳ 小口現金の処理

　小口現金制度で注意すべきは、仕訳をするのはあくまでも会計係であるという点です。したがって、会計係が登場しない取引（小口係が小口現金から交通費等を支払った時点）では「仕訳なし」となります。

■1■ 小口現金を前渡ししたとき…　これならわかる!! ①

New 小口現金

　会計係が小口係に一定額の小切手を前渡ししたときは、**小口現金** [資産] の増加として処理します。

☞**資産の増加⇒借方（左）**

▼ **例15** ━━━━━━━━━━━━━━━━━━━ **小口現金を前渡ししたとき**

　定額資金前渡法（インプレスト・システム）により、会計係は小口係に小口現金1,000円を小切手を振り出して前渡しした。

例15の仕訳　（小 口 現 金）　1,000　（当 座 預 金）　1,000

■2■ 小口現金で支払ったとき…　これならわかる!! ②

　小口係は、交通費やハガキ代など日々の細かい支払いを小口現金で行いますが、この時点では会計係への報告がされていない（会計係が登場しない）ので、仕訳は行いません。

▼ **例16** ━━━━━━━━━━━━━━━━━━━ **小口現金で支払ったとき**

　小口係はバス代400円、ハガキ代300円、文房具代200円を小口現金から支払った。

例16の仕訳　　　　　　　　　　　　**仕訳なし**

■3■ 小口係から支払報告があったとき…　これならわかる!! ③

　会計係が小口係から一定期間の支払報告を受けたときは、支払額を**小口現金** [資産] の減少として処理し、同時に該当する各費用を計上します。

☞**資産の減少⇒貸方（右）**　☞**費用の増加⇒借方（左）**

　主な支払項目と該当する勘定科目は次のとおりです。

New 旅費交通費

CH
03
現金預金

New 通信費

New 消耗品費

New 雑費

小口現金

●主な支払項目と該当する勘定科目

支払項目	勘定科目
バス代、電車代、タクシー代、宿泊費	**旅費交通費** [費用]
ハガキ代、切手代、電話代	**通　信　費** [費用]
文房具代、コピー用紙代	**消耗品費** [費用]
電気代、ガス代、水道代	**水道光熱費** [費用]
お茶菓子代、新聞代、その他どの区分にも該当しない支払い	**雑　　費** [費用]

例17 ━━━━━━━━━━ 小口係から支払報告があったとき

会計係は小口係から以下の支払報告（合計900円）を受けた。

バス代400円　　ハガキ代300円　　文房具代200円

例17の仕訳	（旅 費 交 通 費）	400	（小 口 現 金）	900
	（通　信　費）	300		
	（消 耗 品 費）	200		

4 小口現金を補給したとき…  ④

小口係からの支払報告にもとづいて、会計係が小口現金を補給したときは、**小口現金** [資産] の増加として処理します。　☞**資産の増加⇒借方（左）**

例18 ━━━━━━━━━━ 小口現金を補給したとき

会計係は小口係に小切手900円を振り出して小口現金を補給した。

例18の仕訳	（小 口 現 金）	900	（当 座 預 金）	900

ここまでの取引を小口現金勘定に示すと、次のようになります。なお、小口現金の補給後は最初に小口係に渡した金額（前渡額）に戻ります。

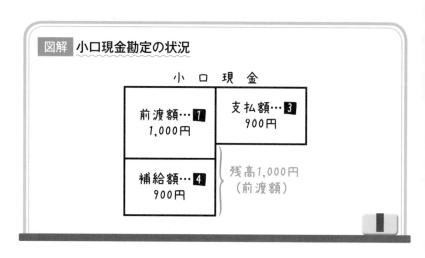

図解 小口現金勘定の状況

小 口 現 金

前渡額…**1**
1,000円

支払額…**3**
900円

補給額…**4**
900円

残高1,000円
（前渡額）

5　支払報告と補給が同時のとき

　小口係からの支払報告を受け、ただちに小口現金を補給した場合は、**3**報告時の仕訳と**4**補給時の仕訳をまとめ、一つの仕訳で処理（小口現金の増減を省略）します。

▼ 例19 ━━━━━━━━━━━━━━━ **支払報告と補給が同時のとき**

　会計係は小口係から以下の支払報告（合計900円）を受け、ただちに小切手を振り出して小口現金を補給した。
　　　バス代400円　　　ハガキ代300円　　　文房具代200円

例19の仕訳	（旅 費 交 通 費）	400	（当 座 預 金）	900
	（通　　信　　費）	300		
	（消 耗 品 費）	200		

〈解説〉

①報告時の仕訳：（旅 費 交 通 費）　400　~~（小 口 現 金）~~　~~900~~
　　　　　　　　（通　　信　　費）　300
　　　　　　　　（消 耗 品 費）　200　　相殺
②補給時の仕訳：~~（小 口 現 金）~~　~~900~~　（当 座 預 金）　900

次の各問の取引について仕訳しなさい。なお、勘定科目はそれぞれの［　　］内に示すものの中から選ぶこと。

問1　現金

［勘定科目：現金、売掛金、売上、仕入］

(1)　得意先に商品1,000円を売り上げ、代金は現金で受け取った。

(2)　得意先に商品2,000円を売り上げ、代金は得意先振出の小切手で受け取った。

(3)　売掛金3,000円の回収として、普通為替証書を受け取った。

問2　現金過不足

［勘定科目：現金、現金過不足、水道光熱費］

(1)　現金の帳簿残高が2,000円のところ、実際有高は1,500円であった。

(2)　(1)の不足額は水道光熱費の計上漏れであることが判明した。

問3　普通預金、定期預金①

［勘定科目：現金、普通預金、定期預金］

(1)　普通預金口座に現金10,000円を預け入れた。

(2)　定期預金口座に現金30,000円を預け入れた。

(3)　普通預金口座から現金5,000円を引き出した。

(4)　定期預金口座から普通預金口座に20,000円を預け替えた。

問4　普通預金、定期預金②

［勘定科目：現金、普通預金東西銀行、普通預金南北銀行、水道光熱費］

(1)　東西銀行の普通預金口座に現金10,000円を預け入れた。

(2)　南北銀行の普通預金口座から水道光熱費4,000円が引き落とされた。

問5　当座預金

[勘定科目：現金、当座預金、売掛金、買掛金]

(1)　A商事㈱は当座預金口座に現金10,000円を預け入れた。

(2)　買掛金8,000円を支払うため、小切手を振り出した。

(3)　A商事㈱は買掛金20,000円を支払うため、小切手を振り出した。なお、A商事㈱の当座預金残高は15,000円であったが、取引銀行と限度額30,000円の当座借越契約を結んでいる。

問6　小口現金

[勘定科目：小口現金、当座預金、消耗品費、通信費、旅費交通費、雑費]

(1)　定額資金前渡法（インプレスト・システム）により、会計係は小口係に小口現金10,000円を小切手を振り出して前渡しした。

(2)　会計係は小口係から以下の支払報告を受け、ただちに小切手を振り出して小口現金を補給した。

　　　　電車代　3,200円　　郵便切手代　800円　　コピー用紙代　3,000円
　　　　お茶菓子代　1,000円

解答

問1 現金

(1)	(現 金)	1,000	(売 上)	1,000
(2)	(現 金)	2,000	(売 上)	2,000
(3)	(現 金)	3,000	(売 掛 金)	3,000

問2 現金過不足

(1)	(現 金 過 不 足)	500	(現 金)	500
(2)	(水 道 光 熱 費)	500	(現 金 過 不 足)	500

問3 普通預金、定期預金①

(1)	(普 通 預 金)	10,000	(現 金)	10,000
(2)	(定 期 預 金)	30,000	(現 金)	30,000
(3)	(現 金)	5,000	(普 通 預 金)	5,000
(4)	(普 通 預 金)	20,000	(定 期 預 金)	20,000

問4 普通預金、定期預金②

(1)	(普通預金東西銀行)	10,000	(現 金)	10,000
(2)	(水 道 光 熱 費)	4,000	(普通預金南北銀行)	4,000

問5 当座預金

(1)	(当 座 預 金)	10,000	(現 金)	10,000
(2)	(買 掛 金)	8,000	(当 座 預 金)	8,000
(3)	(買 掛 金)	20,000	(当 座 預 金)	20,000

問6 小口現金

(1)	(小 口 現 金)	10,000	(当 座 預 金)	10,000
(2)	(旅 費 交 通 費)	3,200	(当 座 預 金)	8,000
	(通 信 費)	800		
	(消 耗 品 費)	3,000		
	(雑 費)	1,000		

手形と電子記録債権（債務）

◆手形代金を受け取る側か、支払う側かで考えよう

ここでは、手形と電子記録債権（債務）の取引についてみていきます。

手形には約束手形と為替手形がありますが、3級では約束手形のみ学習します。手形取引については、「代金を受け取る側」なのか「代金を支払う側」なのかを考えて処理しましょう。

また、手形に代わる新しい金銭債権（債務）である電子記録債権（債務）についてもみていきます。

簿記の流れ

日々やること	決算でやること（年1回）

取引の発生 → 仕訳をする（各帳簿に記入する）✓ → 総勘定元帳に転記する → 試算表を作成する → 決算整理をする → 損益計算書 貸借対照表を作成する → 勘定を締め切る

仕訳帳
（現金）100（売上）100

または

入金伝票
（売上）100

☆仕訳は仕訳帳または伝票に記入します。
仕訳：CHAPTER 02～CHAPTER 06 で学習
帳簿：CHAPTER 07 で学習
伝票：CHAPTER 09 で学習

1 手形とは

I 手形とは

　商品代金や掛け代金の支払いのため、現金や小切手のほか、手形を用いることがあります。

　手形とは、ある金額の支払いを支払期日に行うことを約束した証券（紙片のこと）をいいます。手形には**約束手形**と**為替手形**の2種類がありますが、3級では約束手形についてみていきます。

ひとこと

　掛けと手形は、どちらも商品代金の後払いという意味では同じですが、支払いに対して強制力があるかどうか、取引日から支払期日までの期間が長いか短いかという点が異なります。

❶　支払いに対して強制力があるかどうか

　掛け取引の場合にも、あらかじめ決めた日に掛け代金の決済を行わなければなりませんが、資金不足等を理由に、その日に支払わなかったとしても、社会的に制裁を受けるわけではありません（相手先からの信用をなくすだけです）。

　一方、手形には支払期日（満期日）が記載されており、この支払期日に手形代金が支払われない場合、不渡りの状態になります。不渡りを出した企業は社会的信用が落ちるため、手形の支払期日には確実に代金が支払われるのです。

　ちなみに、6か月以内に2度、不渡りを出した企業は銀行取引が停止されます。これを事実上の倒産といいます。

❷　取引日から支払期日までの期間が長いか短いか

　掛け取引の場合の支払期日は、取引日から1～2か月後に設定されるのが一般的です。これに対して手形の支払期日は、取引日から3か月以上あとに設定することもできます。

　したがって、資金繰りが厳しい場合には、手形を用いて、支払いを先延ばしにするのが有効といえるのです。

ふむふむ…

II 用語の説明

　手形に金額等を記入し、相手に渡すことを**手形の振り出し**といいます。

　また、手形に記載された金額が支払期日に支払われることを**決済**といいます。なお、手形の決済は当座預金口座等を通じて行われます。

2 約束手形

Ⅰ 約束手形とは

　約束手形とは、手形を振り出した人（＝A社）が特定の人（＝B社）に対し、手形に記載した金額を支払期日に支払うことを約束する証券をいいます。

Ⅱ 約束手形の登場人物

　約束手形の登場人物は、**振出人**と**名宛人**の2者です。
　振出人は約束手形を作成した人（＝A社）のことをいいます。
　名宛人は約束手形を受け取った人（＝B社）のことをいい、**受取人**ともいいます。

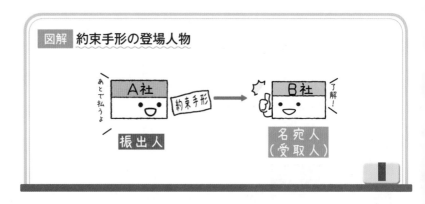

図解　約束手形の登場人物

ひとこと

　振出人、名宛人（受取人）といった名称は覚えなくても仕訳はできるので、無理して覚える必要はありません（仕訳の仕方は後述します）。

Ⅲ 約束手形の記載内容

　約束手形の記載内容は次のとおりです。

名宛人（受取人）
手形代金を受け取る人

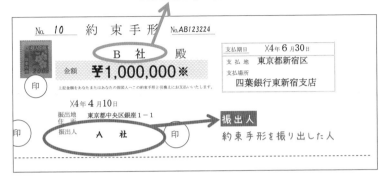

IV 約束手形の処理

約束手形を振り出すと、約束手形の振出人にはあとで手形代金を支払う義務が生じます。この手形代金を支払う義務は**支払手形**［負債］で処理します。

一方、約束手形を受け取った名宛人にはあとで手形代金を受け取る権利が生じます。この手形代金を受け取る権利は**受取手形**［資産］で処理します。

New
支払手形

New
受取手形

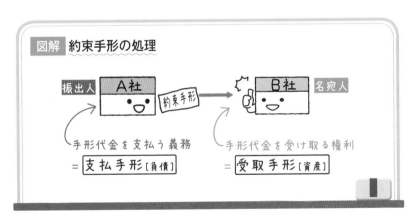

図解 約束手形の処理

振出人 A社 →約束手形→ B社 名宛人

手形代金を支払う義務
＝支払手形［負債］

手形代金を受け取る権利
＝受取手形［資産］

1 約束手形を振り出したとき（＝振出人A社の処理）

約束手形を振り出したときは、**支払手形**［負債］で処理します。

☞**負債の増加⇒貸方（右）**

▶ **例1** ━━━━━━━━━━━━━━━━━━ **約束手形を振り出したとき**

A社はB社から商品100円を仕入れ、代金は約束手形を振り出して支払った。

| 例1の仕訳 | （仕 入） | 100 | （支 払 手 形） | 100 |

2 約束手形を受け取ったとき （＝名宛人B社の処理）

約束手形を受け取ったときは、**受取手形** [資産] で処理します。

☞ **資産の増加⇒借方（左）**

▶ **例2** ━━━━━━━━━━━━━━━━━━ **約束手形を受け取ったとき**

B社はA社に商品100円を売り上げ、代金はA社振出の約束手形で受け取った。

| 例2の仕訳 | （受 取 手 形） | 100 | （売 上） | 100 |

V 約束手形が決済されたときの処理

約束手形が支払期日に決済されたときは、当座預金口座等を通じて手形代金の受け払いが行われます。

1 手形代金を支払ったとき （＝振出人A社の処理）

約束手形が決済され、手形代金を支払ったときは、計上している**支払手形** [負債] を減少させます。

☞ **負債の減少⇒借方（左）**

▶ **例3** ━━━━━━━━━━━━━━━━━━━ **手形代金を支払ったとき**

かねてB社に振り出していた約束手形100円の支払期日となり、A社は取引銀行より当座預金口座から支払いが行われた旨の通知を受けた。

| 例3の仕訳 | （支 払 手 形） | 100 | （当 座 預 金） | 100 |

2 手形代金を受け取ったとき（＝名宛人B社の処理）

約束手形が決済され、手形代金を受け取ったときは、計上している**受取手形**［資産］を減少させます。　　　　　　　　　☞**資産の減少⇒貸方（右）**

▼ 例4 ────────────────── **手形代金を受け取ったとき**

　かねてA社から受け取っていた約束手形100円の支払期日となり、B社は取引銀行より当座預金口座に入金があった旨の通知を受けた。

例4の仕訳	（当 座 預 金）	100	（受 取 手 形）	100

3 電子記録債権（債務）

I 電子記録債権とは

電子記録債権は、手形（や売掛金）の問題点を克服した新しい金銭債権です。

> **ひとこと**
>
> 手形の問題点は次のとおりです。
>
> ・紛失等のリスクがある
> ・手形振出しの事務処理の手間がかかる
> ・印紙を添付しなければならないので、印紙代がかかる　など
>
> 　電子記録債権は、ペーパーレスなので紛失等のリスクはありませんし、事務処理の手間も大幅に省けます。また、印紙の添付も不要です。そのため、近年は手形に代えて電子記録債権が普及しています。

電子記録債権は、電子債権記録機関が管理する記録原簿（登記簿のようなもの）に必要事項を登録することによって権利が発生します。

ひとこと

電子記録債権の発生方式には、次の2つがあります。

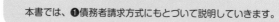

❶債務者請求方式…債務者側（買掛金等がある側）が発生記録の請求を行うことによって電子記録債権が発生する方式

❷債権者請求方式…債権者側（売掛金等がある側）が発生記録の請求を行うことによって電子記録債権が発生する方式。この場合には一定期間内に債務者の承諾が必要

本書では、❶債務者請求方式にもとづいて説明していきます。

Ⅱ 電子記録債権（債務）の処理（発生と消滅）

　電子記録債権が発生すると、債権者には、（電子記録による）あとで債権金額を受け取れる権利が発生します。この権利は**電子記録債権** [資産] で処理します。

　一方、電子記録債務の発生により、債務者には、（電子記録による）支払義務が発生します。この義務は**電子記録債務** [負債] で処理します。

図解 電子記録債権（債務）の処理

たとえば、A社はB社から商品を仕入れていて、B社に対する買掛金があったとする。逆にB社にはA社に対する売掛金があったとすると…

A社

B社

買掛金 [負債]

売掛金 [資産]

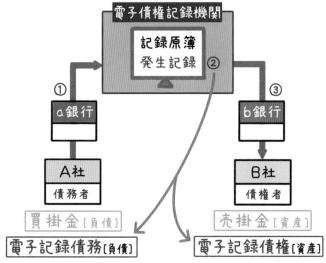

この買掛金について、A社が電子記録債務による決済をしようとする場合は…

① 債務者（A社）は、取引銀行（a銀行）を通じて、**発生記録請求**をする
　　→ 電子債権記録機関の記録原簿に発生記録を行うことを請求すること

② 電子債権記録機関は、記録原簿に発生記録を行う ← この時点で電子記録債権が発生する

③ 電子債権記録機関は、債権者（B社）に対し、取引銀行（b銀行）を通じて、発生記録の通知をする

1 電子記録債権（債務）が発生したとき

　電子記録債権が発生したときは、**電子記録債権 [資産]** で処理します。

☞**資産の増加⇒借方（左）**

　また、電子記録債務が発生したときは、**電子記録債務 [負債]** で処理します。

☞**負債の増加⇒貸方（右）**

▶ 例5 ──────── 電子記録債権（債務）が発生したとき

　A社は、B社に対する買掛金1,000円の支払いに電子記録債務を用いることとし、取引銀行を通じて債務の発生記録を行った。また、B社（A社に対する売掛金がある）は取引銀行よりその通知を受けた。A社（債務者）とB社（債権者）の仕訳をしなさい。

例5の仕訳	A社	（買　　掛　　金）	1,000	（電子記録債務）	1,000
	B社	（電子記録債権）	1,000	（売　　掛　　金）	1,000

2 電子記録債権（債務）が消滅したとき

　債務者の口座から債権者の口座に払い込み（支払い）が行われると、電子記録債権（債務）が消滅します。

ひとこと

ふむふむ…

　払い込みが行われると、電子債権記録機関はその旨を記録原簿に記録（支払等記録）します。

　そこで、債権者は**電子記録債権**[資産]を減少させます。

☞資産の減少⇒貸方（右）

　また、債務者は**電子記録債務**[負債]を減少させます。

☞負債の減少⇒借方（左）

▶ 例6 ──────── 電子記録債権（債務）が消滅したとき

　A社は、**例5**の電子記録債務について、取引銀行の当座預金口座からB社の取引銀行の当座預金口座に払い込みを行った。A社（債務者）とB社（債権者）の仕訳をしなさい。

例6の仕訳	A社	（電子記録債務）	1,000	（当　座　預　金）	1,000
	B社	（当　座　預　金）	1,000	（電子記録債権）	1,000

CHAPTER 04　手形と電子記録債権（債務）　基本問題

問1　約束手形

次の取引について仕訳しなさい。なお、勘定科目は［　　］内に示すものの中から選ぶこと。

［勘定科目：現金、当座預金、受取手形、売掛金、支払手形、買掛金］

(1)　東京商事㈱は、岩手商事㈱に対する買掛金10,000円を支払うため、約束手形を振り出した。

(2)　東京商事㈱は、上記(1)の約束手形の支払期日となったため、手形代金10,000円が当座預金口座から引き落とされた旨の通知を受けた。

(3)　岩手商事㈱は、東京商事㈱に対する売掛金10,000円について、東京商事㈱振出の約束手形を受け取った。

(4)　岩手商事㈱は、上記(3)の約束手形の支払期日となり、手形代金10,000円が当座預金口座に入金された旨の通知を受けた。

問2　電子記録債権（債務）の処理

次の取引について、A社とB社の仕訳をしなさい。なお、勘定科目は［　　］内に示すものの中から選ぶこと。

［勘定科目：普通預金、売掛金、電子記録債権、買掛金、電子記録債務、売上、仕入］

(1)　A社は、B社から商品3,000円を掛けで仕入れた。

(2)　A社およびB社は、(1)の掛け代金3,000円について、取引銀行を通じて電子記録債権の発生記録を行った。

(3)　支払期限が到来したので、A社は上記の電子記録債務を普通預金口座を通じて決済した（B社の普通預金口座に入金された）。

解答

問1 約束手形

(1)	(買　掛　金)	10,000	(支　払　手　形)	10,000
(2)	(支　払　手　形)	10,000	(当　座　預　金)	10,000
(3)	(受　取　手　形)	10,000	(売　　掛　　金)	10,000
(4)	(当　座　預　金)	10,000	(受　取　手　形)	10,000

問2 電子記録債権（債務）の処理

(1)	A社：(仕　　　　入)	3,000	(買　　掛　　金)	3,000
	B社：(売　掛　金)	3,000	(売　　　　上)	3,000
(2)	A社：(買　掛　金)	3,000	(電子記録債務)	3,000
	B社：(電子記録債権)	3,000	(売　掛　金)	3,000
(3)	A社：(電子記録債務)	3,000	(普　通　預　金)	3,000
	B社：(普　通　預　金)	3,000	(電子記録債権)	3,000

有形固定資産

◆購入時には付随費用も含めて処理する

　ここでは、有形固定資産（建物や備品等）に関する処理をみていきます。購入にかかった費用を取得したときの価額に含める点に注意してみていきましょう。

簿記の流れ

日々やること			決算でやること（年1回）			
取引の発生	仕訳をする（各帳簿に記入する）✓	総勘定元帳に転記する	試算表を作成する	決算整理をする	損益計算書・貸借対照表を作成する	勘定を締め切る

```
        仕訳帳
（現金）100（売上）100
                        入金伝票
              または    （売上）  100
```

☆仕訳は仕訳帳または伝票に記入します。
仕訳：CHAPTER 02～CHAPTER 06 で学習
帳簿：CHAPTER 07 で学習
伝票：CHAPTER 09 で学習

1 有形固定資産とは

有形固定資産とは、建物や備品、土地、車両運搬具など、企業が活動するために長期にわたって使用する、具体的な形のある資産をいいます。

●有形固定資産の具体例

建　　物	店舗、事務所、倉庫など
備　　品	机、いす、応接セット、陳列棚、パソコンなど
土　　地	店舗、事務所、倉庫などの敷地
車両運搬具	商品配送用トラック、営業用車両など

New 建物

New 備品

New 土地

New 車両運搬具

2 有形固定資産を購入したときの処理

有形固定資産を購入したときは、**建物** [資産] や**備品** [資産] などの該当する有形固定資産の勘定科目で処理します。

☞**資産の増加⇒借方（左）**

このときの計上価額は、有形固定資産を購入するために支払った金額（**取得原価**）で、取得原価は有形固定資産の価額（**購入代価**）に、不動産会社に支払った仲介手数料や登記料、備品の設置費用などの**付随費用**を加算した金額です。

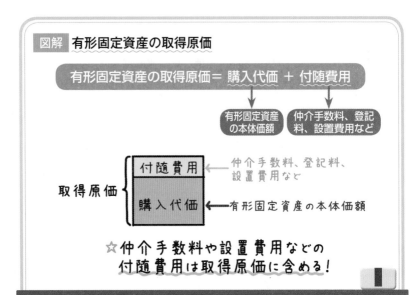

図解 有形固定資産の取得原価

有形固定資産の取得原価＝ 購入代価 ＋ 付随費用

有形固定資産の本体価額

仲介手数料、登記料、設置費用など

取得原価 { 付随費用 ← 仲介手数料、登記料、設置費用など
購入代価 ← 有形固定資産の本体価額

☆仲介手数料や設置費用などの
付随費用は取得原価に含める！

▼ 例 1 ——————————————— 有形固定資産を購入したとき

倉庫用建物500,000円を購入し、代金は小切手を振り出して支払った。なお、不動産会社への仲介手数料20,000円は現金で支払った。

例1の仕訳	（建 物）	520,000*	（当 座 預 金）	500,000
			（現 金）	20,000

＊ 500,000円＋20,000円＝520,000円

ふむふむ... **ひとこと**

有形固定資産の売却についてはCHAPTER 11で説明します。

| 図解 | 付随費用のまとめ |

しっかりおさえよう！

モノを買ったときにかかった付随費用は
取得原価に含める！

①商品を仕入れたとき ➡ 仕入原価に含める

たとえば、商品100円を掛けで仕入れ、引取運賃
10円を現金で支払ったときは…

（仕　　　　入）110（買　掛　金）100
　　　　　　　　　（現　　　金）　10
　　　　　↑
　　100円＋10円

②有形固定資産を購入したとき
　　　　　　　　➡ 取得原価に含める

たとえば、備品100円を購入し、代金は設置費用
10円とともに現金で支払ったときは…

（備　　　品）110（現　　　金）110
　　　　　↑
　　100円＋10円

3 改良や修繕をしたときの処理

　従来から所有している建物に非常階段を設置したり、建物の構造を防火・防音にするなど、有形固定資産の価値を高めたり、耐用年数を延長させるための工事を**改良**といいます。この改良にかかった支出を**資本的支出**といい、資本的支出は、**建物**［資産］などの該当する有形固定資産の勘定科目で処理し、取得原価に含めます。

　また、従来から所有している建物について、壁のひび割れや、雨漏りしている天井を修復するなど、有形固定資産の本来の価値を維持するための工事を**修繕**といいます。この修繕にかかった支出を**収益的支出**といい、収益的支出は、**修繕費**［費用］で処理します。

New

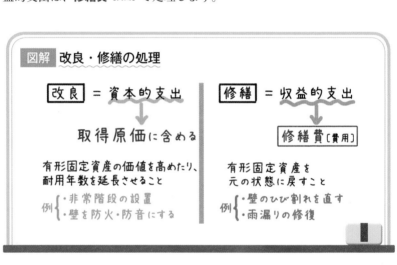

▼ **例2** ————————————————————————— **改良や修繕をしたとき**

　建物の改良と修繕を行い、70,000円を小切手を振り出して支払った。なお、このうち資本的支出は50,000円で、収益的支出は20,000円である。

例2の仕訳	（建　　　　物）	50,000	（当　座　預　金）	70,000
	（修　繕　費）	20,000		

CHAPTER 05　有形固定資産　基本問題

問　有形固定資産

次の取引について仕訳しなさい。なお、勘定科目は〔　　〕内に示すものの中から選ぶこと。

〔勘定科目：現金、当座預金、建物、備品、土地、修繕費〕

(1) 備品400,000円を購入し、代金は運送料および設置費用の合計5,000円とともに現金で支払った。

(2) 店舗用の土地5,000,000円を購入し、代金は小切手を振り出して支払った。なお、仲介手数料150,000円と登記料90,000円は現金で支払った。

(3) 建物の改良と修繕を行い、100,000円を小切手を振り出して支払った。なお、このうち資本的支出は70,000円で、残額は収益的支出である。

解答

問　有形固定資産

(1)	(備　　　　品)	405,000	(現　　　　金)	405,000
(2)	(土　　　　地)	5,240,000	(当 座 預 金)	5,000,000
			(現　　　　金)	240,000
(3)	(建　　　　物)	70,000	(当 座 預 金)	100,000
	(修　繕　費)	30,000		

その他の取引

◆債権［資産］と債務［負債］のどちらが増減したかを考えよう

　ここでは、商品売買、現金預金、手形、電子記録債権（債務）、有形固定資産以外の処理をみていきます。債権［資産］と債務［負債］が対になって出てくるので、どちらが増減したのかを考えながら読み進めてください。

債権［資産］		債務［負債］	債権［資産］		債務［負債］
未 収 入 金	⇔	未 払 金	前 払 金	⇔	前 受 金
貸 付 金	⇔	借 入 金	仮 払 金	⇔	仮 受 金
手形貸付金	⇔	手形借入金	立 替 金	⇔	預 り 金

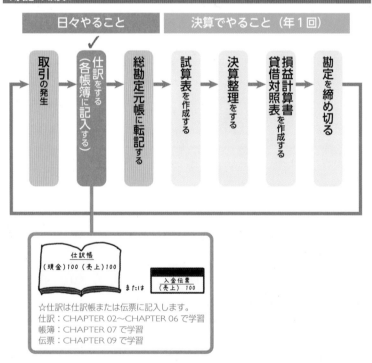

☆仕訳は仕訳帳または伝票に記入します。
仕訳：CHAPTER 02〜CHAPTER 06 で学習
帳簿：CHAPTER 07 で学習
伝票：CHAPTER 09 で学習

1 未収入金・未払金

Ⅰ 未収入金・未払金とは

　代金後払いの約束で、商品の売上げや仕入れを行ったとき、あとで代金を受け取る権利は**売掛金** [資産] で処理しました。また、あとで代金を支払わなければならない義務は**買掛金** [負債] で処理しました。

　これに対して、代金後払いの約束で、建物や備品など商品以外のものを売買したときには、あとで代金を受け取る権利は**未収入金** [資産] で処理します。また、あとで代金を支払わなければならない義務は**未払金** [負債] で処理します。

New
未収入金

New
未払金

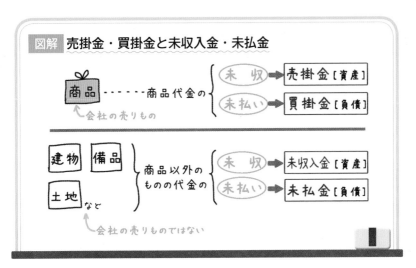

図解 売掛金・買掛金と未収入金・未払金

Ⅱ 未収入金の処理

1 商品以外のものを売却したとき

　建物や備品など商品以外のものを売却し、その代金を後日受け取るとしたときの、あとで代金を受け取る権利は**未収入金** [資産] で処理します。

☞資産の増加⇒借方（左）

▎**例1** ━━━━━━━━━━━━━━ **商品以外のものを売却したとき**

　保有する土地150円（帳簿価額）を150円で売却し、代金は月末に受け取ることとした。

| 例1の仕訳 | （未 収 入 金） | 150 | （土　　　　地） | 150 |

2 後日、代金を受け取ったとき

　後日、代金を受け取ったときには**未収入金** [資産] の減少として処理します。

☞**資産の減少⇒貸方（右）**

▎**例2** ━━━━━━━━━━━━━━ **後日、代金を受け取ったとき**

　月末となり、未収入金150円を現金で受け取った。

| 例2の仕訳 | （現　　　　金） | 150 | （未 収 入 金） | 150 |

  ひとこと

　　　　　未収入金は**未収金** [資産] という勘定科目で処理することもあります。

Ⅲ　未払金の処理

1 商品以外のものを購入したとき

　建物や備品など商品以外のものを購入し、その代金は後日支払うとしたときの、あとで代金を支払わなければならない義務は**未払金** [負債] で処理します。

☞**負債の増加⇒貸方（右）**

▎**例3** ━━━━━━━━━━━━━━ **商品以外のものを購入したとき**

　土地100円を購入し、代金は仲介手数料10円とともに月末に支払うこととした。

| 例3の仕訳 | （土　　　　地） | 110 | （未 払 金） | 110 |

2 後日、代金を支払ったとき

後日、代金を支払ったときには**未払金** [負債] の減少として処理します。

☞負債の減少⇒借方（左）

例4 ━━━━━━━━━━━━━━━━ 後日、代金を支払ったとき

月末となり、未払金110円を現金で支払った。

| 例4の仕訳 | （未 払 金） | 110 | （現 金） | 110 |

2 貸付金・借入金

1 貸付金・借入金とは

企業は資金に余裕がある場合には、取引先などにお金を貸すことがあります。貸したお金はあとで返してもらうことができます。

この場合の、金銭の貸付けによって生じた、あとでお金を返してもらえる権利を**貸付金** [資産] といいます。

New
貸付金

一方、資金が不足する場合には、銀行や取引先などからお金を借りることがあります。借りたお金はあとで返さなければなりません。

この場合の、金銭の借入れによって生じた、あとでお金を返さなければならない義務を**借入金** [負債] といいます。

New
借入金

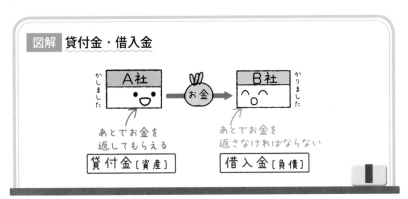

79

Ⅱ 貸付金の処理

1 金銭を貸し付けたとき

取引先などにお金を貸したときの、あとでお金を返してもらえる権利は
貸付金 [資産] で処理します。　　　　　　　　　　☞資産の増加⇒借方（左）

例5 ━━━━━━━━━━━━━━━ 金銭を貸し付けたとき

A社はB社に対して現金100円を貸し付けた。

例5の仕訳	（貸　　付　　金）	100	（現　　　　　金）	100

ひとこと

従業員に対する貸付金は**従業員貸付金** [資産]、取締役など役員に対する貸付金は**役員貸付金** [資産] という勘定科目で処理することもあります。

New
従業員貸付金

New
役員貸付金

New
受取利息

2 貸付金の利息を受け取ったとき

お金を貸したり借りたりしたときには、利息が発生するのが一般的です。
貸付金について利息を受け取ったときには、**受取利息** [収益] で処理します。
　　　　　　　　　　　　　　　　　　　　　　　☞収益の増加⇒貸方（右）

例6 ━━━━━━━━━━━━━━ 貸付金の利息を受け取ったとき

A社はB社から貸付金の利息10円を現金で受け取った。

例6の仕訳	（現　　　　　金）	10	（受　取　利　息）	10

3 貸付金を回収したとき

貸したお金を返してもらったときには、**貸付金** [資産] の減少として処理
します。　　　　　　　　　　　　　　　　☞**資産の減少⇒貸方（右）**

例7 ───────────────────── **貸付金を回収したとき**

A社はB社から貸付金100円の返済を受け、現金を受け取った。

| 例7の仕訳 | (現　　　金) | 100 | (貸　付　金) | 100 |

Ⅲ 借入金の処理

1 金銭を借り入れたとき

銀行や取引先などからお金を借りたときの、あとでお金を返さなければ
ならない義務は**借入金** [負債] で処理します。　　☞**負債の増加⇒貸方（右）**

例8 ───────────────────── **金銭を借り入れたとき**

B社はA社より現金100円を借り入れた。

| 例8の仕訳 | (現　　　金) | 100 | (借　入　金) | 100 |

ひとこと

　　取締役など役員からの借入金は**役員借入金** [負債] という勘定科目で処理す
ることもあります。

New
役員借入金

2 借入金の利息を支払ったとき

借入金について利息を支払ったときには、**支払利息** [費用] で処理します。
☞**費用の増加⇒借方（左）**

New
支払利息

例9 ───────────────────── **借入金の利息を支払ったとき**

B社はA社に借入金の利息10円を現金で支払った。

| 例9の仕訳 | (支　払　利　息) | 10 | (現　　　金) | 10 |

3 借入金を返済したとき

借りたお金を返したときには、**借入金** [負債] の減少として処理します。

☞ **負債の減少⇒借方（左）**

例10 ━━━━━━━━━━━━━━━━━━━━━━━ 借入金を返済したとき

B社はA社に対する借入金100円を現金で返済した。

例10の仕訳	（借　　入　　金）	100	（現　　　　　金）	100

Ⅳ 利息の計算

貸付金や借入金の利息は、年利率と貸付（借入）期間（月数）によって次の計算式で求めます。

利息＝貸付（借入）金額×年利率× $\dfrac{○か月}{12か月}$

貸付（借入）期間

例11 ━━━━━━━━━━━━━━━━━━━━━━━━━━ 利息の計算

取引銀行に借入金400円を返済し、利息とともに当座預金口座から支払った。なお、利息の年利率は3％で借入期間は10か月である。

例11の仕訳	（借　　入　　金）	400	（当　座　預　金）	410
	（支　払　利　息）	10*		

* $400円 × 3\% × \dfrac{10か月}{12か月} = 10円$

---

3 手形貸付金・手形借入金

Ⅰ 手形貸付金・手形借入金とは

　金銭の貸付けや借入れは、通常は借用証書を用いて行いますが、借用証書に代えて手形を用いることがあります。

　手形を用いた貸付け、借入れの場合、通常の貸付金や借入金と区別して**手形貸付金** [資産] や**手形借入金** [負債] で処理します。

Ⅱ 手形貸付金・手形借入金の処理

1 金銭を貸し付け、約束手形を受け取ったとき

　手形による貸付けをしたときは、**手形貸付金** [資産] で処理します。

New
手形貸付金

☞**資産の増加⇒借方（左）**

▽ 例12 ＿＿＿＿＿ **金銭を貸し付け、約束手形を受け取ったとき**
　A社はB社に現金100円を貸し付け、同額の約束手形を受け取った。

| 例12の仕訳 | （手形貸付金） | 100 | （現　　　金） | 100 |

2 金銭を借り入れ、約束手形を振り出したとき

　手形による借入れをしたときは、**手形借入金** [負債] で処理します。

New
手形借入金

☞**負債の増加⇒貸方（右）**

▽ 例13 ＿＿＿＿＿ **金銭を借り入れ、約束手形を振り出したとき**
　B社はA社から現金100円を借り入れ、同額の約束手形を振り出した。

| 例13の仕訳 | （現　　　金） | 100 | （手形借入金） | 100 |

4 前払金・前受金

I 前払金・前受金とは

商品の仕入れに先立ち、商品の注文時に代金の一部を内金や手付金として前払いすることがあります。この場合、支払った金額の分だけあとで商品を受け取る権利が発生することになり、この権利は**前払金**[資産]で処理します。

New 前払金

一方、商品の注文を受けた側は、代金の一部を内金や手付金として前受けすることになります。この場合、受け取った金額の分だけあとで商品を引き渡さなければならない義務が発生することになり、この義務は**前受金**[負債]で処理します。

New 前受金

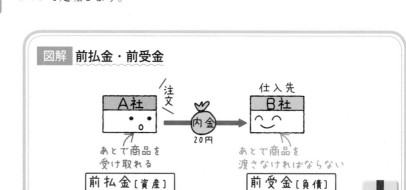

図解 前払金・前受金

II 前払金の処理

1 内金や手付金を支払ったとき

商品を注文したときに内金や手付金を支払った場合は、支払った金額を**前払金**[資産]で処理します。　　　　　　　　　☞資産の増加⇒借方（左）

例14 ━━━━━━━━━━━━ 内金や手付金を支払ったとき

A社はB社に商品100円を注文し、内金として20円を現金で支払った。

| 例14の仕訳 | （前　払　金） | 20 | （現　　　金） | 20 |

商品を注文した段階ではまだ**仕入**［費用］を計上しません。**仕入**［費用］を計上するのは、商品を受け取ったときです。

2 商品を受け取ったとき

　商品の注文時に内金や手付金を支払っていた場合で、後日商品を受け取ったときは、商品の受け取りによってあとで商品を受け取る権利がなくなるため、**前払金**［資産］の減少として処理します。 　　　☞**資産の減少⇒貸方（右）**

例15　　　　　　　　　　　　　　　　　　　　商品を受け取ったとき
　Ａ社はＢ社より商品100円を仕入れ、代金のうち20円は注文時に支払った内金と相殺し、残額（80円）は掛けとした。

例15の仕訳	（仕　　　　入）	100	（前　払　　金）	20
			（買　掛　　金）	80

Ⅲ　前受金の処理

1 内金や手付金を受け取ったとき

　商品の注文を受けたときに、内金や手付金を受け取った場合は、受け取った金額を**前受金**［負債］で処理します。 　　　☞**負債の増加⇒貸方（右）**

例16　　　　　　　　　　　　　　　　　　内金や手付金を受け取ったとき
　Ｂ社はＡ社より商品100円の注文を受けた。そのさい、内金として20円を現金で受け取った。

例16の仕訳	（現　　　　金）	20	（前　受　　金）	20

ひとこと

商品の注文を受けた段階ではまだ**売上** 【収益】を計上しません。**売上** 【収益】を計上するのは、商品を引き渡したときです。

2 商品を引き渡したとき

商品の注文を受けたときに内金や手付金を受け取っていた場合で、後日商品を引き渡したときは、商品の引き渡しによってあとで商品を引き渡す義務がなくなるため、**前受金** 【負債】の減少として処理します。

☞**負債の減少⇒借方（左）**

例17 ————————————————— **商品を引き渡したとき**

B社はA社に商品100円を販売し、代金のうち20円は注文時に受け取った内金と相殺し、残額（80円）は掛けとした。

例17の仕訳	（前　受　金）	20	（売　　　　上）	100
	（売　掛　金）	80		

5 仮払金・仮受金

I 仮払金・仮受金とは

従業員が出張に行く場合、あらかじめ出張にかかる金額を概算額で渡しておくことがあります。この場合、現金の支出があっても、支払内容や金額はまだ確定しないので、一時的に**仮払金** 【資産】で処理しておきます。

New
仮払金

また、当座預金口座等に入金があったものの、その内容が不明な場合があります。内容不明の入金があったときには、とりあえず入金の処理をするとともに、一時的に**仮受金** 【負債】で処理しておきます。

New
仮受金

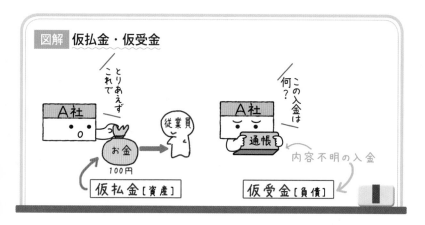

Ⅱ 仮払金の処理

1 概算額を支払ったとき

現金などを支払ったものの、その内容や金額が未確定なときは、一時的に**仮払金**[資産] で処理します。　　　　　☞**資産の増加⇒借方（左）**

▼ **例18** ―――――――――――――――――――――― **概算額を支払ったとき**

従業員の出張にあたり、旅費の概算額100円を現金で前渡しした。

例18の仕訳　（仮　払　金）　　　100　（現　　　金）　　　100

---

2 仮払金の内容や金額が判明したとき

従業員が出張から戻り、旅費の金額が確定した場合など、仮払金の内容や金額が確定した場合には、**仮払金**[資産] から該当する勘定科目に振り替えます。　　　　　☞**資産の減少⇒貸方（右）**

ひとこと

「振り替える」とは、計上している勘定科目(ここでは、仮払金)を減少させて、ほかの勘定科目(該当する勘定科目)で処理することをいいます。　*Review* CH.03 **2**

87

▮ 例19 ───────────── **仮払金の内容や金額が判明したとき**

　従業員が出張から戻り、概算額100円のうち、旅費交通費として60円を使ったと報告を受け、残額（40円）は現金で受け取った。

例19の仕訳	（旅 費 交 通 費）	60	（仮　　払　　金）	100
	（現　　　　　金）	40		

Ⅲ 仮受金の処理

1 内容不明の入金があったとき

　現金などを受け取ったものの、その内容や金額が未確定なときは、一時的に**仮受金** [負債] で処理します。　　　　　　　☞**負債の増加⇒貸方（右）**

▮ 例20 ───────────── **内容不明の入金があったとき**

　出張中の従業員から当座預金口座に100円の入金があったが、その内容は不明である。

例20の仕訳	（当 座 預 金）	100	（仮　　受　　金）	100

2 仮受金の内容や金額が判明したとき

　仮受金の内容や金額が確定した場合には、**仮受金** [負債] から該当する勘定科目に振り替えます。　　　　　　　　　☞**負債の減少⇒借方（左）**

▮ 例21 ───────────── **仮受金の内容や金額が判明したとき**

　従業員が出張から戻り、仮受金100円は得意先から売掛金を回収した金額であることが判明した。

例21の仕訳	（**仮　　受　　金**）	100	（売　　掛　　金）	100

6 立替金・預り金

I 立替金・預り金とは

　取引先が負担すべき金額を代わりに支払ったり、従業員が支払うべき金額を代わりに立て替えた場合、その立て替えた金額はあとで取引先や従業員から受け取ることができます。この場合の、あとで取引先や従業員から現金などを受け取る権利は**立替金** [資産] で処理します。

ひとこと

　立替金はCHAPTER 02でも学習しました。あわせて確認しておきましょう。なお、従業員に対する立替金は**従業員立替金** [資産] という勘定科目で処理することもあります。

New 従業員立替金

　また、企業が従業員に給料を支払うさい、給料総額から源泉所得税と社会保険料（健康保険料・厚生年金保険料など）を天引きした残額を支給します。天引きした金額は、従業員に代わって、あとで企業が税務署や年金事務所に支払わなければなりません。

ひとこと

　天引きした源泉所得税や社会保険料は、従業員から一時的に預かっているという状態のものです。

New 預り金
New 従業員預り金

　この場合の、給料総額から天引きした源泉所得税や社会保険料は、あとで税務署などに支払わなければならない義務として**預り金** [負債] で処理します。

ひとこと

　従業員預り金 [負債]、**所得税預り金** [負債]、**社会保険料預り金** [負債] という勘定科目で処理することもあります。

New 所得税預り金
New 社会保険料預り金

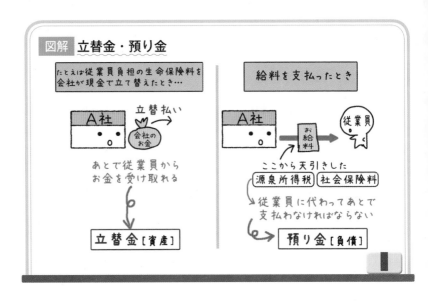

Ⅱ 立替金の処理

1 立替払いをしたとき

取引先や従業員に代わって、現金などを立替払いしたときは、立て替えた金額を **立替金** [資産] で処理します。　　　　☞資産の増加⇒借方（左）

> **例22** ────────────────────────────── **立替払いをしたとき**
> A社は、従業員が負担すべき生命保険料20円を現金で立て替えた。

例22の仕訳	（立　替　金）	20	（現　　　金）	20

2 立替金を回収したとき

立替金を回収したときは、**立替金** [資産] の減少として処理します。

☞資産の減少⇒貸方（右）

なお、従業員に対する立替金は、給料の支給時に給料総額から差し引くことによって回収します。

給料を支払ったときは、給料総額を **給料** [費用] で処理します。

☞費用の増加⇒借方（左）

New
給
料

例23 ―――――――――― 立替金を回収したとき（給料を支給したとき）

　A社は、従業員に支払う給料100円のうち、さきに立て替えていた20円を差し引き、残額（80円）を現金で支給した。

例23の仕訳	（給　　　　料）	100	（立　替　金）	20
			（現　　　金）	80

Ⅲ　預り金の処理

1　金銭を預かったとき

　従業員に対する給料総額から源泉所得税や社会保険料を天引きしたとき（一時的に預かったとき）は、天引きした金額を**預り金** [負債] で処理します。

☞ **負債の増加⇒貸方（右）**

例24 ―――――――――――――――――――― 金銭を預かったとき

　A社は、従業員に支払う給料100円のうち、源泉所得税10円を差し引き、残額（90円）を現金で支給した。

例24の仕訳	（給　　　　料）	100	（預　り　金）	10
			（現　　　金）	90

2　預り金を支払ったとき

　給料総額から天引きした源泉所得税や社会保険料を税務署などに納付したときは、納付義務がなくなるので、**預り金** [負債] の減少として処理します。

☞ **負債の減少⇒借方（左）**

例25 ―――――――――――――――――――― 預り金を支払ったとき

　預り金として処理していた源泉所得税10円を税務署に現金で納付した。

例25の仕訳	（**預　り　金**）	10	（現　　　金）	10

7 受取商品券

I 受取商品券とは

　デパートなどでは、贈答用として自社で発行した商品券（自社発行の商品券）を販売していますが、加盟百貨店の共通商品券や商店街・自治体・商工会議所が発行したものなど、自分の企業が発行したもの以外の商品券（他者が発行した商品券）を取り扱うことがあります。

　商品を販売し、その代金として他者が発行した商品券を受け取った場合、後日、その商品券を発行した企業に買い取ってもらうことができます。この場合の、あとでその商品券を買い取ってもらえる権利は**受取商品券** [資産]で処理します。

New
受取商品券

☞**資産の増加⇒借方（左）**

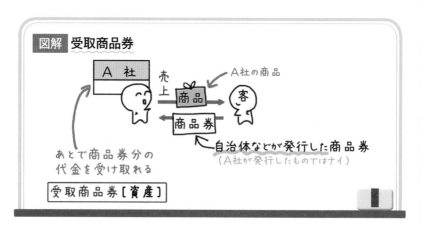

図解　受取商品券

A　社
売上
A社の商品
商品
客
商品券
自治体などが発行した商品券
（A社が発行したものではナイ）

あとで商品券分の
代金を受け取れる

受取商品券 [資産]

II 受取商品券の処理

1 商品を売り上げ、受取商品券を受け取ったとき

　商品を売り上げ、その代金を他者が発行した商品券で受け取ったときは、あとでその商品券の発行企業に買い取ってもらえる権利が発生するため、**受取商品券** [資産]で処理します。

☞**資産の増加⇒借方（左）**

▼ 例26 ─────────── **商品を売り上げ、商品券を受け取ったとき**

商品200円を売り上げ、代金は自治体発行の商品券150円と現金50円を受け取った。

例26の仕訳	（受 取 商 品 券）	150	（売 上）	200
	（現 金）	50		

2 商品券を換金したとき

後日当社が保有する、他者発行の商品券を換金したときは、**受取商品券**
[資産] の減少で処理します。　　　　　　　　　　　🖙**資産の減少⇒貸方（右）**

▼ 例27 ─────────── **商品券を換金したとき**

かねて売上代金として受け取った自治体発行の商品券100円を引き渡して換金請求を行い、ただちに同額が普通預金口座に振り込まれた。

例27の仕訳	（普 通 預 金）	100	（受 取 商 品 券）	100

8 差入保証金・支払家賃

I 差入保証金・支払家賃とは

企業が事務所や店舗物件を借りるとき、敷金や保証金を差し入れることがあります。

ひとこと
大家さん（貸主）に敷金や保証金を渡すことを「差し入れる」といいます。

この場合の、差し入れた敷金や保証金は**差入保証金** [資産] で処理します。　*New*

ひとこと
敷金や保証金は退去時に返してもらうことができます。そのため、費用ではなく資産で処理するのです。

差入保証金

また、借りた建物の家賃を支払ったときは、**支払家賃** [費用] で処理します。

☞**費用の増加⇒借方（左）**

Ⅱ 差入保証金の処理

1 敷金や保証金を差し入れたとき

会社が事務所や店舗物件を借りるにあたって、敷金や保証金を差し入れたときは、**差入保証金** [資産] の増加で処理します。　☞**資産の増加⇒借方（左）**

▶ 例28 ————————————— **敷金や保証金を差し入れたとき**

店舗の賃借にあたって、敷金100円を普通預金口座から振り込んだ。

| 例28の仕訳 | （差 入 保 証 金） | 100 | （普 通 預 金） | 100 |

2 敷金や保証金が戻ってきたとき

賃借契約期間が終了し、差し入れた敷金や保証金が戻ってきたときには、**差入保証金** [資産] の減少で処理します。　☞**資産の減少⇒貸方（右）**

なお、借りた物件の修繕費用が敷金等から差し引かれた場合、差し引かれた修繕費用は**修繕費** [費用] で処理します。

☞**費用の増加⇒借方（左）**

▶ 例29 ————————————— **敷金や保証金が戻ってきたとき**

店舗の賃貸借契約の終了にともない、**例28**で差し入れた敷金100円のうち、修繕費用20円が差し引かれた残額（80円）が普通預金口座に振り込まれた。

| 例29の仕訳 | （修 　 繕 　 費） | 20 | （差 入 保 証 金） | 100 |
| | （普 通 預 金） | 80 | | |

Ⅲ 支払家賃の処理

会社が事務所や店舗物件を借りて、その家賃を支払ったときは、**支払家賃** [費用] で処理します。

例30 ーーーーーーーーーーーーーーーーー 家賃を支払ったとき

　店舗の賃貸借契約にもとづき、1か月分の家賃100円を普通預金口座から支払った。

例30の仕訳	（支　払　家　賃）	100	（普　通　預　金）	100

ひとこと

　不動産会社を通じて事務所等を借りるときは、不動産会社に仲介手数料等を支払います。仲介手数料を支払ったときは、**支払手数料**〔費用〕で処理します。

9 その他の収益・費用

Ⅰ その他の収益

　これまでにみてきた収益には、**売上**、**受取利息**などがありましたが、これ以外にも以下のような収益の勘定科目があります。

●その他の収益の勘定科目

受 取 手 数 料	取引を媒介したとき等に発生する手数料収入
受 取 地 代	土地の賃貸収入
受 取 家 賃	建物の賃貸収入
雑　　　　益	営業活動に関係のない、少額の収入（CHAPTER 11で学習）
固定資産売却益	固定資産を売却したときに生じた儲け（CHAPTER 11で学習）

New 受取手数料

New 受取地代

New 受取家賃

Ⅱ 収益の処理

　収益は貸方の勘定科目なので、収益が発生したら仕訳の貸方に記入します。

☞**収益の増加⇒貸方（右）**

例31 ━━━━━━━━━━━━━━━━━━━━━━━ 収益が発生したとき

当月分の家賃100円を現金で受け取った。

| 例31の仕訳 | （現　　　　金） | 100 | （受　取　家　賃） | 100 |

Ⅲ　その他の費用

これまでにみてきた費用には、**仕入、旅費交通費、通信費、給料、支払利息、支払家賃**などがありましたが、これ以外にも以下のような費用の勘定科目があります。

New
広告宣伝費

New
支払地代

New
法定福利費

New
租税公課

●その他の費用の勘定科目

広 告 宣 伝 費	チラシ代やポスター代など、広告宣伝のための支出
支 払 地 代	土地の賃借によって生じた支出
消 耗 品 費	文房具など、短期的に使用されるもので金額の小さいものの購入金額
法 定 福 利 費	健康保険料、厚生年金保険料、雇用保険料、労災保険料など、会社が保険料を負担することを法律で義務づけられているもの（社会保険料）のうち、会社負担分
租 税 公 課	印紙代、店舗や建物の固定資産税、自動車税など
雑 損	営業活動に関係のない、少額の損失（CHAPTER 11で学習）
固定資産売却損	固定資産を売却したときに生じた損失（CHAPTER 11で学習）

ひとこと

健康保険料や厚生年金保険料などは、法律等によって会社が保険料を負担することが義務づけられています。これらの保険料は会社と従業員で、それぞれの負担割合に応じて支払うことになっています。このうち、会社が負担した分については、**法定福利費〔費用〕**で処理します。

なお、従業員負担分は給料支払時に給料から天引きし、あとで会社負担分とあわせて納付します。給料支払時に天引きした社会保険料は**預り金〔負債〕**で処理します。

Review CH.06 ⑥

給料から天引き！

社会保険料 ⎰ 従業員負担分 ➡ 預り金〔負債〕
　　　　　 ⎱ 会社負担分 ➡ 法定福利費〔費用〕

ふむふむ…

Ⅳ 費用の処理

費用は借方の勘定科目なので、費用が発生したら仕訳の借方に記入します。

☞**費用の増加⇒借方（左）**

例32 ━━━━━━━━━━━━━━━━━━ 費用が発生したとき

会社負担分の社会保険料100円を現金で納付した。

例32の仕訳	（法定福利費）	100	（現　　　金）	100

---

10 消費税

Ⅰ 消費税とは

消費税は商品を販売したり、サービスを提供したさいに課される税金です。

会社は商品を仕入れたときに消費税を支払い、商品を売り上げたときに消費税を受け取ります。そして最終的に、受け取った消費税から支払った消費税を差し引いた金額を納付します。

これならわかる!!

A社はB社から商品100円を仕入れ、消費税10円を含めた110円を支払ったとします。

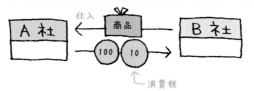

モヤモヤ
解消

その後、A社はC社に商品300円を売り上げ、消費税30円を含めた330円を受け取ったとしましょう。

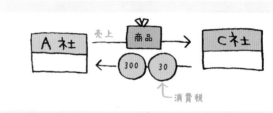

この場合、A社は受け取った消費税30円から支払った消費税10円を差し引いた20円を税務署に納付することになります。

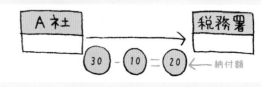

Ⅱ 消費税の処理

商品を仕入れたとき、仕入代金のほかに、消費税も支払います。このとき支払った消費税は、**仮払消費税** [資産] で処理します。

また、商品を売り上げたとき、売上代金のほかに、消費税も受け取ります。このとき受け取った消費税は**仮受消費税** [負債] で処理します。

New **仮払消費税**

New **仮受消費税**

上記の処理方法を**税抜方式**といいます。

1 商品を仕入れたとき

　商品を仕入れたときは、支払った消費税額を**仮払消費税** [資産] として処理します。

☞**資産の増加⇒借方（左）**

▼ 例33 ──────────────────── **商品を仕入れたとき**

　商品110円（税込価額）を仕入れ、代金は現金で支払った。なお、消費税率は10%である。

例33の仕訳	（仕　　　　　入）	100*¹	（現　　　　　金）	110
	（仮 払 消 費 税）	10*²		

＊1　仕入価額（税抜価額）：110円×$\dfrac{100\%}{100\%+10\%}$＝100円

＊2　支払った消費税額：100円×10%＝10円

2 商品を売り上げたとき

　商品を売り上げたとき、受け取った消費税額を**仮受消費税** [負債] として処理します。

☞**負債の増加⇒貸方（右）**

▼ 例34 ──────────────────── **商品を売り上げたとき**

　商品330円（税込価額）を売り上げ、代金は現金で受け取った。なお、消費税率は10%である。

例34の仕訳	（現　　　　　金）	330	（売　　　　　上）	300*¹
			（仮 受 消 費 税）	30*²

＊1　売上価額（税抜価額）：330円×$\dfrac{100\%}{100\%+10\%}$＝300円

＊2　受け取った消費税額：300円×10%＝30円

　仮払消費税 [資産] と**仮受消費税** [負債] は決算において相殺します。くわしくはCHAPTER 11で学習します。

11 株式の発行

I 株式会社とは

株式会社とは、**株式**を発行して多額の資金を調達する企業形態をいいます。

> **これならわかる!!**
>
> 事業規模がそれほど大きくない場合（個人商店の場合）には、それほど多くの事業資金（元手）を必要としないので、店主個人の貯金を取り崩したり、身近な人から資金を提供してもらうことで事業資金（元手）を集めることができます。
>
> しかし、事業規模が大きくなると、多くの事業資金（元手）が必要となります。たとえば10億円が必要な場合、ひとりで10億円をポンと出してくれる人はまずいません。
>
> そこで、10億円をもっと細かい単位に分けて、少額ずつ大勢の人から出資してもらうのです。1株10万円なら10,000株、1株5万円なら20,000株の株式を発行し、それを大勢の人に買ってもらうことで10億円を集めるということです。
>
> このように、株式を発行して多額の資金を調達する企業形態が株式会社なのです。

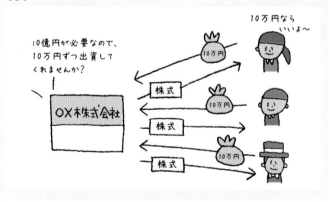

株式会社では、出資してくれた人（株式を買った人）を**株主**といいます。

Ⅱ 株式の発行

　株式会社では、会社を設立するときと、会社を設立したあとの増資時に株式を発行します。

　増資とは、会社設立後に株式を発行して、**資本金** [資本] を増加させることをいいます。

Ⅲ 株式を発行したときの処理

　設立時も増資時も処理自体は同じなので、本書ではまとめて説明します。

　株式を発行したときは、原則として払込金額の全額を**資本金** [資本] として処理します。

☞**資本の増加⇒貸方（右）**

例35 ───────────── **株式を発行したとき（設立時）**

　A株式会社は、会社の設立にあたり、株式100株を1株あたり500円で発行し、全株式の払い込みを受け、払込金額は普通預金とした。

例35の仕訳	（普 通 預 金）	50,000	（資 本 金）	50,000*

＊　@500円×100株＝50,000円

例36 ───────────── **株式を発行したとき（増資時）**

　A株式会社は、取締役会により増資を決議し、新たに株式20株を1株あたり600円で発行し、全株式の払い込みを受け、払込金額は当座預金とした。

例36の仕訳	（当 座 預 金）	12,000	（資 本 金）	12,000*

＊　@600円×20株＝12,000円

12 訂正仕訳

I 訂正仕訳とは

　ここまでで、3級で学習する日常の取引の仕訳をひととおりみてきましたが、試験では誤った仕訳を正しい仕訳に直すための仕訳（訂正仕訳）を答える問題が出題されることがあります。

　ここでは訂正仕訳についてみておきましょう。

II 訂正仕訳の仕方

　訂正仕訳は、誤った仕訳の逆仕訳と正しい仕訳を合算した仕訳です。

> **ひとこと**
>
> ふむふむ…
>
> 　誤った仕訳の逆仕訳をすると、誤った仕訳が取り消されます。その上で正しい仕訳をすればいいだけです。

▶ 例37　　　　　　　　　　　　　　　　　　　　　　　　　　　　訂正仕訳

　商品100円を仕入れ、代金のうち20円は現金で支払い、残額は掛けとしたが、誤って次の仕訳をしていた。

（仕　　　　入）	100	（現　　　　金）	80
		（買　掛　金）	20

例37の仕訳

（現　　　　金）	60	（買　掛　金）	60

〈解説〉

誤った仕訳の逆仕訳：（現　　　金）　　60〔80〕　（仕　　　入）　100

（買　掛　金）　　20

＋

正しい仕訳：（仕　　　入）　100　（現　　　金）　20

（買　掛　金）　80〔60〕

↓

訂正仕訳：（現　　　金）　60　（買　掛　金）　60

CHAPTER 06　その他の取引　基本問題

　次の各問の取引について仕訳しなさい。なお、勘定科目はそれぞれの［　　］内に示すものの中から選ぶこと。

問1　未収入金・未払金
［勘定科目：普通預金、当座預金、土地、備品、未収入金、未払金］

(1)　備品80,000円を購入し、代金は据付費用800円とともに翌月末に支払うこととした。

(2)　(1)の未払代金を普通預金口座から支払った。

(3)　土地100,000円（帳簿価額）を100,000円で売却し、代金は月末に受け取ることとした。

(4)　(3)の未収代金が当座預金口座に入金された。

問2　貸付金・借入金
［勘定科目：現金、普通預金、貸付金、借入金、受取利息、支払利息］

(1)　当社役員に現金200,000円を貸し付けた。

(2)　役員から(1)の貸付金200,000円を、利息4,000円とともに現金で回収した。

(3)　大小銀行より現金500,000円を借り入れた。

(4)　大小銀行に(3)の借入金500,000円を返済し、利息とともに普通預金口座を通じて支払った。なお、当該借入金の年利率は3％、借入期間は8か月である。

問3　手形貸付金・手形借入金
［勘定科目：現金、当座預金、手形貸付金、手形借入金］

(1)　岩手商事㈱に現金300,000円を貸し付け、同額の約束手形を受け取った。

(2)　沖縄商事㈱より現金400,000円を借り入れ、ただちに当座預金口座に入金した。なお、同額の約束手形を振り出した。

問4　前払金・前受金

［勘定科目：現金、売掛金、前払金、買掛金、前受金、売上、仕入］

(1)　青森商事㈱に商品100,000円を注文し、内金として20,000円を現金で支払った。

(2)　青森商事㈱より、商品100,000円を仕入れ、代金のうち20,000円は注文時に支払った内金と相殺し、残額は掛けとした。

(3)　沖縄商事㈱より商品200,000円の注文を受け、内金として30,000円を現金で受け取った。

(4)　沖縄商事㈱に商品200,000円を販売し、代金のうち30,000円は注文時に受け取った内金と相殺し、残額は掛けとした。

問5　仮払金・仮受金

［勘定科目：現金、当座預金、売掛金、仮払金、仮受金、旅費交通費］

(1)　従業員の出張にあたり、旅費の概算額50,000円を現金で前渡しした。

(2)　出張中の従業員から当座預金口座に80,000円の入金があったが、内容は不明である。

(3)　(1)で出張していた従業員が戻り、旅費を精算し、現金10,000円を受け取った。

(4)　(2)の内容不明の入金は得意先から回収した売掛金であることが判明した。

問6　立替金・預り金

［勘定科目：現金、当座預金、立替金、所得税預り金、給料］

(1)　埼玉商事㈱は従業員が負担すべき生命保険料5,000円を現金で立て替えた。

(2)　埼玉商事㈱は従業員に支払う給料200,000円のうち、さきに立て替えていた5,000円と源泉所得税20,000円を差し引き、残額を会社の当座預金口座から従業員の普通預金口座に振り込んだ。

問7　受取商品券

［勘定科目：現金、受取商品券、売上］

⑴　東京商事㈱は商品40,000円を売り上げ、代金は商工会議所発行の商品券30,000円と現金で受け取った。

⑵　東京商事㈱は⑴の商品券30,000円を引き渡して換金請求を行い、同額を現金で受け取った。

問8　差入保証金・支払家賃、その他の収益・費用

［勘定科目：現金、普通預金、当座預金、差入保証金、受取地代、受取家賃、
　　　　　　租税公課、支払家賃、支払手数料、修繕費］

⑴　店舗の賃借にあたって、敷金300,000円を普通預金口座から振り込んだ。

⑵　店舗の賃借（１か月分の家賃は200,000円）にあたって、１か月分の家賃、不動産会社への仲介手数料（家賃１か月分）、敷金（家賃２か月分）を小切手を振り出して支払った。

⑶　店舗の賃貸借契約の終了にともない、契約時に差し入れた敷金400,000円から修繕費用100,000円を差し引かれた残額が普通預金口座に振り込まれた。

⑷　駐車場用地の地代100,000円を現金で受け取った。

⑸　店舗にかかる固定資産税15,000円を現金で納付した。

問9　消費税

［勘定科目：現金、売掛金、仮払消費税、買掛金、未払消費税、仮受消費税、
　　　　　　売上、仕入］

　※　消費税の処理は税抜方式（消費税率は10％）によること。

⑴　商品330,000円（税込価額）を仕入れ、代金は掛けとした。

⑵　商品770,000円（税込価額）を売り上げ、代金は掛けとした。

問10　株式の発行

［勘定科目：普通預金、資本金］

　青森産業㈱は、会社の設立にあたり、株式1,000株を１株あたり5,000円で発行し、全株式の払い込みを受け、全額を資本金とするとともに、払込金額は普通預金とした。

次の取引について、誤った仕訳が発見された。誤った仕訳を正しい仕訳に訂正する仕訳を答えなさい。

(1) 商品50,000円を売り上げ、代金は掛けとしたが、誤って以下の仕訳をしていた。

  （売 掛 金） 5,000 （売   上） 5,000

(2) 備品70,000円を購入し、代金は翌月末払いとしたが、誤って以下の仕訳をしていた。

  （備   品） 70,000 （現   金） 70,000

解答

問1 未収入金・未払金

(1)	(備 品)	80,800*	(未 払 金)	80,800
(2)	(未 払 金)	80,800	(普 通 預 金)	80,800
(3)	(未 収 入 金)	100,000	(土 地)	100,000
(4)	(当 座 預 金)	100,000	(未 収 入 金)	100,000

  ＊　80,000円＋800円＝80,800円

問2 貸付金・借入金

(1)	(貸 付 金)	200,000	(現 金)	200,000
(2)	(現 金)	204,000	(貸 付 金)	200,000
			(受 取 利 息)	4,000
(3)	(現 金)	500,000	(借 入 金)	500,000
(4)	(借 入 金)	500,000	(普 通 預 金)	510,000
	(支 払 利 息)	10,000*		

  ＊　$500,000円 \times 3\% \times \dfrac{8か月}{12か月} = 10,000円$

問3 手形貸付金・手形借入金

(1)	(手 形 貸 付 金)	300,000	(現 金)	300,000
(2)	(当 座 預 金)	400,000	(手 形 借 入 金)	400,000

問4 前払金・前受金

(1)	(前 払 金)	20,000	(現 金)	20,000
(2)	(仕 入)	100,000	(前 払 金)	20,000
			(買 掛 金)	80,000
(3)	(現 金)	30,000	(前 受 金)	30,000
(4)	(前 受 金)	30,000	(売 上)	200,000
	(売 掛 金)	170,000		

問5 仮払金・仮受金

(1)	(仮 払 金)	50,000	(現 金)	50,000
(2)	(当 座 預 金)	80,000	(仮 受 金)	80,000
(3)	(現 金)	10,000	(仮 払 金)	50,000
	(旅 費 交 通 費)	40,000		
(4)	(仮 受 金)	80,000	(売 掛 金)	80,000

問6 立替金・預り金

(1)	(立 替 金)	5,000	(現 金)	5,000
(2)	(給 料)	200,000	(立 替 金)	5,000
			(所得税預り金)	20,000
			(当 座 預 金)	175,000

問7 受取商品券

(1)	(受 取 商 品 券)	30,000	(売 上)	40,000
	(現 金)	10,000		
(2)	(現 金)	30,000	(受 取 商 品 券)	30,000

問8 差入保証金、その他の収益・費用

(1)	(差 入 保 証 金)	300,000	(普 通 預 金)	300,000
(2)	(支 払 家 賃)	200,000	(当 座 預 金)	800,000
	(支 払 手 数 料)	200,000		
	(差 入 保 証 金)	400,000		
(3)	(修 繕 費)	100,000	(差 入 保 証 金)	400,000
	(普 通 預 金)	300,000		
(4)	(現 金)	100,000	(受 取 地 代)	100,000
(5)	(租 税 公 課)	15,000	(現 金)	15,000

問9 消費税

(1)	(仕 入)	300,000[*1]	(買 掛 金)	330,000
	(仮 払 消 費 税)	30,000[*2]		
(2)	(売 掛 金)	770,000	(売 上)	700,000[*3]
			(仮 受 消 費 税)	70,000[*4]

* 1　仕　　　入 (税抜価額) : $330,000円 \times \dfrac{100\%}{100\% + 10\%} = 300,000円$

* 2　支払った消費税額 : $300,000円 \times 10\% = 30,000円$

* 3　売　　　上 (税抜価額) : $770,000円 \times \dfrac{100\%}{100\% + 10\%} = 700,000円$

* 4　受け取った消費税額 : $700,000円 \times 10\% = 70,000円$

問10 株式の発行

（普 通 預 金）　5,000,000　（資　本　金）　5,000,000*
　　　*　@5,000円×1,000株＝5,000,000円

問11 訂正仕訳

(1)　（売　掛　金）　45,000　（売　　　　上）　45,000

(2)　（現　　　　金）　70,000　（未　払　金）　70,000

〈解説〉

(1)について

　　誤った仕訳の逆仕訳：（売―――上）　5,000　（売　掛　金）　5,000

　　　　　　　　　　　　　　　　　　　45,000　　　　　　　　　45,000

　　正　し　い　仕　訳：（売　掛　金）　50,000　（売　　　　上）　50,000

　　訂　正　仕　訳：（売　掛　金）　45,000　（売　　　　上）　45,000

(2)について

　　誤った仕訳の逆仕訳：（現　　　金）　70,000　（備―――品）　70,000

　　正　し　い　仕　訳：（備―――品）　70,000　（未　払　金）　70,000

　　訂　正　仕　訳：（現　　　金）　70,000　（未　払　金）　70,000

CHAPTER 07

帳　簿

◆まずは帳簿の記入方法を理解しよう

　ここでは、帳簿の記入方法をみていきます。

　試験では第2問で、帳簿への記入のほか、記入済みの帳簿から取引を推定したり、取引から記入される帳簿を選択する問題、勘定に記入する問題が出題されます。

簿記の流れ

日々やること	決算でやること（年1回）

取引の発生　→　✓仕訳をする（各帳簿に記入する）　→　✓総勘定元帳に転記する　→　試算表を作成する　→　決算整理をする　→　損益計算書 貸借対照表を作成する　→　勘定を締め切る

```
        仕訳帳
（現金）100（売上）100
```
またば
```
    入金伝票
（売上）　100
```

☆仕訳は仕訳帳または伝票に記入します。
仕訳：CHAPTER 02〜CHAPTER 06 で学習
帳簿：CHAPTER 07 で学習
伝票：CHAPTER 09 で学習

```
  現　金        売　上
  100           100
```

CHAPTER 07 で学習

1 主要簿と補助簿

取引が発生したら、仕訳帳をはじめとする帳簿に記録します。
帳簿には、**主要簿**と**補助簿**があります。

I 主要簿とは

主要簿は、必ず作成しなければならない帳簿で、主要簿には**仕訳帳**と**総勘定元帳**があります。

II 補助簿とは

補助簿は、特定の取引や勘定について明細を記録する帳簿で、必要に応じて作成されます。

補助簿はさらに、特定の取引の明細を記録する**補助記入帳**と、特定の勘定について項目別に記録する**補助元帳**に分けられます。

補助簿には次のようなものがあります。

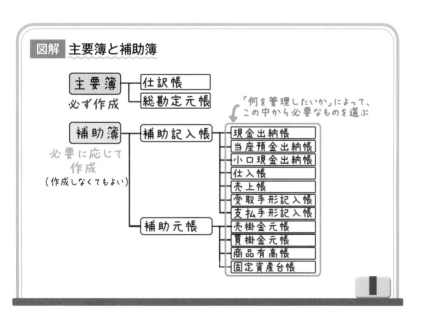

図解 主要簿と補助簿

2 仕訳帳と総勘定元帳

Ⅰ 仕訳帳の記入例

これまでに学習してきた仕訳は、取引のつど仕訳帳に記入します。

記入例

		仕　　　訳　　　帳				1
x年		摘　　　　　要	元丁	借　方	貸　方	
2	3	（現　　　　金） ❷	1 ❺	10,000		❻
		（普 通 預 金）	2		10,000	
		普通預金口座から引き出し ❸				
	10	（仕　　　入） 諸　　　口 ❹	41	1,000		
		（現　　　金）	1		400	
		（買　掛　金）	12		600	
❶		B社より仕入れ				

❶ 日付欄には、取引が発生した日付を記入します。
❷ 摘要欄には、勘定科目を記入します。左側が借方の勘定科目、右側が貸方の勘定科目です。
❸ 勘定科目の下に取引の概要をメモします。
❹ 同じ側に勘定科目が複数ある場合には、複数の勘定科目の上に **「諸口」** と記入します。
❺ 元丁欄には、転記先の総勘定元帳の番号（後述）を記入します。
❻ 金額欄には、仕訳の金額を借方と貸方に分けて記入します。

Ⅱ 総勘定元帳の記入例

仕訳帳に仕訳したら、総勘定元帳に転記します。仕訳帳が日付順に取引を記録する帳簿であるのに対し、総勘定元帳は勘定科目（勘定口座）ごとに金額を記入する帳簿です。

上記の仕訳帳の取引をそれぞれの勘定口座に転記すると、次のようになります。

記入例

総 勘 定 元 帳

現　　　金　　　❻　　　　　1

×年		摘　　要	仕丁	借　方	×年		摘　　要	仕丁	貸　方
2	1	前 月 繰 越		500	2	10	仕　　入	1	400
	3❸	普通預金❹	1❺	10,000					

❶　　　　　　　　　　　　　❷

普 通 預 金　　　　　2

×年		摘　　要	仕丁	借　方	×年		摘　　要	仕丁	貸　方
2	1	前 月 繰 越		50,000	2	3	現　　金	1	10,000

買 掛 金　　　　　12

×年		摘　要	仕丁	借　方	×年		摘　　要	仕丁	貸　方
					2	10	仕　　入	1	600

仕 入　　　　　41

×年		摘　要	仕丁	借　方	×年		摘　要	仕丁	貸　方
2	10	諸　　口❼	1	1,000					

❶　仕訳の借方科目は該当する勘定の借方に記入します（借方・現金となる仕訳ならば、現金勘定の借方に記入します）。

> 2/3（現　　　金）10,000（普 通 預 金）10,000

❷　仕訳の貸方科目は該当する勘定の貸方に記入します（貸方・現金となる仕訳ならば、現金勘定の貸方に記入します）。

> 2/10（仕　　　入）1,000（現　　　金）400
> 　　　　　　　　　　　　　（買　掛　金）600

❸　日付欄には、日付を記入します。
❹　摘要欄には、仕訳の相手科目を記入します。

> 2/3（現　　　金）10,000（普 通 預 金）10,000

Ⅲ 元丁欄と仕丁欄の記入

　仕訳帳の元丁欄には転記先の総勘定元帳の番号（ページ数）を記入します。また、総勘定元帳の仕丁欄には転記元の仕訳帳のページ数を記入します。

ひとこと

ふむふむ…

　仕訳帳の何ページに記入した取引を、総勘定元帳のどこに転記したのかがわかるようにしておくのです。

仕　訳　帳　　　　　1

x年		摘　　　　　要	元丁	借　方	貸　方
2	3	（現　　　金）	1	10,000	
		（普　通　預　金）	2		10,000
		普通預金口座から引き出し			
	10	（仕　　　入）　　諸　　口	41	1,000	
		（現　　　金）	1		400
		（買　掛　金）	12		600
		B社より仕入れ			

↓

総 勘 定 元 帳

現　　金　　　　　　　　　1

×年		摘　　要	仕丁	借　方	×年		摘　　要	仕丁	貸　方
2	1	前月繰越		500	2	10	仕　　入	1	400
	3	普通預金	1❸	10,000					

普　通　預　金　　　　　　　2

×年		摘　　要	仕丁	借　方	×年		摘　　要	仕丁	貸　方
2	1	前月繰越		50,000	2	3	現　　金	1❸	10,000

買　　掛　　金　　　　　　　12

×年		摘　　要	仕丁	借　方	×年		摘　　要	仕丁	貸　方
					2	10	仕　　入	1	600

仕　　　入　　　　　　　　　41

×年		摘　　要	仕丁	借　方	×年		摘　　要	仕丁	貸　方
2	10	諸　　口	1	1,000					

〈2月3日の記入例について説明します〉
❶　総勘定元帳の現金勘定の番号（ 1 ）を記入します。
❷　総勘定元帳の普通預金勘定の番号（ 2 ）を記入します。
❸　転記元の仕訳帳のページ数（ 1 ）を記入します。

Ⅳ　略式の総勘定元帳

　試験では、略式の総勘定元帳が出題されることもあります。略式の総勘定元帳の場合、日付、相手科目、金額のみを以下のように記入します（現金勘定の記入例のみ示します）。

総勘定元帳（略式）

現　　　金　　　　　　　　　1

日付	相手科目	金額	日付	相手科目	金額
2/ 1	前 月 繰 越	500	2 /10	仕　　　入	400
3	普 通 預 金	10,000			

　次の取引の仕訳をし、総勘定元帳の各勘定に転記しなさい。なお、各勘定には日付、相手科目（または「前月繰越」）、金額を記入すること。

　　　　4月1日　前月繰越　現　金　20,000円　　売掛金　40,000円
　　　　　　　　　　　　　買掛金　10,000円

　　　　　5日　商品30,000円を仕入れ、代金は掛けとした。

　　　　　8日　商品50,000円を売り上げ、代金は掛けとした。

　　　　12日　商品10,000円を仕入れ、代金は現金で支払った。

　　　　20日　売掛金40,000円を回収し、先方振出の小切手を受け取った。

　　　　25日　買掛金15,000円を現金で支払った。

仕　訳

4 / 5	（仕　　　　入）	30,000	（買　掛　金）	30,000
4 / 8	（売　掛　金）	50,000	（売　　　　上）	50,000
4 /12	（仕　　　　入）	10,000	（現　　　　金）	10,000
4 /20	（現　　　　金）	40,000	（売　掛　金）	40,000
4 /25	（買　掛　金）	15,000	（現　　　　金）	15,000

転 記

総 勘 定 元 帳

現　　金

4 / 1	前 月 繰 越	20,000	4 /12	仕　　　入	10,000
4 /20	売 掛 金	40,000	4 /25	買 掛 金	15,000

売　掛　金

4 / 1	前 月 繰 越	40,000	4 /20	現　　　金	40,000
4 / 8	売　　上	50,000			

買　掛　金

4 /25	現　　　金	15,000	4 / 1	前 月 繰 越	10,000
			4 / 5	仕　　　入	30,000

売　　上

			4 / 8	売 掛 金	50,000

仕　　入

4 / 5	買 掛 金	30,000			
4 /12	現　　　金	10,000			

I **現金出納帳の記入例**

現金出納帳は、入金と出金の明細を記録する補助簿です。

現金出納帳の形式と記入方法は次のとおりです。

現 金 出 納 帳

x年		摘　　　　要	収　入	支　出	残　高
4	1❶	前月繰越 ❷	10,000❸	❹	10,000❺
	4	B社より仕入れ		1,000	9,000
	11	C社より売掛金の回収	2,000		11,000
	25	消耗品の購入		500	10,500
	30	次月繰越 ❻		10,500	
			12,000	12,000❼	
5	1	前月繰越	10,500		10,500❽

❶ 日付欄には、日付を記入します。

❷ 摘要欄には、取引の内容を簡単に記入します。

❸ 収入欄には、現金の増加額を記入します。

❹ 支出欄には、現金の減少額を記入します。

❺ 残高欄には、取引後の残高を記入します。

> 4月4日の残高：10,000円－1,000円＝9,000円
> 4月11日の残高：9,000円＋2,000円＝11,000円
> 4月25日の残高：11,000円－500円＝10,500円

❻ 月末になったら、摘要欄に **「次月繰越」** と記入し、支出欄に月末の残高（直前の残高欄の金額）を赤字で記入します（試験では黒の鉛筆で記入します）。

❼ 「次月繰越」を記入したら、収入欄と支出欄の金額を合計し、二重線を引いて締め切ります。

❽ 次月の記入に備えて、前月繰越の記入をします。繰越金額は収入欄と残高欄に記入します。

Ⅱ 当座預金出納帳の記入例

　当座預金出納帳は、当座預金の預け入れと引き出しの明細を記録する補助簿です。

　当座預金出納帳の形式と記入方法は次のとおりです（現金出納帳と同じ箇所は説明を省略します）。

記入例

当座預金出納帳

x年		摘　　　　　　要	小切手番号	預　入	引　出	借/貸	残　高
5	1	前月繰越		20,000		借❷	20,000
	2	B社に買掛金の支払い	001❶		3,000	〃	17,000
	9	C社に売上げ		5,000		〃	22,000
	25	家賃の支払い	002		4,000	〃	18,000
	31	**次月繰越**			**18,000**		
				25,000	25,000		
6	1	前月繰越		18,000		借	18,000

❶　小切手番号欄には当社が振り出した小切手の番号を記入します。

❷　借/貸欄には残高欄の金額が借方残高なら **「借」**、貸方残高（当座借越が生じている）なら **「貸」** と記入します。

4 小口現金出納帳

I 小口現金出納帳の記入例

小口現金出納帳は、小口係が小口現金の管理をするための補助簿です。

定額資金前渡法（インプレスト・システム）を採用する場合、小口現金の補給を週明け（月初）に行うのか、それとも週末（月末）に行うのかによって、小口現金出納帳の締切方法が異なります。

以下の取引例を用いて、2つの記入方法をみていきましょう。

▶ 例2 ──────────── 小口現金出納帳の記入例

今週の小口現金の支払状況は以下のとおりである。なお、定額資金前渡法（インプレスト・システム）を採用しており、前渡額は5,000円である。

4月1日	郵便切手代	400円
2日	コピー用紙代	500円
3日	お茶代	450円
4日	電車代	600円
5日	新聞代	2,000円

1 週明け補給（月初補給）の場合

小口現金の補給を週明け（月初）に行う場合の記入は以下のようになります。

記入例 週明け補給

小 口 現 金 出 納 帳

受　入	×年		摘　　要	支　払	内			訳
					旅費交通費	消耗品費	通信費	雑　費
5,000❶	4	1	本日補給　❷	❸				❹
		〃	郵便切手代	400			400	
		2	コピー用紙代	500		500		
		3	お茶代	450				450
		4	電車代	600	600			
		5	新聞代	2,000				2,000
			合　　計	3,950	600	500	400	2,450❺
		〃	次週繰越	1,050❻				
5,000				5,000❼				
1,050		8	前週繰越　❽					
3,950		〃	本日補給　❾					

❶ 受入欄には、資金の前渡額や補給額を記入します。

❷ 摘要欄には、小口現金の支払内容を記入します。

❸ 支払欄には、支払金額を記入します。

❹ 内訳欄には、支払欄に記入した金額を勘定科目ごとに割り振って記入します。

❺ 週末（月末）になったら支払欄と内訳欄の合計額を計算します。

❻ 受入欄の合計額と支払欄の合計額の差額から残高を計算し、**「次週繰越」**（または「次月繰越」）と赤字で記入します（試験では黒の鉛筆で記入します）。

❼ 受入欄および支払欄の合計額を計算し、金額が一致することを確認します。

❽ 週明け（月初）になったら、前週（前月）からの繰越額を**「前週繰越」**（または「前月繰越」）として受入欄に記入します。

❾ 週明け補給（月初補給）の場合、週明け（月初）に前週使った金額（前月使った金額）だけ小口現金が補給されるので、受入欄に補給額（使った金額）を記入します。

　上記の小口現金出納帳にもとづいて、支払報告時（4月5日）および補給時（4月8日）に会計係が行う仕訳を示すと次のとおりです。

4/5(支払報告時)	(旅 費 交 通 費)	600	(小 口 現 金)	3,950
	(消 耗 品 費)	500		
	(通 信 費)	400		
	(雑 費)	2,450		
4/8(補給時)	(小 口 現 金)	3,950	(当 座 預 金 など)	3,950

2 週末補給（月末補給）の場合

　小口現金の補給を週末（月末）に行う場合の記入は以下のようになります（週明け補給と同じ箇所は説明を省略します）。

記入例　週末補給

小 口 現 金 出 納 帳

受　入	x年		摘　　要	支　払	内　　　　　訳			
					旅費交通費	消耗品費	通信費	雑　費
5,000	4	1	前週繰越					
		〃	郵便切手代	400			400	
		2	コピー用紙代	500		500		
		3	お茶代	450				450
		4	電車代	600	600			
		5	新聞代	2,000				2,000
			合　　計	3,950	600	500	400	2,450
3,950		〃	本日補給 ❶					
		〃	次週繰越	5,000❷				
8,950				8,950❸				
5,000		8	前週繰越 ❹					

❶ 週末補給（月末補給）の場合、週末（月末）に、今週使った金額（当月使った金額）だけ小口現金が補給されるので、受入欄に補給額（使った金額）を記入します。

❷ 次週（次月）に繰り越す金額を記入します。週末（月末）に補給されるので定額が繰り越されます。

❸ 受入欄および支払欄の合計額を計算し、金額が一致することを確認します。

❹ 週明け（月初）になったら、前週（前月）からの繰越額を**「前週繰越」**（または「前月繰越」）として受入欄に記入します。

上記の小口現金出納帳にもとづいて、支払報告時および補給時（4月5日）に会計係が行う仕訳を示すと次のとおりです（支払報告後ただちに小口現金が補給された場合を前提としています）。

4/5（支払報告時 &補給時）	（旅 費 交 通 費）	600	（当 座 預 金 な ど）	3,950
	（消 耗 品 費）	500		
	（通　　信　　費）	400		
	（雑　　　　　費）	2,450		

5 仕入帳・売上帳

Ⅰ 仕入帳の記入例

仕入帳は商品の仕入に関する明細を記録する補助簿です。

仕入帳の形式と記入方法は次のとおりです。

記入例

仕　　　入　　　帳

x年		摘　　　　要		内　訳	金　額
6	5	B社	現金 ❶		
		くつ下　　50足	@100円		5,000 ❷
	14	D社	掛け		
		Tシャツ　20枚	@200円	4,000	❸
		Yシャツ　30枚	@500円	15,000	19,000
	17	D社	掛け返品		❹
		Yシャツ　　5枚	@500円		2,500
	30		総 仕 入 高		24,000 ❺
	〃		返　品　高		2,500 ❻
			純 仕 入 高		21,500 ❼

❶ 摘要欄には、仕入先、商品名、数量、単価、支払条件などを記入します。

❷ 金額欄には仕入れた商品の金額を記入します。

　　@100円×50足＝5,000円

❸ 複数の商品を仕入れたときには、内訳欄に商品ごとの金額を記入し、合計欄に合計金額を記入します。

　　　内訳欄：@200円×20枚＝4,000円
　　　　　　　@500円×30枚＝15,000円
　　　合計欄：4,000円＋15,000円＝19,000円

❹ 返品は赤字で記入します（試験では黒の鉛筆で記入します）。

❺ 月末になったら、当月の**総仕入高**を計算します。総仕入高は返品高を差し引く前の金額です。

　　5,000円＋19,000円＝24,000円

❻ 当月の**返品高**を赤字で記入します（試験では黒の鉛筆で記入します）。

❼ 総仕入高から返品高を差し引いて、当月の**純仕入高**を計算します。

　　24,000円－2,500円＝21,500円

Ⅱ 売上帳の記入例

売上帳は商品の売上に関する明細を記録する補助簿です。

売上帳の形式と記入方法は次のとおりです。

記入例

売　上　帳

x年		摘　　　　要		内　訳	金　額
6	8	C社	現金 ❶		10,000❷
		スリッパ　20足	@500円		
	18	E社	掛け		
		くつ下　　10足	@700円	7,000	❸
		Tシャツ　20枚	@900円	18,000	25,000
	20	E社	掛け返品		❹
		Tシャツ　10枚	@900円		9,000
	30		総 売 上 高		35,000❺
	〃		返 　品 　高		9,000❻
			純 売 上 高		26,000❼

❶ 摘要欄には、得意先、商品名、数量、単価、支払条件などを記入します。

❷ 金額欄には、売り上げた商品の金額を記入します。

　@500円×20足＝10,000円

❸ 複数の商品を売り上げたときには、内訳欄に商品ごとの金額を記入し、合計欄に合計金額を記入します。

　内訳欄：@700円×10足＝7,000円
　　　　　@900円×20枚＝18,000円
　合計欄：7,000円＋18,000円＝25,000円

❹ 返品は赤字で記入します（試験では黒の鉛筆で記入します）。

❺ 月末になったら、当月の**総売上高**を計算します。総売上高は返品高を差し引く前の金額です。

　10,000円＋25,000円＝35,000円

❻ 当月の**返品高**を赤字で記入します（試験では黒の鉛筆で記入します）。

❼ 総売上高から返品高を差し引いて、当月の**純売上高**を計算します。

　35,000円－9,000円＝26,000円

6 受取手形記入帳・支払手形記入帳

I 受取手形記入帳の記入例

受取手形記入帳は受取手形に関する明細を記録する補助簿です。

受取手形記入帳の形式と記入方法は次のとおりです。

記入例

受 取 手 形 記 入 帳

x年		手形種類	手形番号	摘 要	支払人	振出人または裏書人	振出日		満期日		支 払 場 所	手 形 金 額	てん末		
							月	日	月	日			月	日	摘要
7	7	約手 ❶	10 ❷	売 上 ❸	C 社 ❹	C 社 ❺	7	7	10	7 ❻	東南銀行 ❼	10,000 ❽	10	7	入金
8	5	約手	22	売掛金	F 社	F 社	8	5	11	5	北西銀行	20,000			

Ⓐ ＿＿＿＿＿＿＿＿＿＿＿＿＿＿＿＿＿＿＿＿＿＿＿＿＿＿＿＿＿＿   Ⓑ ＿＿＿＿＿

Ⓐ　受取手形の増加に関する内容を記入します。

　　7月7日、8月5日の仕訳を示すと次のとおりです。

```
7/7（受 取 手 形）10,000　（売　　　　　上）10,000
8/5（受 取 手 形）20,000　（売　 掛　 金）20,000
```

Ⓑ　受取手形の減少に関する内容を記入します。手形代金を回収したなら**「入金」**、受取手形が貸し倒れたなら**「貸倒れ」**（CHAPTER11で学習します）などとなります。

　　10月7日の仕訳を示すと次のとおりです。

```
10/7（当 座 預 金 な ど）10,000　（受 取 手 形）10,000
```

❶　手形種類欄には、受け取った手形の種類を記入します。約束手形なら**「約手」**となります。

❷　手形番号欄には、手形の番号を記入します。

❸　摘要欄には、仕訳（受取手形）の相手科目を記入します。

❹　支払人欄には、手形代金の支払人を記入します。

❺　振出人または裏書人欄には、手形の振出人を記入します。

❻　振出日欄には、手形の振出日を、満期日欄には、手形の満期日（支払期日）を記入します。

❼　支払場所欄には、手形代金が支払われる金融機関名を記入します。

❽　手形金額欄には、手形の金額を記入します。

 ひとこと

手形の裏書きについては、日商2級で学習します。

Ⅱ 支払手形記入帳の記入例

支払手形記入帳は支払手形に関する明細を記録する補助簿です。

支払手形記入帳の形式と記入方法は次のとおりです（受取手形記入帳と同様の記入がされる欄については説明を省略します）。

記入例

支 払 手 形 記 入 帳

×年		手形種類	手形番号	摘　　要	受取人	振出人	振出日		満期日		支　　払場　　所	手　形金　額	てん末		
							月	日	月	日			月	日	摘要
8	25	約手	15	仕　入❶	B　社❷	当　社❸	8	25	11	25	北西銀行	30,000	11	25	支払
9	15	約手	16	買掛金	D　社	当　社	9	15	12	15	北西銀行	40,000			

Ⓐ 　　　　　　　　　　　　　　　　　　　　　　　　　　　　Ⓑ

Ⓐ　支払手形の増加に関する内容を記入します。

　　8月25日、9月15日の仕訳を示すと次のとおりです。

　　8 /25（仕　　　　入）　30,000　（支 払 手 形）　30,000
　　9 /15（買　　掛　　金）　40,000　（支 払 手 形）　40,000

Ⓑ　支払手形の減少に関する内容を記入します。手形代金が決済されたときは**「支払」**や**「当座引き落し」**と記入します。

　　11月25日の仕訳を示すと次のとおりです。

　　11/25（支 払 手 形）　30,000　（当 座 預 金）　30,000

❶　摘要欄には、仕訳（支払手形）の相手科目を記入します。

❷　受取人欄には、手形代金の受取人を記入します。

❸　振出人欄には、手形の振出人を記入します。

7 売掛金元帳・買掛金元帳

I 売掛金元帳の記入例

売掛金元帳は得意先別に売掛金の状況を記録する補助簿で、得意先元帳ともよばれます。

以下の取引例を用いて、売掛金元帳の形式と記入方法をみてみましょう。

例3 ━━━━━━━━━━━━━━━━━━━━━ 売掛金元帳の記入例

今月の取引は次のとおりである。売掛金元帳（C社）に記入しなさい。

9月1日　前月繰越　C社　10,000円　D社　5,000円

　　5日　C社に商品3,000円を売り上げ、代金は掛けとした。

　　7日　5日に売り上げた商品のうち500円が返品された。

　　10日　D社に商品1,000円を売り上げ、代金は掛けとした。

　　18日　C社に商品2,000円を売り上げ、代金は現金で受け取った。

　　25日　C社に対する売掛金のうち4,000円を現金で回収した。

記入例

売　掛　金　元　帳
C　　　　社❶

x年		摘　　　　要	借　方	貸　方	借/貸	残　高
9	1	前月繰越 ❷	10,000	❸	借❹	10,000❺
	5	掛け売上	3,000		〃	13,000
	7	返品		500	〃	12,500
	25	売掛金の回収		4,000	〃	8,500
	30	次月繰越		8,500❻		
			13,000	13,000❼		
10	1	前月繰越	8,500		借	8,500❽

❶ 得意先別に売掛金の増減の状況を記入します。この例ではC社の売掛金元帳を作成するので、D社の売掛金については記入しません。また、売掛金の状況を記入するので、現金売上（18日）についても記入しません。各日付の仕訳を示すと次のとおりです。

9/5（売掛金〈C社〉）	3,000	（売 上）	3,000
9/7（売 上）	500	（売掛金〈C社〉）	500
9/10（売掛金〈D社〉）	1,000	（売 上）	1,000
9/18（現 金）	2,000	（売 上）	2,000
9/25（現 金）	4,000	（売掛金〈C社〉）	4,000

❷ 摘要欄には、取引の内容を簡単に記入します。

❸ 借方欄には、売掛金の増加額を、貸方欄には、売掛金の減少額を記入します。

❹ 借/貸欄には借方残高なら **「借」**、貸方残高なら **「貸」** と記入します。なお、売掛金の残高は借方残高なので、売掛金元帳の場合は **「借」** と記入します。

❺ 残高欄には取引後の残高を記入します。

9/5 残高：10,000円＋3,000円＝13,000円
9/7 残高：13,000円－500円＝12,500円
9/25 残高：12,500円－4,000円＝8,500円

❻ 月末になったら、摘要欄に **「次月繰越」** と記入し、貸方欄に月末の残高（直前の残高欄の金額）を赤字で記入します（試験では黒の鉛筆で記入します）。

❼ 「次月繰越」を記入したら、借方欄と貸方欄の金額をそれぞれ合計し、二重線を引いて締め切ります。

❽ 次月に備えて、前月繰越の記入をします。繰越金額は借方欄と残高欄に記入します。

Ⅱ 買掛金元帳の記入例

買掛金元帳は仕入先別に買掛金の状況を記録する補助簿で、仕入先元帳ともよばれます。

以下の取引例を用いて、買掛金元帳の形式と記入方法をみてみましょう。

例4 ━━━━━━━━━━━━━━━━━━━━ 買掛金元帳の記入例

今月の取引は次のとおりである。買掛金元帳（X社）に記入しなさい。

10月1日　前月繰越　X社　6,000円　Y社　5,000円

　　　6日　X社より商品2,000円を仕入れ、代金は掛けとした。

　　　7日　6日に仕入れた商品のうち300円を返品した。

　　　12日　Y社より商品800円を仕入れ、代金は掛けとした。

　　　15日　X社より商品1,000円を仕入れ、代金は現金で支払った。

　　　25日　X社に対する買掛金のうち3,000円を現金で支払った。

記入例

買　掛　金　元　帳

X　　　　　　社 ❶

x年		摘　　　要	借　方	貸　方	借/貸	残　高
10	1	前月繰越 ❷		6,000 ❸	貸 ❹	6,000 ❺
	6	掛け仕入		2,000	〃	8,000
	7	返品	300		〃	7,700
	25	買掛金の支払い	3,000		〃	4,700
	31	次月繰越	4,700		❻	
			8,000	8,000 ❼		
11	1	前月繰越		4,700	貸	4,700 ❽

130

❶ 仕入先別に買掛金の増減の状況を記入します。この例ではX社の買掛金元帳を作成するので、Y社の買掛金については記入しません。また、買掛金の状況を記入するので、現金仕入 (15日) についても記入しません。各日付の仕訳を示すと次のとおりです。

10/ 6	（仕	入）	2,000	（買掛金〈X社〉）	2,000
10/ 7	（買掛金〈X社〉）	300	（仕	入）	300
10/12	（仕	入）	800	（買掛金〈Y社〉）	800
10/15	（仕	入）	1,000	（現	金）	1,000
10/25	（買掛金〈X社〉）	3,000	（現	金）	3,000

❷ 摘要欄には、取引の内容を簡単に記入します。

❸ 貸方欄には、買掛金の増加額を、借方欄には、買掛金の減少額を記入します。

❹ 借/貸欄には借方残高なら **「借」**、貸方残高なら **「貸」** と記入します。なお、買掛金の残高は貸方残高なので、買掛金元帳の場合は **「貸」** と記入します。

❺ 残高欄には取引後の残高を記入します。

10/ 6 残高：6,000円＋2,000円＝8,000円
10/ 7 残高：8,000円－300円＝7,700円
10/25 残高：7,700円－3,000円＝4,700円

❻ 月末になったら、摘要欄に **「次月繰越」** と記入し、借方欄に月末の残高 (直前の残高欄の金額) を赤字で記入します (試験では黒の鉛筆で記入します)。

❼ 「次月繰越」を記入したら、借方欄と貸方欄の金額をそれぞれ合計し、二重線を引いて締め切ります。

❽ 次月に備えて、前月繰越の記入をします。繰越金額は貸方欄と残高欄に記入します。

I 商品有高帳の形式

商品有高帳は商品の種類ごとに、商品の受け入れや払い出しのつど、数量、単価、金額を記録して在庫を明らかにするための補助簿です。

商 品 有 高 帳

（先入先出法） ス リ ッ パ❶

日付		摘　要	受　入			払　出			残　高		
			数量	単価	金額	数量	単価	金額	数量	単価	金額
11	1	前月繰越	20	100	2,000				20	100	2,000❺
	6	仕　入	40	130	5,200❸				⎰20	100	2,000
									⎱40	130	5,200
	14	売　上				⎰20	100	2,000❹			
						⎱10	130	1,300	30	130	3,900

❶ 商品の種類ごとに記入します。
❷ 摘要欄には取引の内容を簡単に記入します。
❸ 受入欄には、受け入れた（仕入れた）商品の数量、単価、金額を記入します。
❹ 払出欄には、払い出した（売り上げた）商品の数量、単価、金額を**原価**で記入します。
❺ 残高欄には取引後の数量、単価、金額を記入します。

II 商品の払出単価の計算

同じ商品でも、仕入先や仕入時期の違いによって、仕入単価が異なるため、払い出すときにどの単価をつけるのかが問題となります。

商品の払出単価の計算方法には、**先入先出法**と**移動平均法**があります。

1 先入先出法

先入先出法は、さきに受け入れた商品からさきに払い出されたと仮定して商品の払出単価を計算する方法です。

2 移動平均法

移動平均法は、商品の受け入れのつど、平均単価を計算してその平均単価を払出単価とする方法です。平均単価を求める計算式を示すと次のとおりです。

$$平均単価＝\frac{受入直前の残高欄の金額＋受入金額}{受入直前の残高欄の数量＋受入数量}$$

以下の取引例を用いて、先入先出法による場合と移動平均法による場合の商品有高帳の記入方法をみてみましょう。

例5 ————————————————— 商品有高帳の記入例

今月の商品（スリッパ）の仕入と売上の状況は次のとおりである。先入先出法および移動平均法によって商品有高帳に記入しなさい。

```
11月1日  前月繰越  20個  @100円
   6日  仕    入  40個  @130円
  14日  売    上  30個  @400円（売価）
  21日  仕    入  30個  @160円
  25日  売    上  50個  @410円（売価）
```

商品有高帳

（先入先出法）　　　ス　リ　ッ　パ

日付		摘要	受入			払出			残高		
			数量	単価	金額	数量	単価	金額	数量	単価	金額
11	1	前月繰越	20	100	2,000				20	100	2,000
	6	仕　入	40	130	5,200				20	100	2,000❶
									40	130	5,200
	14	売　上				30個 20	100	2,000			❷
						10	130	1,300	30	130	3,900
	21	仕　入	30	160	4,800				30	130	3,900
									30	160	4,800
	25	売　上				50個 30	130	3,900			
						20	160	3,200	10	160	1,600
	30	次月繰越				10	160	1,600❸			
			90	—	12,000	90	—	12,000❹			
12	1	前月繰越	10	160	1,600				10	160	1,600❺

❶　商品を受け入れたときは、受入欄に記入し、残高欄に受入後の残高を記入します。残高欄は単価の異なるものごとに分けて記入し、中カッコでくくります。

❷　商品を払い出したときは、払出欄に原価で記入し、残高欄に払出後の残高を記入します。先入先出法では、さきに受け入れたものからさきに払い出すと仮定するため、払出欄は単価の異なるものごとに分けて記入し、中カッコでくくります。

> 11/14の払出欄：さきに受け入れた20個（@100円）からさきに払い
> 出し、あとに受け入れた40個（@130円）のうち
> 10個を払い出したとして記入

❸　月末になったら、摘要欄に **「次月繰越」** と記入し、払出欄に月末の残高（直前の残高欄の内容）を赤字で記入します（試験では黒の鉛筆で記入します）。

❹　「次月繰越」を記入したら、受入欄と払出欄の数量と金額を合計し、二重線を引いて締め切ります。

❺　次月に備えて、前月繰越の記入をします。受入欄と残高欄に繰り越した商品の数量、単価、金額を記入します。

記入例 **移動平均法** （先入先出法と同様の記入となる箇所の説明は省略します）

商　品　有　高　帳

（移動平均法）　　　　　　　ス　リ　ッ　パ

日 付	摘　要	受　入			払　出			残　高		
		数量	単価	金額	数量	単価	金額	数量	単価	金額
11　1	前月繰越	20	100	2,000				20	100	2,000
6	仕　　入	40	130	5,200				60	120	7,200❶
14	売　　上				30	120❷	3,600	30	120	3,600
21	仕　　入	30	160	4,800				60	140	8,400❶
25	売　　上				50	140❷	7,000	10	140	1,400
30	次月繰越				10	140	**1,400**			
		90	－	12,000	90	－	12,000			
12　1	前月繰越	10	140	1,400				10	140	1,400

❶　商品を仕入れたときの残高欄の単価は平均単価で記入します。

> 11/ 6 の残高欄　数量：20個＋40個＝60個
> 　　　　　　　金額：2,000円＋5,200円＝7,200円
> 　　　　　　　単価：$\frac{2,000円＋5,200円}{20個＋40個}$＝@120円
> 11/21 の残高欄　数量：30個＋30個＝60個
> 　　　　　　　金額：3,600円＋4,800円＝8,400円
> 　　　　　　　単価：$\frac{3,600円＋4,800円}{30個＋30個}$＝@140円

❷　商品を売り上げたときの払出欄の単価は平均単価（直前の残高欄の単価）で記入します。

Ⅲ 売上総利益の計算

売上総利益とは、商品の売上金額（**売上高**といいます）から、それに対応する原価（**売上原価**といいます）を差し引いた利益のことをいいます。

売上総利益＝ 売上高 － 売上原価

↓ 商品の
売上金額

↓ 売上高に
対応する原価

また、売上原価は次の計算式で求めます。

> **売上原価＝前月繰越額＋当月純仕入額－次月繰越額**
> （月初商品棚卸高）　　　　　　　　　　（月末商品棚卸高）

したがって、**例5**（移動平均法の場合）の売上総利益を計算すると次のようになります。

▎**例6** ━━━━━━━━━━━━━━━━━━━━━━ **売上総利益の計算**

　今月の商品（スリッパ）の仕入と売上の状況は次のとおりである。移動平均法によった場合の商品有高帳（前ページ）にもとづいて、売上総利益を計算しなさい。

11月1日	前月繰越	20個	@100円	
6日	仕　入	40個	@130円	
14日	売　上	30個	@400円	（売価）
21日	仕　入	30個	@160円	
25日	売　上	50個	@410円	（売価）

例6の解答　　**売上総利益：21,900円***

```
* 売 上 高：@400円×30個＋@410円×50個＝32,500円
          11/14        11/25
  売上原価：前月繰越額 @100円×20個            ＝ 2,000円
          当月純仕入額 @130円×40個＋@160円×30個＝10,000円
          次月繰越額（商品有高帳の「次月繰越」より）△1,400円
          売上原価                          10,600円

  売上総利益：32,500円－10,600円＝21,900円
```

9 固定資産台帳

I 固定資産台帳の形式

固定資産台帳は、所有する固定資産の状況を管理するために作成する補助簿です。

固定資産台帳には、次のような内容が記載されます。

固 定 資 産 台 帳

取 得 日	名 称	期末数量	償却方法	耐用年数	
×1年4月1日	備品A	2	定額法	5 年	
×1年10月1日	備品B	4	定額法	8 年	

❶	❷	❸	❹	❺
取得原価	期 首 減価償却累計額	差 引 期 首 帳 簿 価 額	当 期 減価償却費	期 末 帳 簿 価 額
400,000	80,000	320,000	80,000	240,000
1,200,000	75,000	1,125,000	150,000	975,000

❶ 取得原価を記入します。
❷ 期首における減価償却累計額を記入します。
❸ 期首における帳簿価額（❶−❷）を記入します。
❹ 当期の減価償却費を記入します。
❺ 期末における帳簿価額（❸−❹）を記入します。

ひとこと

　❷～❺の内容は、CHAPTER 11の減価償却で学習します。CHAPTER 11を学習したあとに再度、ここに戻って確認してください。

10 仕訳と補助簿の関係

　取引が発生したら、仕訳帳に仕訳し、その後、総勘定元帳に転記します。そして必要に応じて取引の内容を補助簿に記入します。

　どのような取引の場合に、どの補助簿に記入するのかは、仕訳の勘定科目に注目して以下のように判断します。

●仕訳の勘定科目と補助簿

勘定科目		補助簿
現　　　　金	………	現 金 出 納 帳
当 座 預 金	………	当座預金出納帳
小 口 現 金	………	小口現金出納帳
受 取 手 形	………	受取手形記入帳
支 払 手 形	………	支払手形記入帳
売 　 掛 　 金	………	売掛金元帳（得意先元帳）
買 　 掛 　 金	………	買掛金元帳（仕入先元帳）
売　　　　上	………	売上帳　商品有高帳＊
仕　　　　入	………	仕入帳　商品有高帳＊
建　　　　物	………	固 定 資 産 台 帳
備　　　　品	………	固 定 資 産 台 帳
車 両 運 搬 具	………	固 定 資 産 台 帳
減 価 償 却 費	………	固 定 資 産 台 帳
減価償却累計額	………	固 定 資 産 台 帳

＊　商品を仕入れたときや売り上げたときは、商品の移動があるので商品有高帳にも記入します。仕入戻しや売上戻りの場合も商品の移動があるので商品有高帳に記入します。

ひとこと

　「なんでこんなに補助簿が多いのか？」というと、企業によって、管理したい勘定科目や項目が異なるからです。手形取引を頻繁に行っている企業では、手形記入帳を作成して管理するのがよいですし、反対に手形取引を行っていない企業では手形記入帳を作成する必要はありません。

　ですから、簿記では「必要であろう補助簿」を列挙し、「そこから必要なものを選んでね」というスタンスをとっているのです。

　とはいえ、試験対策としてはすべての帳簿をおさえておく必要があります。

例7 ━━━━━━━━━━━━━━━━━━ 補助簿の選択

当社は以下の補助簿を用いている。次の取引はどの補助簿に記入されるか、○印をつけなさい。

(1) さきに振り出した約束手形1,000円が満期日となり、当座預金口座から手形代金が支払われた。

(2) 商品2,000円を仕入れ、代金は掛けとした。

(3) 以前に掛けで売り上げた商品のうち、500円が返品された。

例7の解答

補助簿 ＼ 取引	(1)	(2)	(3)
当 座 預 金 出 納 帳	○		
売　　　上　　　帳			○
仕　　　入　　　帳		○	
受 取 手 形 記 入 帳			
支 払 手 形 記 入 帳	○		
売 掛 金 元 帳			○
買 掛 金 元 帳		○	
商 品 有 高 帳		○	○

〈解説〉

各取引の仕訳は次のとおりです。

(1)（支 払 手 形）　1,000　（当 座 預 金）　1,000
(2)（仕　　　入）　2,000　（買　掛　金）　2,000
(3)（売　　　上）　　500　（売　掛　金）　　500

問1　**転記**　解答用紙あり

　次の取引について仕訳をするとともに、解答用紙の勘定に転記しなさい。なお、転記にあたっては日付、相手科目、金額を記入すること。

　　　4月5日　商品60,000円を仕入れ、代金は掛けとした。
　　　　10日　商品80,000円を売り上げ、代金のうち30,000円は現金で受け取り、
　　　　　　　残額は掛けとした。
　　　　18日　銀行から現金50,000円を借り入れた。
　　　　20日　買掛金のうち40,000円を現金で支払った。

問2　**小口現金出納帳－Ⅰ**　解答用紙あり

　次の取引を小口現金出納帳に記入し、あわせて週末における締め切りと小口現金の補給に関する記入をしなさい。なお、当社は定額資金前渡法（インプレスト・システム）を採用しており、小口現金として8,000円を受け入れている。また、小口現金の補給は小切手により、翌週の月曜日に行っている。

　　　5月16日（月）　電　車　代　　　　700円
　　　　17日（火）　切　手　代　　　　800円
　　　　18日（水）　接待用菓子代　　1,000円
　　　　19日（木）　タクシー代　　　1,800円
　　　　20日（金）　事務用品代　　　1,200円

問3 小口現金出納帳－Ⅱ　　解答用紙あり

　次の取引を(1)小口現金出納帳に記入し、あわせて週末における締め切りと小口現金の補給に関する記入をしなさい。また、(2)解答用紙の日付に行われるべき仕訳をしなさい（使用する勘定科目は以下の中から選ぶこと）。なお、当社は定額資金前渡法（インプレスト・システム）を採用しており、小口現金として10,000円を受け入れている。また、小口現金の補給は小切手により、週末の金曜日に行っている。

［勘定科目：当座預金、旅費交通費、通信費、消耗品費、雑費］

6月6日	（月）	コ ー ヒ ー 代	1,200円
7日	（火）	ハ ガ キ 代	950円
〃		タ ク シ ー 代	860円
8日	（水）	新 聞 代	2,400円
9日	（木）	ボ ー ル ペ ン 代	700円
10日	（金）	バ ス 回 数 券 代	2,100円
〃		コ ピ ー 用 紙 代	500円

次の取引にもとづいて、解答用紙の仕入帳と売上帳を完成させなさい。

7月1日　甲社から次の商品を掛けで仕入れた。

A商品　80個（@200円）　B商品　50個（@300円）

3日　1日に仕入れた商品のうち、A商品2個を返品した。

7日　丙社に次の商品を掛けで売り上げた。

A商品　50個（@350円）　B商品　20個（@450円）

10日　7日に売り上げた商品のうち、B商品3個が返品された。

15日　乙社から次の商品を掛けで仕入れた。

C商品　20個（@500円）　D商品　30個（@750円）

22日　丁社に次の商品を掛けで売り上げた。

C商品　5個（@700円）　D商品　10個（@900円）

問5　手形記入帳－Ⅰ　解答用紙あり

次の帳簿の(1)名称を答え、(2)解答用紙の日付に行われるべき仕訳をしなさい。勘定科目は以下の中からもっとも適当なものを選ぶこと。

［勘定科目：当座預金、受取手形、売掛金、支払手形、買掛金、売上、仕入］

（　　　　　）記入帳

x年		手形種類	手形番号	摘要	支払人	振出人または裏書人	振出日		満期日		支払場所	手形金額	てん末		
							月	日	月	日			月	日	摘要
7	9	約手	15	売上	C社	C社	7	9	10	9	東南銀行	50,000	10	9	入金
8	6	約手	24	売掛金	F社	F社	8	6	11	6	北西銀行	80,000			

問6 **手形記入帳－Ⅱ** 解答用紙あり

次の帳簿の(1)名称を答え、(2)解答用紙の日付に行われるべき仕訳をしなさい。勘定科目は以下の中からもっとも適当なものを選ぶこと。

[勘定科目：当座預金、受取手形、売掛金、支払手形、買掛金、売上、仕入]

(　　　　　　　)記入帳

x年		手形種類	手形番号	摘要	受取人	振出人	振出日		満期日		支払場所	手形金額	てん末		
							月	日	月	日			月	日	摘要
9	26	約手	35	仕入	B社	当社	9	26	12	26	北西銀行	60,000	12	26	支払

問7 **売掛金元帳** 解答用紙あり

次の取引を売掛金元帳（丙社）に記入し、締め切りなさい。

7月1日　売掛金の前月繰越額　250,000円
　　　　　（内訳：丙社 150,000円　丁社 100,000円）

　　5日　丙社に商品80,000円を掛けで売り上げた。

　　8日　丁社に商品50,000円を掛けで売り上げた。

　　9日　丙社に掛けで売り上げた商品のうち5,000円が返品された。

　　15日　丙社に商品20,000円を売り上げ、代金は現金で受け取った。

　　25日　丙社に対する売掛金60,000円と丁社に対する売掛金30,000円を回収し、当座預金口座に預け入れた。

問8　買掛金元帳　解答用紙あり

次の取引を買掛金元帳（Y社）に記入し、締め切りなさい。

　7月1日　買掛金の前月繰越額　100,000円

　　　　　　（内訳：X社　60,000円　　Y社　40,000円）

　　4日　X社から商品20,000円を掛けで仕入れた。

　　10日　Y社から商品50,000円を仕入れ、代金のうち10,000円は小切手を
　　　　　振り出して支払い、残額は掛けとした。

　　12日　Y社から仕入れた商品について、品違いにつき1,000円を返品し
　　　　　た。なお、同額の買掛金を減額することにした。

　　20日　X社に対する買掛金30,000円を小切手を振り出して支払った。

　　25日　Y社に対する買掛金25,000円を小切手を振り出して支払った。

問9　商品有高帳－Ⅰ　解答用紙あり

次の資料にもとづいて、先入先出法により商品有高帳の記入をしなさい。な
お、仕入戻しについては払出欄に記入すること。前月繰越額は解答用紙に記載済
みである。

　　8月8日　仕　　　入　　50個　@500円

　　　10日　売　　　上　　40個　@700円

　　　17日　仕　　　入　　70個　@550円

　　　19日　仕入戻し　　10個　@550円　（17日仕入分）

　　　20日　売　　　上　　65個　@720円

問10 **商品有高帳－Ⅱ** 解答用紙あり

次の資料にもとづいて、(1)移動平均法により商品有高帳の記入を行い、(2)売上総利益を計算しなさい。なお、前月繰越額は解答用紙に記載済みである。

9月5日　仕　　入　40個　@215円
　　7日　売　　上　50個　@400円
　　12日　仕　　入　90個　@220円
　　20日　売　　上　85個　@450円

問11 **補助簿の選択** 解答用紙あり

当社は解答用紙に示した補助簿を用いている。次の取引はどの補助簿に記入されるか、○印をつけなさい。

(1)　商品50,000円を売り上げ、代金は掛けとした。

(2)　商品30,000円を仕入れ、代金のうち10,000円は小切手を振り出して支払い、残額は掛けとした。

(3)　以前に掛けで仕入れた商品について、品違いにつき1,000円を返品した。なお、同額を買掛金から減額する。

(4)　さきに振り出した約束手形100,000円の満期日が到来し、当座預金口座から引き落とされた。

(5)　備品120,000円を購入し、代金は小切手を振り出して支払った。

解答

問1 転記

4/5	（仕 入）	60,000	（買 掛 金）	60,000
10	（現 金）	30,000	（売 上）	80,000
	（売 掛 金）	50,000		
18	（現 金）	50,000	（借 入 金）	50,000
20	（買 掛 金）	40,000	（現 金）	40,000

現　　金

4/1 前 月 繰 越	100,000	4/20 買 掛 金	40,000
4/10 売 上	30,000		
4/18 借 入 金	50,000		

売　掛　金

4/1 前 月 繰 越	100,000		
4/10 売 上	50,000		

買　掛　金

4/20 現 金	40,000	4/1 前 月 繰 越	5,000
		4/5 仕 入	60,000

借　入　金

		4/18 現 金	50,000

売　　上

		4/10 諸 口	80,000

仕　　入

4/5 買 掛 金	60,000		

問2 小口現金出納帳－Ⅰ

小口現金出納帳

受　入	×年		摘　　　要	支　払	内　　　　　訳			
					旅費交通費	消耗品費	通信費	雑　　費
8,000	5	16	本　日　補　給					
		〃	電　　車　　代	700	700			
		17	切　　手　　代	800			800	
		18	接待用菓子代	1,000				1,000
		19	タ ク シ ー 代	1,800	1,800			
		20	事 務 用 品 代	1,200		1,200		
			合　　　　　計	5,500	2,500	1,200	800	1,000
		〃	次　週　繰　越	2,500				
8,000				8,000				
2,500	5	23	前　週　繰　越					
5,500		〃	本　日　補　給					

問3 小口現金出納帳－Ⅱ

(1)

小口現金出納帳

受　　入	×年		摘　　　要	支　払	内　　　　　訳			
					旅費交通費	消耗品費	通信費	雑　　費
10,000	6	6	前　週　繰　越					
		〃	コ ー ヒ ー 代	1,200				1,200
		7	ハ ガ キ 代	950			950	
		〃	タ ク シ ー 代	860	860			
		8	新　　聞　　代	2,400				2,400
		9	ボールペン代	700		700		
		10	バス回数券代	2,100	2,100			
		〃	コピー用紙代	500		500		
			合　　　　　計	8,710	2,960	1,200	950	3,600
8,710		〃	本　日　補　給					
		〃	次　週　繰　越	10,000				
18,710				18,710				
10,000	6	13	前　週　繰　越					

(2)

6/10	（旅 費 交 通 費）	2,960	（当 座 預 金）		8,710
	（消 耗 品 費）	1,200			
	（通 信 費）	950			
	（雑 費）	3,600			

問4　仕入帳・売上帳

仕　入　帳

x年		摘　　要		内　訳	金　額
7	1	甲社	掛け		
		A商品　（80個）（@200円）		（　16,000　）	
		B商品　（50個）（@300円）		（　15,000　）	（　31,000　）
	3	甲社	掛け返品		
		A商品　（2個）（@200円）			（　　　400　）
	15	乙社	掛け		
		C商品　（20個）（@500円）		（　10,000　）	
		D商品　（30個）（@750円）		（　22,500　）	（　32,500　）
	31		総 仕 入 高		（　63,500　）
	〃		返 品 高		（　　　400　）
			純 仕 入 高		（　63,100　）

売　上　帳

x年		摘　　要		内　訳	金　額
7	7	丙社	掛け		
		A商品　（50個）（@350円）		（　17,500　）	
		B商品　（20個）（@450円）		（　　9,000　）	（　26,500　）
	10	丙社	掛け返品		
		B商品　（3個）（@450円）			（　　1,350　）
	22	丁社	掛け		
		C商品　（5個）（@700円）		（　　3,500　）	
		D商品　（10個）（@900円）		（　　9,000　）	（　12,500　）
	31		総 売 上 高		（　39,000　）
	〃		返 品 高		（　　1,350　）
			純 売 上 高		（　37,650　）

問5 手形記入帳－Ⅰ

(1) 帳簿の名称：（ 受 取 手 形 ）記入帳*

　　＊　摘要欄に「売上」、「売掛金」があるので、受取手形記入帳というこ
　　　とがわかります。

(2) 各日付の仕訳

　　7/9（受 取 手 形）　50,000　（売　　　　上）　50,000

　　8/6（受 取 手 形）　80,000　（売　掛　金）　80,000

　　10/9（当 座 預 金）　50,000　（受 取 手 形）　50,000

問6 手形記入帳－Ⅱ

(1) 帳簿の名称：（ 支 払 手 形 ）記入帳*

　　＊　摘要欄に「仕入」、てん末欄に「支払」があるので、支払手形記入帳
　　　ということがわかります。

(2) 各日付の仕訳

　　9/26（仕　　　　入）　60,000　（支 払 手 形）　60,000

　　12/26（支 払 手 形）　60,000　（当 座 預 金）　60,000

問7 売掛金元帳

売 掛 金 元 帳

丙　　社

x年		摘　　要	借　方	貸　方	借/貸	残　高
7	1	前 月 繰 越	150,000		借	150,000
	5	掛 け 売 上	80,000		〃	230,000
	9	返　　品		5,000	〃	225,000
	25	売掛金の回収		60,000	〃	165,000
	31	**次 月 繰 越**		**165,000**		
			230,000	230,000		
8	1	前 月 繰 越	165,000		借	165,000

〈解説〉

　丙社の売掛金元帳を完成させるので、丙社との掛け取引（5日、9日、25日）のみを記入し、締め切ります。各日付の仕訳を示すと次のとおりです。

7/5	（売　掛　金）	80,000	（売　　　　　上）	80,000
9	（売　　　　　上）	5,000	（売　掛　金）	5,000
25	（当　座　預　金）	60,000	（売　掛　金）	60,000

問8　買掛金元帳

買 掛 金 元 帳
Y　　社

x年		摘　　　　　　要	借　方	貸　方	借/貸	残　高
7	1	前 月 繰 越		40,000	貸	40,000
	10	掛 け 仕 入		40,000	〃	80,000
	12	返　　　　品	1,000		〃	79,000
	25	買掛金の支払い	25,000		〃	54,000
	31	次 月 繰 越	54,000			
			80,000	80,000		
8	1	前 月 繰 越		54,000	貸	54,000

〈解説〉

　Y社の買掛金元帳を完成させるので、Y社との掛け取引（10日、12日、25日）のみを記入し、締め切ります。各日付の仕訳を示すと次のとおりです。

7/10	（仕　　　　　入）	50,000	（当　座　預　金）	10,000
			（買　掛　金）	40,000
12	（買　掛　金）	1,000	（仕　　　　　入）	1,000
25	（買　掛　金）	25,000	（当　座　預　金）	25,000

問9 商品有高帳－Ⅰ

商 品 有 高 帳
A 商 品

(先入先出法)

日 付	摘 要	受 入 数量	受 入 単価	受 入 金額	払 出 数量	払 出 単価	払 出 金額	残 高 数量	残 高 単価	残 高 金額
8 1	前月繰越	10	450	4,500				10	450	4,500
8	仕 入	50	500	25,000				{ 10	450	4,500
								{ 50	500	25,000
10	売 上				10	450	4,500			
					30	500	15,000	20	500	10,000
17	仕 入	70	550	38,500				{ 20	500	10,000
								{ 70	550	38,500
19	仕入戻し				10	550	5,500	{ 20	500	10,000
								{ 60	550	33,000
20	売 上				20	500	10,000			
					45	550	24,750	15	550	8,250
31	次月繰越				15	550	8,250			
		130	－	68,000	130	－	68,000			
9 1	前月繰越	15	550	8,250				15	550	8,250

問10 商品有高帳－Ⅱ

(1) 商品有高帳の記入

商 品 有 高 帳
B 商 品

(移動平均法)

日 付	摘 要	受 入 数量	受 入 単価	受 入 金額	払 出 数量	払 出 単価	払 出 金額	残 高 数量	残 高 単価	残 高 金額
9 1	前月繰越	20	200	4,000				20	200	4,000
5	仕 入	40	215	8,600				60	210*1	12,600
7	売 上				50	210	10,500	10	210	2,100
12	仕 入	90	220	19,800				100	219*2	21,900
20	売 上				85	219	18,615	15	219	3,285
30	次月繰越				15	219	3,285			
		150	－	32,400	150	－	32,400			
10 1	前月繰越	15	219	3,285				15	219	3,285

* 1 平均単価：$\dfrac{4,000円 + 8,600円}{20個 + 40個} = @210円$

* 2 平均単価：$\dfrac{2,100円 + 19,800円}{10個 + 90個} = @219円$

(2) 売上総利益の計算

売上原価の計算

月初商品棚卸高：(	4,000 円)
当月純仕入額：(	28,400 円)＊3
月末商品棚卸高：(	3,285 円)
売 上 原 価：(	29,115 円)

売上総利益の計算

売 上 高：(	58,250 円)＊4
売 上 原 価：(	29,115 円)
売 上 総 利 益：(	29,135 円)

＊3　8,600円 ＋ 19,800円 ＝ 28,400円
　　　9／5　　　　9／12

＊4　@400円×50個 ＋ @450円×85個 ＝ 58,250円
　　　9／7　　　　　9／20

問11　補助簿の選択

取引　　補助簿	(1)	(2)	(3)	(4)	(5)
当 座 預 金 出 納 帳		○		○	○
売 上 帳	○				
仕 入 帳		○	○		
受 取 手 形 記 入 帳					
支 払 手 形 記 入 帳				○	
売 掛 金 元 帳	○				
買 掛 金 元 帳		○	○		
商 品 有 高 帳	○	○	○		
固 定 資 産 台 帳					○

〈解説〉

各取引の仕訳を示すと次のとおりです。

(1)	(売 掛 金)	50,000	(売 上)	50,000		
(2)	(仕 入)	30,000	(当 座 預 金)	10,000		
			(買 掛 金)	20,000		
(3)	(買 掛 金)	1,000	(仕 入)	1,000		
(4)	(支 払 手 形)	100,000	(当 座 預 金)	100,000		
(5)	(備 品)	120,000	(当 座 預 金)	120,000		

試算表

◆仕訳→転記→試算表の作成

　ここでは、試算表についてみていきます。試算表には合計試算表、残高試算表、合計残高試算表の3種類があるので、どの試算表を作成するのかをしっかり確認しましょう。

簿記の流れ

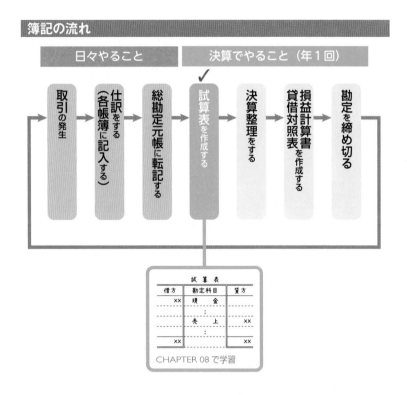

日々やること　　　　　　決算でやること（年1回）

取引の発生 → 仕訳をする（各帳簿に記入する） → 総勘定元帳に転記する → ✓試算表を作成する → 決算整理をする → 損益計算書貸借対照表を作成する → 勘定を締め切る

試　算　表		
借方	勘定科目	貸方
xx	現　　金	
:	:	
	売　　上	xx
:	:	
xx		xx

CHAPTER 08 で学習

1 試算表とは

　試算表とは、仕訳から総勘定元帳に転記するさいにミスがなかったかを検証するため、決算時（期末）や月末に作成する表をいいます。

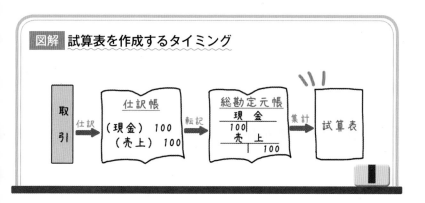

図解 試算表を作成するタイミング

2 試算表の作成

　試算表には**合計試算表**、**残高試算表**、**合計残高試算表**の３種類があります。

Ⅰ 合計試算表の作成

合計試算表には、各勘定の借方合計および貸方合計を集計します。

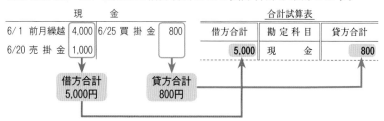

Ⅱ 残高試算表の作成

残高試算表には、各勘定の残高を借方または貸方に集計します。

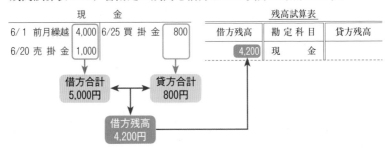

Ⅲ 合計残高試算表の作成

合計残高試算表は、合計試算表と残高試算表を合わせた試算表です。

合計残高試算表

借方残高	借方合計	勘定科目	貸方合計	貸方残高
4,200	5,000	現　　金	800	

▶ 例1 ━━━━━━━━━━━━━━━━━━━━━━━━━ 試算表の作成

次に示す各勘定にもとづいて、(1)合計試算表、(2)残高試算表、(3)合計残高試算表を作成しなさい。

	現　　金	
6/ 1 前月繰越	4,000	6/25 買 掛 金　　800
6/20 売 掛 金	1,000	

	売 掛 金	
6/ 1 前月繰越	2,300	6/20 現　　金　1,000
6/10 売 上	3,000	

	買 掛 金	
6/18 仕 入	300	6/ 1 前月繰越　1,800
6/25 現　　金	800	6/15 仕　　入　2,000

	資 本 金	
		6/ 1 前月繰越　4,000

	繰越利益剰余金	
		6/ 1 前月繰越　500

	売　　上	
		6/10 売 掛 金　3,000

	仕　　入	
6/15 買 掛 金	2,000	6/18 買 掛 金　　300

例1の解答 (1) 合計試算表

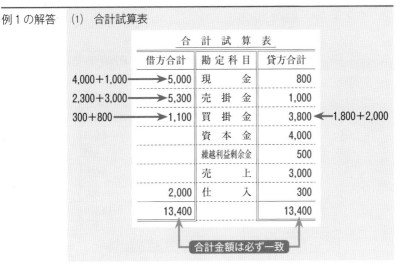

借方合計	勘定科目	貸方合計
4,000+1,000 ➔ 5,000	現　　金	800
2,300+3,000 ➔ 5,300	売　掛　金	1,000
300+800 ➔ 1,100	買　掛　金	3,800 ← 1,800+2,000
	資　本　金	4,000
	繰越利益剰余金	500
	売　　上	3,000
2,000	仕　　入	300
13,400		13,400

合計試算表

合計金額は必ず一致

(2) 残高試算表

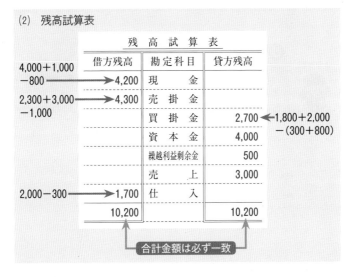

借方残高	勘定科目	貸方残高
4,000+1,000 −800 ➔ 4,200	現　　金	
2,300+3,000 −1,000 ➔ 4,300	売　掛　金	
	買　掛　金	2,700 ← 1,800+2,000 −(300+800)
	資　本　金	4,000
	繰越利益剰余金	500
	売　　上	3,000
2,000−300 ➔ 1,700	仕　　入	
10,200		10,200

残高試算表

合計金額は必ず一致

(3) 合計残高試算表

合 計 残 高 試 算 表

借方残高	借方合計	勘定科目	貸方合計	貸方残高
4,200	5,000	現　　　金	800	
4,300	5,300	売　掛　金	1,000	
	1,100	買　掛　金	3,800	2,700
		資　本　金	4,000	4,000
		繰越利益剰余金	500	500
		売　　　上	3,000	3,000
1,700	2,000	仕　　　入	300	
10,200	13,400		13,400	10,200

合計金額は必ず一致

合計金額は必ず一致

ひとこと

　試算表の借方と貸方の合計金額は必ず一致します。一致していなかったら、勘定記入にミスがあるということになります。

問1　**合計試算表**　解答用紙あり

　次の資料にもとづいて、6月末現在の合計試算表を完成させなさい。

［資料1］5月末現在の合計試算表

合　計　試　算　表
×1年5月31日

借　　　方	勘　定　科　目	貸　　　方
146,500	現　　　　　金	120,000
99,500	当　座　預　金	50,000
74,000	受　取　手　形	13,000
34,000	売　　掛　　金	11,000
100,000	備　　　　　品	
5,000	支　払　手　形	44,000
11,000	買　　掛　　金	73,000
7,000	未　　払　　金	8,000
	資　　本　　金	100,000
	繰越利益剰余金	25,000
	売　　　　　上	193,000
84,000	仕　　　　　入	
75,000	給　　　　　料	
1,000	保　　険　　料	
637,000		637,000

［資料2］ 6月中の取引

6月1日　X社から商品12,000円を仕入れ、代金のうち2,000円は現金で支払い、
　　　　　残額は掛けとした。

　　2日　備品40,000円を購入し、代金は翌月末日払いとした。

　　6日　甲社に商品12,600円を売り上げ、代金は掛けとした。

　　7日　従業員の出張のため、旅費5,000円を現金で仮払いした。

　10日　出張中の従業員が帰社した。旅費の精算を行い、概算払額のうち800
　　　　　円を現金で受け取った。

　13日　所有する約束手形20,000円の満期日が到来し、当座預金口座に入金さ
　　　　　れた。

　24日　従業員の給料8,000円を現金で支給した。

　30日　甲社に対する売掛金10,000円を同社振出の小切手で回収した。

次の資料にもとづいて、9月末現在の残高試算表を完成させなさい。

[資料1] 8月末現在の残高試算表

残 高 試 算 表
×1年8月31日

借　　方	勘 定 科 目	貸　　方
192,400	現　　　　　金	
753,600	当 座 預 金	
217,000	受 取 手 形	
303,000	売 　掛　 金	
25,200	前 　払　 金	
30,000	仮 　払　 金	
	支 払 手 形	205,200
	買 　掛　 金	227,400
	前 　受　 金	21,000
	所 得 税 預 り 金	28,800
	資 　本　 金	500,000
	繰 越 利 益 剰 余 金	100,000
	売 　　　　上	2,613,600
	受 取 手 数 料	64,800
1,558,000	仕 　　　　入	
324,000	給 　　　　料	
270,000	支 払 家 賃	
73,800	旅 費 交 通 費	
13,800	消 耗 品 費	
3,760,800		3,760,800

［資料２］ ９月中の取引（重複する取引があるので注意すること）

(1) 現金の増加

  ① 当座預金からの引出高　120,000円

  ② 旅費概算払額の戻り高　4,800円

    （概算払額は30,000円）

(2) 現金の減少

  ① 消耗品の購入高　1,200円

  ② 家賃の支払高　25,000円

(3) 当座預金の増加

  ① 売掛金の回収高　109,000円

  ② 当座預金口座への振り込みによる売上高　28,200円

  ③ 手形代金の回収高　36,000円

(4) 当座預金の減少

  ① 現金の引出高　120,000円

  ② 買掛金の支払高　38,000円

  ③ 小切手振出による仕入高　16,200円

  ④ 給料の支払高　10,800円

    （給料総額から源泉所得税1,200円を差し引いた実支払高）

(5) 商品の仕入れ

  ① 小切手振出による仕入高　16,200円

  ② 掛けによる仕入高　79,200円

  ③ 手付金の相殺による仕入高　18,000円

(6) 商品の売上げ

  ① 当座預金口座への振り込みによる売上高　28,200円

  ② 掛けによる売上高　117,500円

(7) その他の取引

  ① 買掛金支払いのための約束手形の振出高　30,000円

  ② 売掛金回収のための約束手形の受入高　28,000円

解答

問1 合計試算表

合 計 試 算 表
×1年6月30日

借　　方	勘 定 科 目	貸　　方
157,300	現　　　　　金	135,000
119,500	当 座 預 金	50,000
74,000	受 取 手 形	33,000
46,600	売 　掛 　金	21,000
140,000	備　　　　　品	
5,000	仮 　払 　金	5,000
5,000	支 払 手 形	44,000
11,000	買 　掛 　金	83,000
7,000	未 　払 　金	48,000
	資 　本 　金	100,000
	繰 越 利 益 剰 余 金	25,000
	売　　　　　上	205,600
96,000	仕　　　　　入	
83,000	給　　　　　料	
1,000	保 　険 　料	
4,200	旅 費 交 通 費	
749,600		749,600

〈解説〉

1．仕訳

取引の仕訳を示すと次のとおりです。

1日	（仕 　　　入）	12,000	（現 　　　金）	2,000
			（買 　掛 　金）	10,000
2日	（備 　　　品）	40,000	（未 　払 　金）	40,000
6日	（売 　掛 　金）	12,600	（売 　　　上）	12,600
7日	（仮 　払 　金）	5,000	（現 　　　金）	5,000
10日	（現 　　　金）	800	（仮 　払 　金）	5,000
	（旅 費 交 通 費）	4,200		
13日	（当 座 預 金）	20,000	（受 取 手 形）	20,000
24日	（給 　　　料）	8,000	（現 　　　金）	8,000
30日	（現 　　　金）	10,000	（売 　掛 　金）	10,000

2．総勘定元帳への転記

総勘定元帳に転記します。なお、実際に問題を解くときにはよく出てくる勘

定（現金、当座預金、受取手形、売掛金、支払手形、買掛金、売上、仕入）の
み略式の総勘定元帳（Tフォーム）を作成するようにしましょう。これらの勘
定についてTフォームを作成すると次のとおりです。

現	金		
5月末	146,500	5月末	120,000
10日	800	1日	2,000
30日	10,000	7日	5,000
		24日	8,000
合計	157,300	合計	135,000

当座預金			
5月末	99,500	5月末	50,000
13日	20,000		
合計	119,500	合計	50,000

受取手形			
5月末	74,000	5月末	13,000
		13日	20,000
合計	74,000	合計	33,000

売掛金			
5月末	34,000	5月末	11,000
6日	12,600	30日	10,000
合計	46,600	合計	21,000

支払手形			
5月末	5,000	5月末	44,000
合計	5,000	合計	44,000

買掛金			
5月末	11,000	5月末	73,000
		1日	10,000
合計	11,000	合計	83,000

売	上		
		5月末	193,000
		6日	12,600
		合計	205,600

仕	入		
5月末	84,000		
1日	12,000		
合計	96,000	合計	0

3．その他の勘定

Tフォームを作成しなかった勘定で、6月中の取引があった勘定の金額は次
のとおりです。6月中の取引に出てこなかった勘定については資料の金額をそ
のまま解答用紙に記入します。

備　　品（借方）：$\underset{5月末}{100,000円} + \underset{2日}{40,000円} = 140,000円$

仮　払　金（借方）：$\underset{7日}{5,000円}$

仮　払　金（貸方）：$\underset{10日}{5,000円}$

未　払　金（貸方）：$\underset{5月末}{8,000円} + \underset{2日}{40,000円} = 48,000円$

給　　料（借方）：$\underset{5月末}{75,000円} + \underset{24日}{8,000円} = 83,000円$

旅費交通費（借方）：$\underset{10日}{4,200円}$

残 高 試 算 表
×1年 9 月30日

借　　　方	勘 定 科 目	貸　　　方
291,000	現　　　　　　　金	
741,800	当 座 預 金	
209,000	受 取 手 形	
283,500	売 　掛 　金	
7,200	前 　払 　金	
	支 払 手 形	235,200
	買 　掛 　金	238,600
	前 　受 　金	21,000
	所 得 税 預 り 金	30,000
	資 　本 　金	500,000
	繰 越 利 益 剰 余 金	100,000
	売　　　　　　上	2,759,300
	受 取 手 数 料	64,800
1,671,400	仕　　　　　　入	
336,000	給　　　　　　料	
295,000	支 払 家 賃	
99,000	旅 費 交 通 費	
15,000	消 耗 品 費	
3,948,900		3,948,900

〈解説〉
　本問は取引が項目別に並べられているため、重複する取引に注意してください。
1．仕訳
　　取引の仕訳を示すと次のとおりです。

(1)	①	（現　　　　金）	120,000	（当 座 預 金）	120,000			
	②	（現　　　　金）	4,800	（仮 　払 　金）	30,000			
		（旅 費 交 通 費）	25,200					
(2)	①	（消 耗 品 費）	1,200	（現　　　　金）	1,200			
	②	（支 払 家 賃）	25,000	（現　　　　金）	25,000			
(3)	①	（当 座 預 金）	109,000	（売 　掛 　金）	109,000			
	②	（当 座 預 金）	28,200	（売　　　　上）	28,200			
	③	（当 座 預 金）	36,000	（受 取 手 形）	36,000			

(4)	①		(1) ①と重複するため仕訳なし		
	②	（買　掛　金）	38,000	（当座預金）	38,000
	③	（仕　　　入）	16,200	（当座預金）	16,200
	④	（給　　　料）	12,000	（当座預金）	10,800
				（所得税預り金）	1,200
(5)	①		(4) ③と重複するため仕訳なし		
	②	（仕　　　入）	79,200	（買　掛　金）	79,200
	③	（仕　　　入）	18,000	（前　払　金）	18,000
(6)	①		(3) ②と重複するため仕訳なし		
	②	（売　掛　金）	117,500	（売　　　上）	117,500
(7)	①	（買　掛　金）	30,000	（支払手形）	30,000
	②	（受取手形）	28,000	（売　掛　金）	28,000

２．総勘定元帳への転記

　総勘定元帳に転記します。なお、実際に問題を解くときにはよく出てくる勘定（現金、当座預金、受取手形、売掛金、支払手形、買掛金、売上、仕入）のみ略式の総勘定元帳（Ｔフォーム）を作成するようにしましょう。これらの勘定についてＴフォームを作成すると次のとおりです。

現　　　　金

8月末	192,400	(2) ①	1,200
(1) ①	120,000	(2) ②	25,000
(1) ②	4,800		
合計	317,200	合計	26,200
		残高 291,000	

当 座 預 金

8月末	753,600	(1) ①	120,000
(3) ①	109,000	(4) ②	38,000
(3) ②	28,200	(4) ③	16,200
(3) ③	36,000	(4) ④	10,800
合計	926,800	合計	185,000
		残高 741,800	

受 取 手 形

8月末	217,000	(3) ③	36,000
(7) ②	28,000		
合計	245,000	合計	36,000
		残高 209,000	

売 掛 金

8月末	303,000	(3) ①	109,000
(6) ②	117,500	(7) ②	28,000
合計	420,500	合計	137,000
		残高 283,500	

支 払 手 形

		8月末	205,200
		(7) ①	30,000
合計	0	合計	235,200
		残高 235,200	

買 掛 金

(4) ②	38,000	8月末	227,400
(7) ①	30,000	(5) ②	79,200
合計	68,000	合計	306,600
		残高 238,600	

売 　　　上

		8月末	2,613,600
		(3) ②	28,200
		(6) ②	117,500
合計	0	合計	2,759,300
		残高 2,759,300	

仕 　　　入

8月末	1,558,000		
(4) ③	16,200		
(5) ②	79,200		
(5) ③	18,000		
合計	1,671,400	合計	0
		残高 1,671,400	

3．その他の勘定

Ｔフォームを作成しなかった勘定で、９月中の取引があった勘定の金額は次のとおりです。９月中の取引に出てこなかった勘定については資料の金額をそのまま解答用紙に記入します。

前　　払　　金：$\underset{8月末}{25,200円} - \underset{(5)③}{18,000円} = 7,200円$

仮　　払　　金：$\underset{8月末}{30,000円} - \underset{(1)②}{30,000円} = 0円$

所 得 税 預 り 金：$\underset{8月末}{28,800円} + \underset{(4)④}{1,200円} = 30,000円$

給　　　　　料：$\underset{8月末}{324,000円} + \underset{(4)④}{12,000円} = 336,000円$

支　払　家　賃：$\underset{8月末}{270,000円} + \underset{(2)②}{25,000円} = 295,000円$

旅 費 交 通 費：$\underset{8月末}{73,800円} + \underset{(1)②}{25,200円} = 99,000円$

消　耗　品　費：$\underset{8月末}{13,800円} + \underset{(2)①}{1,200円} = 15,000円$

伝票と仕訳日計表

◆伝票は仕訳帳に代わる紙片

　ここでは、伝票と仕訳日計表についてみていきます。伝票は仕訳帳に代わって取引を記入する紙片です。たとえば、入金伝票の場合、借方科目は必ず「現金」と決まっているので、入金取引を記入するときには貸方科目と金額だけ入金伝票に記入します。

　仕訳帳を用いる場合は、借方科目、貸方科目、金額を記入しなければならないので、伝票を用いたほうが手間が省けるというメリットがあります。

　また、伝票に記載した内容を集計するため、仕訳日計表という表が用いられます。

簿記の流れ

日々やること	決算でやること（年1回）

取引の発生 → 仕訳をする（各帳簿に記入する）✓ → 総勘定元帳に転記する → 試算表を作成する → 決算整理をする → 損益計算書貸借対照表を作成する → 勘定を締め切る

仕訳帳
（現金）100（売上）100

または

入金伝票
（売上）　100 ✓

☆仕訳は仕訳帳または伝票に記入します。
仕訳：CHAPTER 02〜CHAPTER 06 で学習
帳簿：CHAPTER 07 で学習
伝票：CHAPTER 09 で学習

1 伝票会計

伝票とは、仕訳帳の代わりに取引を記入する紙片のことをいいます。これまでは取引が発生したら仕訳帳に仕訳しましたが、伝票を用いる場合には仕訳帳に記入する代わりに伝票に記入し、伝票から総勘定元帳に転記します。

ひとこと

伝票に記入することを**起票**といいます。

2 三伝票制

三伝票制とは、取引を入金取引、出金取引、それ以外の取引に分け、それぞれ**入金伝票**、**出金伝票**、**振替伝票**の3種類の伝票に記入する方法をいいます。

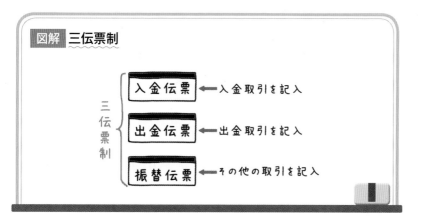

図解 **三伝票制**

三伝票制 {

入金伝票 ◀── 入金取引を記入

出金伝票 ◀── 出金取引を記入

振替伝票 ◀── その他の取引を記入

Ⅰ 入金伝票の起票

入金伝票には入金取引を記入します。

入金取引とは現金が増加する取引のことをいいます。したがって、<u>仕訳の借方科目は「現金」になるので、入金伝票の科目欄には仕訳の貸方科目を記入する</u>ことになります。

▶ 例1 ━━━━━━━━━━━━━━━━━━━━━━━━━ 入金伝票の起票

次の取引を入金伝票に記入しなさい。

［取　引］
4月1日　売掛金1,000円を現金で回収した。

例1の解答

入　金　伝　票	
×1年 4 月 1 日	
科　　　目	金　　額
売　　掛　　金	1,000

〈解説〉
取引の仕訳を示すと次のとおりです。
(現　　　　金) 1,000 (売　　掛　　金) 1,000

Ⅱ 出金伝票の起票

出金伝票には出金取引を記入します。

出金取引とは現金が減少する取引のことをいいます。したがって、<u>仕訳の貸方科目は「現金」になるので、出金伝票の科目欄には仕訳の借方科目を記入する</u>ことになります。

▶ 例2 ━━━━━━━━━━━━━━━━━━━━━━━━━ 出金伝票の起票

次の取引を出金伝票に記入しなさい。

［取　引］
4月15日　買掛金1,000円を現金で支払った。

例2の解答

```
         出 金 伝 票
        ×1年 4 月15日
    科    目  │   金    額
 ─────────────┼──────────────
  買  掛  金  │    1,000
```

〈解説〉
取引の仕訳を示すと次のとおりです。
(買　掛　金)　1,000　(現　　　　金)　1,000

III　振替伝票の起票

　振替伝票には、入金取引、出金取引のいずれにも該当しない取引を記入します。そのため、仕訳の借方または貸方の勘定科目が決まっているわけではないので、通常の仕訳と同様に、借方科目と金額、貸方科目と金額を記入します。

例3 ━━━━━━━━━━━━━━━━━━━━ 振替伝票の起票

次の取引を振替伝票に記入しなさい。

[取　引]
　4月27日　備品1,000円を購入し、代金は来月末に支払うこととした。

例3の解答

振　替　伝　票 ×1年 4 月27日			
借方科目	金　　額	貸方科目	金　　額
備　　　品	1,000	未　払　金	1,000

IV　一部現金取引の起票

　一部現金取引とは、現金取引とそれ以外の取引が混在する取引のことをいいます。

モヤモヤ解消

たとえば、商品1,000円を仕入れ、代金の一部（400円）を現金で支払い、残額を掛けとしたという取引が一部現金取引です。この場合、出金伝票と振替伝票に記入することになります。

| （仕 　　入） | 1,000 | （現 　　金） | 400 | ← 出金取引 |
| | | （買 掛 金） | 600 | ← 入金取引、出金取引のいずれにも該当しない取引 |

　一部現金取引の起票方法には、**❶**取引を分解する方法と、**❷**2つの取引が同時にあったと仮定する方法があります。

　次の取引例にもとづいて、それぞれの起票方法をみていきましょう。

▼ 例4 ————————————————————— **一部現金取引の起票方法**

次の取引を出金伝票と振替伝票に記入しなさい。

[取　引]

4月30日　商品1,000円を仕入れ、代金のうち400円は現金で支払い、残額
　　　　　（600円）は掛けとした。

| 仕訳：（仕 　　入） | 1,000 | （現 　　　　金） | 400 |
| | | （買 掛 金） | 600 |

1 取引を分解する方法

　例4の取引は、**❶**現金仕入400円と**❷**掛け仕入600円に分解することができます。そこで、**❶**については出金伝票に、**❷**については振替伝票に記入します。

例4の解答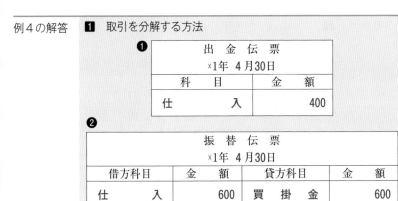

〈解説〉
取引および各伝票の仕訳を示すと次のとおりです。

取引の仕訳：（仕 入） 1,000 （現 金） 400
（買 掛 金） 600
↓
❶出金伝票：（仕 入） 400 （現 金） 400
＋
❷振替伝票：（仕 入） 600 （買 掛 金） 600

2 2つの取引が同時にあったと仮定する方法

例4の取引を、❶いったん全額（1,000円）について掛けで仕入れ、❷ただちに買掛金の一部（400円）を現金で支払ったと仮定して処理しても、結果は同じになります。この場合、❶については振替伝票に、❷については出金伝票に記入することになります。

例4の解答 ❷ 2つの取引が同時にあったと仮定する方法

❶

振 替 伝 票			
×1年 4月30日			
借方科目	金　額	貸方科目	金　額
仕　　　入	1,000	買　掛　金	1,000

❷

出 金 伝 票	
×1年 4月30日	
科　目	金　額
買　掛　金	400

〈解説〉
　取引および各伝票の仕訳を示すと次のとおりです。

取引の仕訳：（仕　　　　入）　1,000　（現　　　　金）　　400
　　　　　　　　　　　　　　　　　　（買　掛　金）　　600
　　　　　　　　　　　　　　↓
❶振替伝票：（仕　　　　入）　1,000　（買　掛　金）　1,000
　　　　　　　　　　　　　　　　＋
❷出金伝票：（買　掛　金）　　400　（現　　　　金）　　400

176

3 仕訳日計表の作成と各勘定元帳への転記

取引を伝票に記入したあと、伝票から総勘定元帳へ転記しますが、転記ミスを防止するため、**仕訳日計表**を用いることがあります。

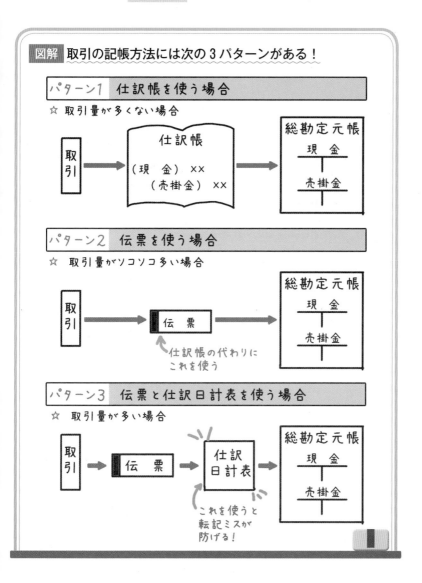

図解 取引の記帳方法には次の３パターンがある！

パターン1 仕訳帳を使う場合

☆ 取引量が多くない場合

取引 → 仕訳帳 （現　金）×× （売掛金）×× → 総勘定元帳 現　金 売掛金

パターン2 伝票を使う場合

☆ 取引量がソコソコ多い場合

取引 → 伝　票 → 総勘定元帳 現　金 売掛金

仕訳帳の代わりにこれを使う

パターン3 伝票と仕訳日計表を使う場合

☆ 取引量が多い場合

取引 → 伝　票 → 仕訳日計表 → 総勘定元帳 現　金 売掛金

これを使うと転記ミスが防げる！

Ⅱ 仕訳日計表とは

仕訳日計表とは、伝票に記入した1日分の取引を勘定科目ごとに集計しておく表をいいます。

仕 訳 日 計 表
×1年7月1日　　　　　　　　4❶

借　　方	元丁	勘 定 科 目	元丁	貸　　方
××		現　　　　　金		××
××	❷	売　　掛　　金	❷	××
⋮				⋮
××				×× ❸

❶ 仕訳日計表のページ数です。
❷ 元丁欄には、転記先の総勘定元帳の番号を記入します。
❸ 借方合計と貸方合計は一致します。

次の例を使って、伝票から仕訳日計表を作成してみましょう。

▶ 例5 ──────────────────────────── 仕訳日計表の作成

7月1日に作成された各伝票にもとづいて、仕訳日計表を作成しなさい。なお、元丁欄には記入しなくてよい。

入金伝票	No.101
売掛金（A社）	300

出金伝票	No.201
買掛金（甲社）	200

入金伝票	No.102
受取手形	500

出金伝票	No.202
支払手形	400

振替伝票	No.301
仕　入	200
買掛金（甲社）	200

振替伝票	No.304
売掛金（A社）	700
売　上	700

振替伝票	No.307
受取手形	100
売掛金（A社）	100

振替伝票	No.302
仕　入	100
買掛金（乙社）	100

振替伝票	No.305
売掛金（B社）	600
売　上	600

振替伝票	No.308
買掛金（乙社）	150
支払手形	150

振替伝票	No.303
買掛金（甲社）	10
仕　入	10

振替伝票	No.306
売　上	20
売掛金（B社）	20

例5の解答

仕　訳　日　計　表
×1年7月1日　　　　　　4

借　方	元丁	勘　定　科　目	元丁	貸　方
800		現　　　　金		600
100		受　取　手　形		500
1,300		売　　掛　　金		420
400		支　払　手　形		150
360		買　　掛　　金		300
20		売　　　　上		1,300
300		仕　　　　入		10
3,280				3,280

〈解説〉
① 伝票の仕訳
伝票に記載された仕訳を示すと次のとおりです。

入金伝票

| No.101 | （現 金） | 300 | （売 掛 金） | 300 |
| No.102 | （現 金） | 500 | （受 取 手 形） | 500 |

出金伝票

| No.201 | （買 掛 金） | 200 | （現 金） | 200 |
| No.202 | （支 払 手 形） | 400 | （現 金） | 400 |

振替伝票

No.301	（仕 入）	200	（買 掛 金）	200
No.302	（仕 入）	100	（買 掛 金）	100
No.303	（買 掛 金）	10	（仕 入）	10
No.304	（売 掛 金）	700	（売 上）	700
No.305	（売 掛 金）	600	（売 上）	600
No.306	（売 上）	20	（売 掛 金）	20
No.307	（受 取 手 形）	100	（売 掛 金）	100
No.308	（買 掛 金）	150	（支 払 手 形）	150

② 金額の集計
現　　　金（借方）：300円＋500円＝800円
　　　　　（貸方）：200円＋400円＝600円
受 取 手 形（借方）：100円
　　　　　（貸方）：500円
売　掛　金（借方）：700円＋600円＝1,300円
　　　　　（貸方）：300円＋20円＋100円＝420円
支 払 手 形（借方）：400円
　　　　　（貸方）：150円
買　掛　金（借方）：200円＋10円＋150円＝360円
　　　　　（貸方）：200円＋100円＝300円
売　　　上（借方）：20円
　　　　　（貸方）：700円＋600円＝1,300円
仕　　　入（借方）：200円＋100円＝300円
　　　　　（貸方）：10円

Ⅱ 仕訳日計表から総勘定元帳への転記

仕訳日計表に記入したあと、総勘定元帳に転記します。

> ✪ 仕訳日計表の元丁欄には転記先の総勘定元帳の番号を記入します。

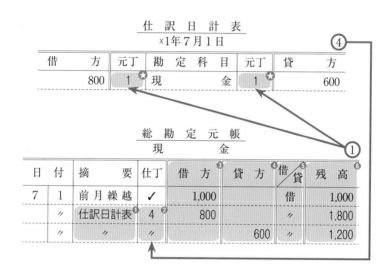

① 摘要欄には、「仕訳日計表」と記入します。
② 仕丁欄には、転記元の仕訳日計表のページ数を記入します。
③ 借方欄には、借方の金額を記入します。
④ 貸方欄には、貸方の金額を記入します。
⑤ 借/貸欄には、借方残高なら「借」、貸方残高なら「貸」と記入します。
⑥ 残高欄には、記入時点の残高を記入します。

Ⅲ 得意先元帳、仕入先元帳への転記

得意先元帳（売掛金元帳）や仕入先元帳（買掛金元帳）に転記する場合には、伝票から直接記入していきます。

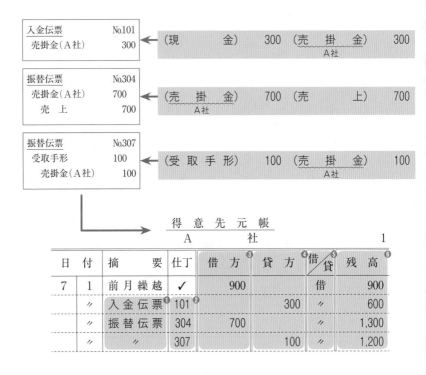

入金伝票	No.101
売掛金（A社）	300

→ （現　　金）　300　（売　掛　金）　300
　　　　　　　　　　　　　　　　　　　A社

振替伝票	No.304
売掛金（A社）	700
売　上	700

→ （売　掛　金）　700　（売　　上）　700
　　　　A社

振替伝票	No.307
受取手形	100
売掛金（A社）	100

→ （受　取　手　形）　100　（売　掛　金）　100
　　　　　　　　　　　　　　　　　　　A社

得 意 先 元 帳
A　　　社　　　　1

日　付	摘　　要	仕丁	借　方❸	貸　方❹	借❺/貸	残　高❻
7	1	前 月 繰 越	✓	900		借	900
〃	入 金 伝 票❶	101❷		300	〃	600
〃	振 替 伝 票	304	700		〃	1,300
〃	〃	307		100	〃	1,200

❶ 摘要欄には、転記元の伝票名を記入します。
❷ 仕丁欄には、転記元の伝票番号を記入します。
❸ 借方欄には、借方の金額を記入します。
❹ 貸方欄には、貸方の金額を記入します。
❺ 借／貸欄には、借方残高なら「借」、貸方残高なら「貸」と記入します。
❻ 残高欄には、記入時点の残高を記入します。

例6 ——————————————— 得意先元帳、仕入先元帳への転記

7月1日に作成された各伝票にもとづいて、得意先元帳と仕入先元帳に転記
しなさい。

入金伝票	No.101
売掛金（A社）	300

入金伝票	No.102
受取手形	500

出金伝票	No.201
買掛金（甲社）	200

出金伝票	No.202
支払手形	400

振替伝票	No.301
仕　入	200
買掛金（甲社）	200

振替伝票	No.302
仕　　入	100
買掛金（乙社）	100

振替伝票	No.303
買掛金（甲社）	10
仕　　入	10

振替伝票	No.304
売掛金（A社）	700
売　上	700

振替伝票	No.305
売掛金（B社）	600
売　上	600

振替伝票	No.306
売　上	20
売掛金（B社）	20

振替伝票	No.307
受取手形	100
売掛金（A社）	100

振替伝票	No.308
買掛金（乙社）	150
支払手形	150

例6の解答

得 意 先 元 帳
A 社　　　　　1

日付		摘　要	仕丁	借　方	貸　方	借/貸	残　高
7	1	前月繰越	✓	900		借	900
	〃	入金伝票	101		300	〃	600
	〃	振替伝票	304	700		〃	1,300
	〃	〃	307		100	〃	1,200

B 社　　　　　2

日付		摘　要	仕丁	借　方	貸　方	借/貸	残　高
7	1	前月繰越	✓	400		借	400
	〃	振替伝票	305	600		〃	1,000
	〃	〃	306		20	〃	980

仕 入 先 元 帳

甲　　社　　　　　　　1

日 付	摘　　要	仕丁	借　方	貸　方	借/貸	残　高
7　1	前月繰越	✓		500	貸	500
〃	出 金 伝 票	201	200		〃	300
〃	振 替 伝 票	301		200	〃	500
〃	〃	303	10		〃	490

乙　　社　　　　　　　2

日 付	摘　　要	仕丁	借　方	貸　方	借/貸	残　高
7　1	前月繰越	✓		400	貸	400
〃	振 替 伝 票	302		100	〃	500
〃	〃	308	150		〃	350

〈解説〉

　　該当する伝票の仕訳を示すと、次のとおりです。

入金伝票

No.101　（現　　　　金）　300　（売　掛　金）　300
　　　　　　　　　　　　　　　　　　　　A社

出金伝票

No.201　（買　掛　金）　200　（現　　　　金）　200
　　　　　　甲社

振替伝票

No.301　（仕　　　　入）　200　（買　掛　金）　200
　　　　　　　　　　　　　　　　　　　　甲社

No.302　（仕　　　　入）　100　（買　掛　金）　100
　　　　　　　　　　　　　　　　　　　　乙社

No.303　（買　掛　金）　10　（仕　　　　入）　10
　　　　　　甲社

No.304　（売　掛　金）　700　（売　　　　上）　700
　　　　　　A社

No.305　（売　掛　金）　600　（売　　　　上）　600
　　　　　　B社

No.306　（売　　　　上）　20　（売　掛　金）　20
　　　　　　　　　　　　　　　　　　　　B社

No.307　（受 取 手 形）　100　（売　掛　金）　100
　　　　　　　　　　　　　　　　　　　　A社

No.308　（買　掛　金）　150　（支 払 手 形）　150
　　　　　　乙社

CHAPTER 09　伝票と仕訳日計表　基本問題

問1　三伝票制－I

　当社は入金伝票、出金伝票、振替伝票の3種類の伝票を用いている。次の(1)、(2)はそれぞれある1つの取引を伝票に記入したものである。それぞれの取引を推定し、仕訳をしなさい。

(1)

入　金　伝　票	
×1年 4 月 1 日	
科　　目	金　　額
売　　　　上	20,000

振　替　伝　票			
×1年 4 月 1 日			
借方科目	金　　額	貸方科目	金　　額
売　掛　金	30,000	売　　　　上	30,000

(2)

出　金　伝　票	
×1年 4 月 1 日	
科　　目	金　　額
買　掛　金	10,000

振　替　伝　票			
×1年 4 月 1 日			
借方科目	金　　額	貸方科目	金　　額
仕　　　　入	50,000	買　掛　金	50,000

当社は入金伝票、出金伝票、振替伝票の３種類の伝票を用いている。次の(1)、(2)の取引について、解答用紙の伝票に記入しなさい。

(1) 商品80,000円を仕入れ、代金のうち10,000円は現金で支払い、残額は掛けとした。

(2) 建物100,000円を購入し、代金は翌月末に支払うこととした。なお、付随費用5,000円は現金で支払った。

問3 仕訳日計表 ［解答用紙あり］

当社では、日々の取引を入金伝票、出金伝票、振替伝票に記入し、１日分ずつ集計して仕訳日計表を作成後、各関係元帳に転記している。

当社の５月１日に作成された以下の各伝票にもとづいて、仕訳日計表を作成するとともに、各関係元帳へ転記しなさい。

入金伝票	No.101
売掛金(甲社)	5,000

出金伝票	No.201
買掛金(X社)	2,000

入金伝票	No.102
受取手形	4,000

出金伝票	No.202
支払手形	1,000

振替伝票	No.301
仕　　入	6,000
買掛金(X社)	6,000

振替伝票	No.303
売掛金(甲社)	8,000
売　　上	8,000

振替伝票	No.305
受取手形	1,000
売掛金(乙社)	1,000

振替伝票	No.302
仕　　入	5,000
買掛金(Y社)	5,000

振替伝票	No.304
売掛金(乙社)	7,000
売　　上	7,000

解答

問1 三伝票制－Ⅰ

(1) （現　　　　金） 20,000 （売　　　　上） 50,000
　　（売　掛　金） 30,000

(2) （仕　　　　入） 50,000 （現　　　　金） 10,000
　　　　　　　　　　　　　　（買　掛　金） 40,000

〈解説〉

(1)について
① 伝票の仕訳
　　入金伝票：（現　　金） 20,000 （売　　上） 20,000
　　　　　　　　　　　　　　　　＋
　　振替伝票：（売　掛　金） 30,000 （売　　上） 30,000
② 取引の仕訳　　　　　　　　　⬇
　　　　　　　（現　　金） 20,000 （売　　上） 50,000
　　　　　　　（売　掛　金） 30,000

(2)について
① 伝票の仕訳
　　出金伝票：（~~買　掛　金~~） ~~10,000~~ （現　　金） 10,000
　　　　　　　　　　　　　　　　＋　　　　　　　　40,000
　　振替伝票：（仕　　入） 50,000 （買　掛　金） ~~50,000~~
② 取引の仕訳　　　　　　　　　⬇
　　　　　　　（仕　　入） 50,000 （現　　金） 10,000
　　　　　　　　　　　　　　　（買　掛　金） 40,000

問2 三伝票制－Ⅱ

(1)

出　金　伝　票	
科　　目	金　　額
買　掛　金	10,000

振　替　伝　票			
借方科目	金　　額	貸方科目	金　　額
仕　　入	80,000	買　掛　金	80,000

(2)

出　金　伝　票	
科　　　　目	金　　額
建　　　　物	5,000

振　替　伝　票			
借方科目	金　　額	貸方科目	金　　額
建　　　物	100,000	未　払　金	100,000

〈解説〉

(1)について

① 取引の仕訳

（仕	入）	80,000	（現	金）	10,000
			（買　掛　金）		70,000

② 取引を分解する方法

出金伝票：（仕　　　入）　10,000　（現　　　金）　10,000
振替伝票：（仕　　　入）　70,000　（買　掛　金）　70,000

③ 2つの取引があったと仮定する方法

振替伝票：（仕　　　入）　80,000　（買　掛　金）　80,000
出金伝票：（買　掛　金）　10,000　（現　　　金）　10,000

④ 解答

解答用紙の振替伝票の勘定科目と金額が「2つの取引があったと仮定する方法」と一致するので、こちらの方法で出金伝票に記入します。

(2)について

① 取引の仕訳

（建	物）	105,000	（未　払　金）		100,000
			（現	金）	5,000

② 取引を分解する方法

振替伝票：（建　　　物）　100,000　（未　払　金）　100,000
出金伝票：（建　　　物）　　5,000　（現　　　金）　　5,000

③ 2つの取引があったと仮定する方法
（いったん全額を未払金としたあと、ただちに未払金の一部を現金で支払ったとして起票）

振替伝票：（建　　　物）　105,000　（未　払　金）　105,000
出金伝票：（未　払　金）　　5,000　（現　　　金）　　5,000

④ 解答
解答用紙の出金伝票の勘定科目と金額が「取引を分解する方法」と一致するので、こちらの方法で振替伝票に記入します。

問3 仕訳日計表

仕 訳 日 計 表
×1年5月1日　　　　5

借　　方	元丁	勘　定　科　目	元丁	貸　　方
9,000	1	現　　　　　金	1	3,000
1,000		受　取　手　形		4,000
15,000	4	売　掛　金	4	6,000
1,000		支　払　手　形		
2,000		買　掛　金		11,000
		売　　　　　上		15,000
11,000		仕　　　　　入		
39,000				39,000

総 勘 定 元 帳
現　　　　金　　　　1

日 付	摘　　　　要	仕丁	借　方	貸　方	借/貸	残　高
5　1	前 月 繰 越	✓	20,000		借	20,000
〃	仕訳日計表	5	9,000		〃	29,000
〃	〃	〃		3,000	〃	26,000

売　　掛　　金　　　　4

日 付	摘　　　　要	仕丁	借　方	貸　方	借/貸	残　高
5　1	前 月 繰 越	✓	23,000		借	23,000
〃	仕訳日計表	5	15,000		〃	38,000
〃	〃	〃		6,000	〃	32,000

得 意 先 元 帳
甲　　　社　　　　　　　　　1

日	付	摘　　　　要	仕丁	借　　方	貸　　方	借/貸	残　　高
5	1	前 月 繰 越	✓	18,000		借	18,000
	〃	入 金 伝 票	101		5,000	〃	13,000
	〃	振 替 伝 票	303	8,000		〃	21,000

乙　　　社　　　　　　　　　2

日	付	摘　　　　要	仕丁	借　　方	貸　　方	借/貸	残　　高
5	1	前 月 繰 越	✓	5,000		借	5,000
	〃	振 替 伝 票	304	7,000		〃	12,000
	〃	〃	305		1,000	〃	11,000

仕 入 先 元 帳
X　　　社　　　　　　　　　1

日	付	摘　　　　要	仕丁	借　　方	貸　　方	借/貸	残　　高
5	1	前 月 繰 越	✓		10,000	貸	10,000
	〃	出 金 伝 票	201	2,000		〃	8,000
	〃	振 替 伝 票	301		6,000	〃	14,000

Y　　　社　　　　　　　　　2

日	付	摘　　　　要	仕丁	借　　方	貸　　方	借/貸	残　　高
5	1	前 月 繰 越	✓		7,000	貸	7,000
	〃	振 替 伝 票	302		5,000	〃	12,000

〈解説〉
　各伝票の仕訳を示すと次のとおりです。

入金伝票　No.101： （現　　　　　金）　5,000　（売　　掛　　金）　5,000
　　　　　　No.102： （現　　　　　金）　4,000　（受　取　手　形）　4,000

出金伝票　No.201： （買　　掛　　金）　2,000　（現　　　　　金）　2,000
　　　　　　No.202： （支　払　手　形）　1,000　（現　　　　　金）　1,000

振替伝票　No.301： （仕　　　　　入）　6,000　（買　　掛　　金）　6,000
　　　　　　No.302： （仕　　　　　入）　5,000　（買　　掛　　金）　5,000
　　　　　　No.303： （売　　掛　　金）　8,000　（売　　　　　上）　8,000
　　　　　　No.304： （売　　掛　　金）　7,000　（売　　　　　上）　7,000
　　　　　　No.305： （受　取　手　形）　1,000　（売　　掛　　金）　1,000

決算手続 I

◆1年の総まとめが決算

CHAPTER 10〜12では、分けて決算手続をみていきます。

CHAPTER 10では決算手続の全体像と流れを確認します。

簿記の流れ

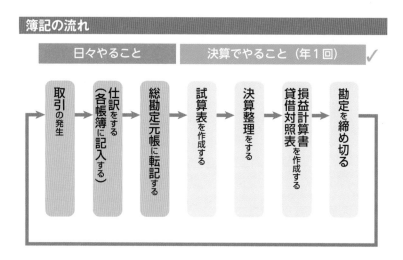

日々やること	決算でやること（年1回）	✓

取引の発生 → 仕訳をする（各帳簿に記入する） → 総勘定元帳に転記する → 試算表を作成する → 決算整理をする → 損益計算書貸借対照表を作成する → 勘定を締め切る

1 決 算

I 決算とは

決算とは、会計期間における経営成績や財政状態を明らかにするための手続きをいいます。

II 決算日とは

決算日とは、会計期間の最後の日で、帳簿の締め日のことをいいます。

　株式会社の場合は、会計期間に決まりはありませんが、4月1日から3月31日までの1年（決算日は3月31日）とすることが多いです。

　　個人商店（お店）の場合、会計期間は1月1日から12月31日までの1年で、決算日は12月31日となります。

Ⅲ　決算手続の一連の流れ

　決算手続の一連の流れは次のとおりです（個々の内容はあとで説明しますので、ここでは流れだけをおさえてください）。

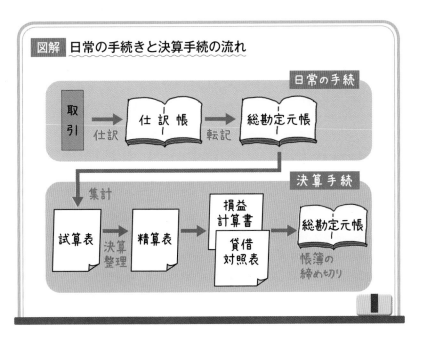

　上記の決算手続のうち、試算表の作成はCHAPTER 08で説明したので、CHAPTER 10では決算整理からみていきます。

2 決算整理

決算整理とは、経営成績や財政状態を正しく表すために、決算で行う修正手続をいいます。

3級で学習する決算整理には、次のものがあります（具体的な処理方法はCHAPTER 11で説明します）。

●3級で学習する決算整理

- ❶ 現金過不足の処理
- ❷ 当座借越勘定への振り替え
- ❸ 貯蔵品勘定への振り替え
- ❹ 貸倒引当金の設定
- ❺ 有形固定資産の減価償却
- ❻ 売上原価の算定
- ❼ 消費税の納付額の計算
- ❽ 費用・収益の前払い・前受けと未払い・未収
- ❾ 法人税等の計上

3 精算表

I 精算表の形式

精算表とは、決算整理前の試算表から決算整理を行い、損益計算書および貸借対照表を作成するまでの過程を1つにまとめた表をいいます。

3級で学習する精算表の形式は次のとおりです（精算表の記入方法については、CHAPTER 11で決算整理とともに説明します）。

精 算 表

勘定科目	試算表		修正記入		損益計算書		貸借対照表	
	借方 ④	貸方	借方 ⑤	貸方	借方 ⑥	貸方	借方 ⑦	貸方
現　　　　金 ①								
当 座 預 金								
売　　掛　　金								
⋮								
買　　掛　　金								
⋮								
資　　本　　金								
⋮								
売　　　　上 ②								
⋮								
仕　　　　入								
⋮								
貸倒引当金繰入 ③								
減 価 償 却 費								
前 受 地 代								
未 払 利 息								
当 期 純 利 益							⑧	

① 　　　　　　　　　┌ 貸借対照表の勘定科目（資産・負債・資本の勘定科目）
② 勘定科目欄 ｛損益計算書の勘定科目（収益・費用の勘定科目）
③ 　　　　　　　　　└ 決算整理で新たに出てきた勘定科目
④ 試 算 表 欄　決算整理前の試算表の金額を記入
⑤ 修 正 記 入 欄　決算整理仕訳の金額を記入
⑥ 損益計算書欄　費用は借方に、収益は貸方に金額を記入
⑦ 貸借対照表欄　資産は借方に、負債と資本は貸方に金額を記入
⑧ 当 期 純 利 益　最後に差額で当期純利益（または当期純損失）を計算

Ⅱ 精算表の記入のルール

精算表の記入は次の流れで行います。

1 試算表欄の記入

残高試算表の勘定科目と金額を勘定科目欄、試算表欄に記入します（試験では通常、記入済みです）。

2 修正記入欄の記入

決算整理にもとづいて、決算整理仕訳を行い、決算整理仕訳の金額を修正記入欄に記入します。

3 損益計算書欄および貸借対照表欄の記入

試算表欄の金額と修正記入欄の金額を加減算して、損益計算書欄または貸借対照表欄に記入します。

資産、負債、資本の金額は貸借対照表欄に、収益、費用の金額は損益計算書欄に記入します。

金額を加減算するときは、次のルールにもとづいて行います。

> ●精算表の加減算のルール
>
> ❶ 修正記入欄の金額が試算表欄と同じ側に記入されたときは加算します（借方同士、貸方同士は加算します）。
>
> ❷ 修正記入欄の金額が試算表欄の逆側に記入されたときは減算し、残高がある側に記入します（貸借逆のものは減算します）。

精　算　表

勘定科目	試算表 借方	試算表 貸方	修正記入 借方	修正記入 貸方	損益計算書 借方	損益計算書 貸方	貸借対照表 借方	貸借対照表 貸方
資産の勘定科目	100		⊕ 10				→110	
資産の勘定科目	100			⊖ 20			80	
負債の勘定科目		100		⊕ 30				→130
負債の勘定科目		100	⊖ 40					60
資本の勘定科目		100		⊕ 10				→110
資本の勘定科目		100	⊖ 20					80
収益の勘定科目		100		⊕ 25		→125		
収益の勘定科目		100	⊖ 30			→70		
費用の勘定科目	100		⊕ 15		→115			
費用の勘定科目	100			⊖ 20	→80			

　各勘定科目の金額が損益計算書と貸借対照表のどちらに記入されるのか、また、借方と貸方のどちらに記入されるのかを忘れてしまった人は、下記の図を思い出してください。　♪Review CH.01 ■

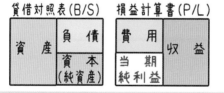

4 当期純利益（または当期純損失）の計算

　損益計算書欄および貸借対照表欄の借方合計と貸方合計の差額によって当期純利益（または当期純損失）を計算します。

　損益計算書欄の収益合計（貸方合計）が費用合計（借方合計）よりも大きい場合には当期純利益、収益合計（貸方合計）が費用合計（借方合計）よりも小さい場合には当期純損失となります。

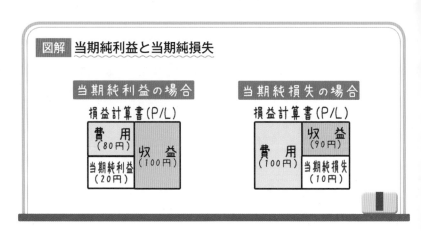

精　算　表

勘 定 科 目	試　算　表		修 正 記 入		損益計算書		貸借対照表	
	借方	貸方	借方	貸方	借方	貸方	借方	貸方
⋮					借方合計	貸方合計	借方合計	貸方合計
⋮								
当 期 純 利 益					××	←一致→		×× ❶
					××	××	××	××

一致　　　　一致

❶　当期純利益の場合、損益計算書欄の借方と貸借対照表欄の貸方に金額（同額）が記入されます。

精　算　表

勘定科目	試　算　表		修正記入		損益計算書		貸借対照表	
	借方	貸方	借方	貸方	借方	貸方	借方	貸方
⋮					借方合計	貸方合計	借方合計	貸方合計
⋮								
当 期 純 損 失						××	××	❷
					××	××	××	××

一致　　　　　一致

❷　当期純損失の場合、損益計算書欄の貸方と貸借対照表欄の借方に金額（同額）が
記入されます。

決算手続Ⅱ

◆ 3級で学習する決算整理は9つ

　ここでは、決算手続のうち決算整理についてみていきます。3級で学習する決算整理は9つ。このうちの、売上原価の算定と費用・収益の前払い・前受けと未払い・未収を苦手とする人が多いので、しっかり確認するようにしましょう。

　決算整理は第3問の精算表を解くさいの基本となります。決算整理仕訳と精算表の記入を同時にみていきましょう。

簿記の流れ

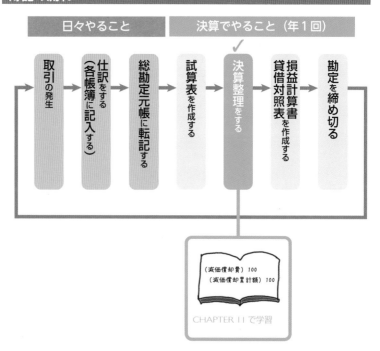

日々やること

決算でやること（年1回）

取引の発生

仕訳をする（各帳簿に記入する）

総勘定元帳に転記する

試算表を作成する

決算整理をする

損益計算書貸借対照表を作成する

勘定を締め切る

（減価償却費）100
（減価償却累計額）100

CHAPTER 11 で学習

1 決算整理❶ 現金過不足の処理

期中に現金過不足が発生したときは、**現金過不足**で処理し、原因が判明した場合は該当する勘定科目に振り替えます（CHAPTER 03で学習済み）が、決算日においても原因が判明しない場合があります。

New

このような場合には、現金過不足から**雑損**[費用]または**雑益**[収益]に振り替えます。

New

I 現金過不足が借方に生じている場合

現金過不足が借方に生じている場合で、決算日までに原因が判明しないときは、**現金過不足**から**雑損**[費用]に振り替えます。

☞費用の増加⇒借方（左）

ひとこと

借方の現金過不足を貸方に記入するので、借方が空欄となります。借方には費用の勘定科目が記載されるので、**雑損**[費用]となります。

例1 ────── 現金過不足が借方に生じている場合

決算において、現金過不足（借方）が100円あるが、その原因は不明である。

例1の仕訳 （雑　　　　損）　　100　（現 金 過 不 足）　　100

精算表の記入

精　算　表

勘 定 科 目	試 算 表		修 正 記 入		損益計算書		貸借対照表	
	借方	貸方	借方	貸方	借方	貸方	借方	貸方
現　　　　金	1,000						→1,000	
現 金 過 不 足	100		→	100				❤
雑　（　損　）			100		→ 100			

❤ 試算表欄・借方の「100」から修正記入欄・貸方の「100」を差し引くと0円となるため、損益計算書欄または貸借対照表欄の記入はありません。

Ⅱ 現金過不足が貸方に生じている場合

現金過不足が貸方に生じている場合で、決算日までに原因が判明しないときは、**現金過不足**から**雑益** [収益] に振り替えます。

☞収益の増加⇒貸方（右）

ひとこと

貸方の現金過不足を借方に記入するので、貸方が空欄となります。貸方には収益の勘定科目が記載されるので、**雑益** [収益] となります。

例2 ──────────── 現金過不足が貸方に生じている場合

決算において、現金過不足（貸方）が100円あるが、その原因は不明である。

例2の仕訳　（現 金 過 不 足）　　100　（雑　　　　益）　　100

精算表の記入

精　算　表

勘 定 科 目	試　算　表		修 正 記 入		損益計算書		貸借対照表	
	借方	貸方	借方	貸方	借方	貸方	借方	貸方
現　　　　金	1,000						→1,000	
現 金 過 不 足			100→100					
雑 （ 益 ）				100		→100		

2 決算整理❷　当座借越勘定への振り替え

当座預金口座の残高が貸方残高である場合、当座借越が生じています。

ひとこと

当座借越とは、当座預金口座の残高を超えて小切手を振り出すことをいいます。

Review CH.03 ❹

1 当期の決算時の処理

　決算日において当座借越が生じている場合には、貸方の当座預金残高を**当座借越**［負債］または**借入金**［負債］に振り替えます。

New
当座借越

◢ 例3 ─────────────────── **当座借越が生じている場合**

　決算において、当座預金の貸方残高は100円である。なお、全額が当座借越によるものであるため、適切な勘定へ振り替える。

例3の仕訳　（当　座　預　金）　　 100　（当　座　借　越）　　　 100

精算表の記入--

勘 定 科 目	精　算　表							
	試　算　表		修　正　記　入		損益計算書		貸借対照表	
	借方	貸方	借方	貸方	借方	貸方	借方	貸方
当　座　預　金		100→	100					
（ 当 座 借 越 ）				100			──→	100

2 次期の期首の処理

　当期に振り替えた当座借越勘定は、次期の期首（翌期首）に決算整理仕訳と逆の仕訳を行って、もとの当座預金勘定に振り戻します（再振替仕訳）。

◢ 例4 ─────────────────────────── **再振替仕訳**

　期首につき、当座借越勘定の残高100円について再振替仕訳を行う。

例4の仕訳　（当　座　借　越）　　 100　（当　座　預　金）　　　 100

---

3 ## 決算整理❸　貯蔵品勘定への振り替え

Ⅰ 当期の決算時の処理

　郵便切手は購入時に**通信費**［費用］、収入印紙は購入時に**租税公課**［費用］として処理しますが、決算において未使用分がある場合には、その金額を各費用の勘定から**貯蔵品**［資産］に振り替えます。　　　☞**資産の増加⇒借方（左）**

New

貯蔵品

例5 ──────────────── 貯蔵品勘定への振り替え

決算において、未使用の郵便切手10円と未使用の収入印紙20円があった。

例5の仕訳	（貯　蔵　品）	30	（通　信　費）	10
			（租　税　公　課）	20

精算表の記入

精　算　表

勘 定 科 目	試 算 表		修 正 記 入		損益計算書		貸借対照表	
	借方	貸方	借方	貸方	借方	貸方	借方	貸方
通　信　費	100			10→	90			
租　税　公　課	200			20→	180			
（貯　蔵　品）			30				→30	

Ⅱ　次期の期首の処理

　当期に**貯蔵品**［資産］に振り替えたあと、次期の期首（翌期首）に決算整理仕訳と逆の仕訳を行って、もとの費用の勘定に振り戻します。この仕訳を**再振替仕訳**といいます。

例6 ──────────────────── 再振替仕訳

　期首につき、**例5**で貯蔵品に振り替えた郵便切手10円と収入印紙20円について、再振替仕訳を行う。

| 例6の仕訳 | （通　信　費） | 10 | （貯　蔵　品） | 30 |
| | （租　税　公　課） | 20 | | |

4　決算整理❹　貸倒引当金の設定

Ⅰ　貸倒れとは

　得意先の倒産などの理由で、その得意先に対する売掛金や受取手形が回収できなくなることを**貸倒れ**といいます。

Ⅱ　当期に発生した売掛金や受取手形が貸し倒れたとき

　貸倒れが発生したときは、回収不能となった**売掛金** [資産] や**受取手形** [資産] を減少させます。　　　　　　　☞**資産の減少⇒貸方（右）**

　また、回収不能となった売掛金や受取手形が当期に発生したものなのか、それとも前期以前に発生したものなのかで借方に計上する勘定科目が異なります。

　当期に発生した売掛金や受取手形が貸し倒れたとき、借方科目は**貸倒損失** [費用] で処理します（前期以前に発生した売掛金や受取手形が貸し倒れたときの処理は後述します）。　　　　　　　☞**費用の増加⇒借方（左）**

New

貸倒損失

▸ 例7　　　　　　　　　　　当期に発生した売掛金が貸し倒れたとき
　得意先が倒産し、同社に対する売掛金100円（当期に発生）が貸し倒れた。

| 例7の仕訳 | （貸　倒　損　失） | 100 | （売　　掛　　金） | 100 |

Ⅲ　貸倒引当金とは

　上記のように、売掛金や受取手形は貸し倒れてしまうおそれがあるため、決算時にはこれに備えた処理をします。
　貸倒れに備えて計上する金額を**貸倒引当金**といいます。

Ⅳ 貸倒引当金の設定

貸倒引当金は、決算日の売掛金や受取手形の残高のうち、次期以降に貸倒れが生じると予想される金額を見積って設定します。

具体的な金額は次の計算式によって求めます。

$$貸倒引当金の設定額 = 売掛金や受取手形の期末残高 × 貸倒設定率$$

ひとこと

日商3級の場合、貸倒設定率は問題文に与えられます。

Ⅴ 貸倒引当金を設定するとき－Ⅰ

New 貸倒引当金

決算において貸倒引当金を設定するときは、設定額を計算し、**貸倒引当金**を計上します。

貸倒引当金は資産（売掛金や受取手形）のマイナスを意味する勘定科目なので、貸方に記入します。 　　　　☞**資産のマイナスを表す勘定科目⇒貸方（右）**

New 貸倒引当金繰入

また、借方は**貸倒引当金繰入**［費用］で処理します。

☞**費用の増加⇒借方（左）**

例8 ─────────────────── 貸倒引当金の設定－Ⅰ

決算において、売掛金の期末残高1,000円に対し、2％の貸倒引当金を設定する。

例8の仕訳	（貸倒引当金繰入）	20*	（貸 倒 引 当 金）	20

＊ 1,000円×2％＝20円

Ⅵ 貸倒引当金を設定するとき－Ⅱ（貸倒引当金の期末残高があるとき）

決算において、貸倒引当金を設定するにあたり、前期末に設定した貸倒

引当金がまだ残っている場合があります。

このような場合には、当期の設定額と期末残高との差額だけ追加で貸倒引当金を計上します。これを**差額補充法**といいます。

例9 —— 貸倒引当金の設定－Ⅱ（貸倒引当金の期末残高があるとき）

決算において、売掛金の期末残高1,500円に対し、2%の貸倒引当金を設定する。なお、貸倒引当金の期末残高は20円である。

例9の仕訳　（貸倒引当金繰入）　　10*　（貸　倒　引　当　金）　　10

> *　①当期の設定額：1,500円×2%＝30円
> ②貸倒引当金の期末残高：20円
> ③貸倒引当金繰入：30円－20円＝10円

精算表の記入

精　算　表

勘定科目	試算表 借方	試算表 貸方	修正記入 借方	修正記入 貸方	損益計算書 借方	損益計算書 貸方	貸借対照表 借方	貸借対照表 貸方
売　掛　金	1,500						1,500	
貸倒引当金		20		⊕ 10				30
貸倒引当金(繰入)			10		10			

なお、当期の設定額（たとえば18円）が貸倒引当金の期末残高（20円）よりも小さい場合には、その差額（2円）だけ**貸倒引当金**を減額（借方に記入）し、貸方は**貸倒引当金戻入**［収益］で処理します。　　☞**収益の増加⇒貸方（右）**

New

貸倒引当金戻入

Ⅶ　前期以前に発生した売掛金や受取手形が貸し倒れたとき

貸倒引当金が設定されている売掛金や受取手形が貸し倒れたとき（前期以前に発生した売掛金や受取手形が貸し倒れたとき）は、**売掛金**［資産］や**受取手形**［資産］を減少させるとともに、まずは設定している**貸倒引当金**を取り崩します。　☞**資産のマイナスを表す勘定科目の取り崩し⇒借方（左）**

そして、貸倒引当金を超える額については**貸倒損失**［費用］で処理します。　☞**費用の増加⇒借方（左）**

例10　　　　　　　前期以前に発生した売掛金が貸し倒れたとき

得意先が倒産し、同社に対する売掛金100円（前期に発生）が貸し倒れた。
なお、貸倒引当金の残高は30円である。

| 例10の仕訳 | （貸 倒 引 当 金） | 30 | （売　　掛　　金） | 100 |
| | （貸 倒 損 失） | 70 | | |

Ⅷ　前期以前に貸倒処理した売掛金や受取手形を回収したとき

前期以前に貸倒処理した売掛金や受取手形を当期に回収したときは、回
収額を**現金等** [資産] で処理するとともに、**償却債権取立益** [収益] を計上しま
す。

New
償却債権取立益

☞収益の増加⇒貸方（右）

ひとこと

ふむふむ…

すでに**償却**した（貸倒処理済み）**債権**（売掛金や受取手形）を**取り立てた**（回収した）
金額なので、「償却債権取立益」といいます。

例11　　　　　　　前期以前に貸倒処理した売掛金を回収したとき

前期に貸倒処理した売掛金100円を当期に現金で回収した。

| 例11の仕訳 | （現　　　　金） | 100 | （償却債権取立益） | 100 |

以上より、貸倒れの処理についてまとめると、次のとおりです。

●貸倒れの処理のまとめ

❶　当期に発生した売掛金や受取手形が貸し倒れたとき
→全額、貸倒損失 [費用] で処理
❷　前期以前に発生した売掛金や受取手形が貸し倒れたとき
→まずは設定している貸倒引当金を取り崩し、これを超える額は貸倒損失 [費用] で処理
❸　前期以前に貸倒処理した売掛金や受取手形を回収したとき
→回収額を償却債権取立益 [収益] で処理

---

5 決算整理❺ 有形固定資産の減価償却

Ⅰ 減価償却とは

　建物、備品、車両などの有形固定資産は、使用することによって年々価値が減っていきます。そこで、決算において当期中に生じた価値の減少分を見積り、その分だけ有形固定資産の帳簿価額を減少させるとともに、同額を費用として計上していきます。この手続きを**減価償却**といい、減価償却によって費用計上される金額を**減価償却費** [費用] といいます。

Ⅱ 減価償却費を計算するさいの３要素

　減価償却費は有形固定資産の**取得原価**、**耐用年数**、**残存価額**の３つの要素を使って計算します。それぞれの意味は次のとおりです。

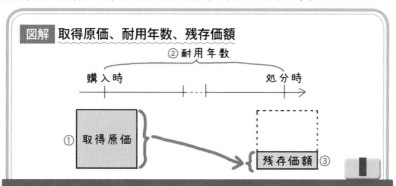

図解 取得原価、耐用年数、残存価額

②耐用年数

購入時　　　　　　　　　　　処分時

①取得原価　　　　　　　→　残存価額 ③

●減価償却費を計算するさいの３要素

❶ 取得原価：有形固定資産の購入にかかった金額
❷ 耐用年数：有形固定資産の利用可能年数
❸ 残存価額：その有形固定資産を耐用年数まで使用したときに残っている価値

Ⅲ 減価償却費の計算

　減価償却費の計算方法にはいくつかの方法がありますが、3級で学習する方法は**定額法**です。

　定額法とは、有形固定資産の耐用期間中、毎期同額だけ減価償却費を計上するという方法で、減価償却費は次の計算式によって求めます。

> 1年分の減価償却費＝（取得原価－残存価額）÷耐用年数

これならわかる!!

　たとえば、取得原価が10,000円の建物があり、この建物の残存価額は1,000円、耐用年数は30年であったとしましょう。

　残存価額は耐用年数まで使用したときの、残っている価値ですから、この建物の価値は30年間で9,000円（10,000円－1,000円）減ることになります。

　30年間で9,000円の価値が減るということは、1年間の価値の減少分は300円（9,000円÷30年）と計算することができます。この計算を式で表したのが上記の計算式なのです。そんなに難しく考えることはありませんね。

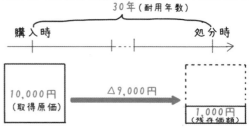

１年間の価値の減少分：9,000円÷30年＝300円

▶ 例12 ────────── 減価償却費の計算（期首取得）

　決算において、当期首に購入した建物（取得原価10,000円、残存価額は取得原価の10％、耐用年数30年）について、定額法により減価償却を行う。減価償却費を計算しなさい。

例12の解答　減価償却費：300円*

*　残存価額：10,000円×10％＝1,000円

　減価償却費：（10,000円－1,000円）÷30年＝300円

ひとこと

残存価額が取得原価の10％の場合、耐用期間中に取得原価の90％（100％
－10％）を減価償却するということになります。したがって、この場合の減
価償却費（1年分）は次のように計算することもできます。

> 1年分の減価償却費：取得原価×0.9÷耐用年数

例12の減価償却費：10,000円×0.9÷30年＝300円

なお、残存価額が0円の場合、**例12**の減価償却費の計算は次のようになり
ます。

残存価額が0円の場合の減価償却費：10,000円÷30年＝333.33…円

ふむふむ…

Ⅳ　期中に取得した場合の減価償却費の計算

　期首に取得した有形固定資産については1年分の減価償却費を計上しま
すが、期中に取得した有形固定資産については、1年分の減価償却費を月
割計算し、使った月数の分だけ減価償却費を計上します。

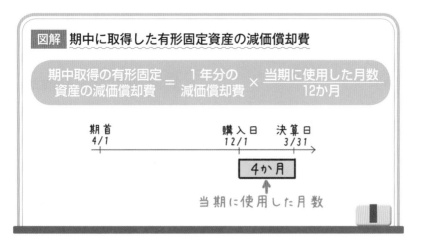

図解　期中に取得した有形固定資産の減価償却費

$$\frac{期中取得の有形固定}{資産の減価償却費}＝\frac{1年分の}{減価償却費}×\frac{当期に使用した月数}{12か月}$$

期首　　　　　　購入日　決算日
4/1　　　　　　12/1　　3/31

4か月

当期に使用した月数

▶ 例13 ━━━━━━━━━━━━━━━━━━━━ 減価償却費の計算（期中取得）

決算において、当期の12月1日に購入した建物（取得原価10,000円、残存価額は取得原価の10%、耐用年数30年）について、定額法により減価償却を行う。当期の減価償却費を計算しなさい。なお、決算日は3月31日である。

例13の解答　　減価償却費：100円*

　　　＊　残存価額：10,000円×10%＝1,000円

　　　　　1年分の減価償却費：（10,000円－1,000円）÷30年＝300円

　　　　　当期分の減価償却費：300円×$\frac{4か月}{12か月}$＝100円

期首	購入日	決算日
4/1	12/1	3/31

4か月

Ⅴ　減価償却費の記帳方法

減価償却費の記帳方法（仕訳の仕方）には、**直接法**と**間接法**がありますが、3級の出題範囲は間接法のみなので、ここでは間接法について学習します。

New
減価償却費

間接法は、**減価償却費**［費用］を借方に計上し、貸方を**減価償却累計額**で処理する方法です。減価償却累計額は資産のマイナスを表す勘定科目で、

New
減価償却累計額

有形固定資産の名称をつけ、**建物減価償却累計額**や**備品減価償却累計額**とすることもあります。

☞費用の増加⇒借方（左）　☞資産のマイナスを表す勘定科目⇒貸方（右）

▶ 例14 ━━━━━━━━━━━━━━━━━━━━ 間接法による減価償却

決算において、前期首に購入した建物（取得原価10,000円、残存価額は取得原価の10%、耐用年数30年）について、定額法により減価償却を行う。なお、記帳方法は間接法である。

例14の仕訳　　（減価償却費）　　　300*　（建物減価償却累計額）　　　300

　　　＊　残存価額：10,000円×10%＝1,000円

　　　　　減価償却費：（10,000円－1,000円）÷30年＝300円

精算表の記入

勘定科目	試 算 表		修 正 記 入		損益計算書		貸借対照表	
	借方	貸方	借方	貸方	借方	貸方	借方	貸方
建　　　物	10,000						10,000	
建物減価償却累計額		300		⊕ 300				600
減 価 償 却 費			300		300			

精　算　表

Ⅵ 月次決算を行っている場合の年次決算の処理

通常、決算は1事業年度（1年）に1回行いますが、毎月の経営成績や財政状態を明らかにするため、毎月決算をすることもあります。1事業年度に1回行う決算を**年次決算**、毎月行う決算を**月次決算**といいます。

ひとこと

年次決算（通常の決算）では、1年間が過ぎたあとでなければ会社の状況が明らかになりません。一方、月次決算では月末ごとに決算をするので、毎月会社の状況が明らかになります。そのため、月次決算を行うことによって、より迅速でタイムリーな経営判断ができるようになるのです。

月次決算においては、1年間の減価償却費を見積もり、それを12か月で割った金額を毎月計上します。そして、年次決算において、1年間の適正な減価償却費を計算し、月次決算で計上していた減価償却費の合計額との差額を年次決算において計上します。

例15 ──────── 月次決算を行っている場合の年次決算の処理①

当社は月次決算を行っている。建物の減価償却費について、年間見積額300円を12か月で割った金額を毎月の決算で計上している。当月の減価償却費を計上しなさい。なお、記帳方法は間接法である。

例15の仕訳 （減 価 償 却 費）　　25*　（建物減価償却累計額）　　25
　　*　300円÷12か月＝25円

―――――― 月次決算を行っている場合の年次決算の処理②

当期の会計期間は×1年4月1日から×2年3月31日までである。また、当社は月次決算を行っている。建物の減価償却費について、年間見積額300円を12か月で割った金額を毎月の決算で計上しており、×2年2月末まで計上している。決算において3月分について同額を計上する。なお、記帳方法は間接法である。

例16の仕訳　（減 価 償 却 費）　　25*　（建物減価償却累計額）　　25

　　　*　300円÷12か月＝25円

精算表の記入

精　　算　　表

勘 定 科 目	試 算 表		修 正 記 入		損益計算書		貸借対照表	
	借方	貸方	借方	貸方	借方	貸方	借方	貸方
減 価 償 却 費	275		➕ 25		→ 300			
建物減価償却累計額		575		➕ 25				→ 600

6 有形固定資産の売却

不要となった有形固定資産を売却することがあります。

New
固定資産売却損

有形固定資産を売却したときは、売却価額と帳簿価額との差額を**固定資産売却損** [費用] または**固定資産売却益** [収益] で処理します。

帳簿価額とは、帳簿上に記載されている金額のことをいい、取得原価から減価償却累計額を差し引いた金額となります。

New
固定資産売却益

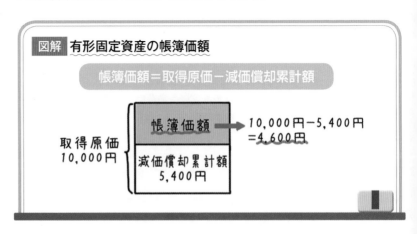

図解　有形固定資産の帳簿価額

帳簿価額＝取得原価－減価償却累計額

取得原価 10,000円
帳簿価額 → 10,000円－5,400円＝4,600円
減価償却累計額 5,400円

I 有形固定資産を売却したとき

有形固定資産を売却したときは、有形固定資産の帳簿価額を減少させます。

☞ **資産の減少⇒貸方（右）**

間接法の場合には、売却した有形固定資産の取得原価と**減価償却累計額**を減少させることになります。 ☞ **資産のマイナスを表す勘定科目の減少⇒借方（左）**

II 売却価額＜帳簿価額の場合

帳簿価額よりも低い金額で有形固定資産を売却することとなったときは、損失が生じることになります。この場合の損失は**固定資産売却損** [費用] で処理します。

☞ **費用の増加⇒借方（左）**

▼ 例17 ─── 有形固定資産を売却したとき（売却価額＜帳簿価額の場合）

当期首において、備品（取得原価10,000円、減価償却累計額5,400円）を4,000円で売却し、代金は月末に受け取ることとした。間接法によって仕訳をしなさい。

例17の仕訳	（未 収 入 金）	4,000	（備　　　　品）	10,000
	（備品減価償却累計額）	5,400		
	（固定資産売却損）	600*		

* 帳簿価額：10,000円−5,400円＝4,600円
売却損益：4,000円−4,600円＝△600円（売却損）

III 売却価額＞帳簿価額の場合

帳簿価額よりも高い金額で有形固定資産を売却できたときは、儲けが生じることになります。この場合の儲けは**固定資産売却益** [収益] で処理します。

☞ **収益の増加⇒貸方（右）**

有形固定資産を売却したとき（売却価額＞帳簿価額の場合）

　当期首において、備品（取得原価10,000円、減価償却累計額5,400円）を5,200円で売却し、代金は月末に受け取ることとした。間接法によって仕訳をしなさい。

例18の仕訳	（未 収 入 金）	5,200	（備　　　　品）	10,000
	（備品減価償却累計額）	5,400	（固定資産売却益）	600*

　　　　＊　帳簿価額：10,000円－5,400円＝4,600円
　　　　　　売却損益：5,200円－4,600円＝600円（売却益）

Ⅳ　有形固定資産を期中売却したとき

　有形固定資産を期中に売却したときは、期首から売却日までの減価償却費を計上します。

▼ 例19 ———————————————— **有形固定資産を期中売却したとき**

　×4年8月31日に、備品（取得原価10,000円、減価償却累計額5,400円）を4,000円で売却し、代金は月末に受け取ることとした。この備品は定額法（残存価額は取得原価の10％、耐用年数は5年）により減価償却しており、当期の減価償却費は月割計上する。なお、決算日は3月31日である。間接法によって仕訳をしなさい。

例19の仕訳	（未 収 入 金）	4,000	（備　　　　品）	10,000
	（備品減価償却累計額）	5,400	（固定資産売却益）	150*²
	（減 価 償 却 費）	750*¹		

　　＊1　残 存 価 額：10,000円×10％＝1,000円
　　　　　1年分の減価償却費：（10,000円－1,000円）÷5年＝1,800円

　　　　　当期分の減価償却費：$1,800円 \times \dfrac{5か月}{12か月} = 750円$

期　首	売却日	決算日
4 / 1	8 /31	3 /31

　　　　　　　　5か月

　　＊2　貸借差額：4,000円－（10,000円－5,400円－750円）＝150円（売却益）

7 決算整理❻ 売上原価の算定

Ⅰ 売上原価の算定

売上原価とは、当期に販売した商品の仕入原価のことをいいます。これまで、商品を仕入れたら**仕入**[費用]で処理してきましたが、期末に在庫（売れ残った商品）がある場合には、その分の原価を**仕入**[費用]から差し引かなければなりません。

また、期首に在庫がある場合、その在庫は当期中に販売されているので、その分の原価を**仕入**[費用]に加算する必要があります。

この修正を計算式で表すと次のようになります。

> **売上原価＝期首商品棚卸高＋当期商品仕入高－期末商品棚卸高**
> 　　　　　　（期首在庫）　　　　　（仕入）　　　　　（期末在庫）

●用語の説明

❶ 期首商品棚卸高：期首時点の在庫
❷ 期末商品棚卸高：期末時点の在庫
❸ 当期商品仕入高：当期に仕入れた金額

これならわかる!!

たとえば、期首に100円分の在庫があり、当期中に1,000円分の商品を仕入れてきたとしましょう。期末になって在庫を確認したら200円分が残っていました。この場合、当期に販売した商品の原価はいくらでしょうか？
　…900円（100円＋1,000円－200円）ですよね。
　この計算を式で表したものが、上記の計算式なのです。

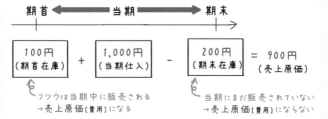

次の資料にもとづき、売上原価を算定しなさい。

　　期首商品棚卸高：100円　　　期末商品棚卸高：200円

　　当期商品仕入高：1,000円

例20の解答　　売上原価：**900円**＊

　　　　　　　＊　100円＋1,000円－200円＝900円

Ⅱ　売上原価を算定するための決算整理仕訳

　こんどは、売上原価を算定するための仕訳についてみていきます。

　売上原価を算定するための仕訳には、仕入勘定で算定する場合と売上原価勘定で算定する場合がありますが、ここでは仕入勘定で算定する場合についてみておきましょう。

ひとこと

試験で出題されるのは、ほとんど仕入勘定で算定する場合です。
売上原価勘定で算定する場合については、CHAPTER 13で確認してください。

　売上原価を仕入勘定で算定する場合、仕入勘定と繰越商品勘定を用います。

　なお、繰越商品とは、期末に売れ残った商品（期末商品棚卸高）のことをいい、この商品は翌期首に繰り越されます。

　したがって、当期の決算を行う前の繰越商品勘定の残高は、当期首における商品の残高（期首商品棚卸高）を意味します。

　期首時点で保有している商品は、通常、当期中に販売されるため、**期首商品棚卸高** [資産] は当期の**売上原価** [費用] となります。

　そこで、決算において期首商品棚卸高を**繰越商品** [資産] から**仕入** [費用] に振り替え、**仕入** [費用] に加算します。

☞資産の減少⇒貸方（右）　　☞費用の増加⇒借方（左）

New
繰越商品

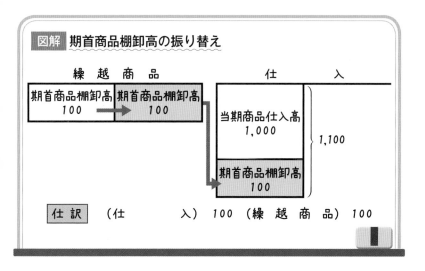

次に、期末商品棚卸高を**仕入** [費用] から**繰越商品** [資産] に振り替え、**仕入** [費用] から減算します。　☞**費用の減少⇒貸方（右）**　☞**資産の増加⇒借方（左）**

ひとこと

　期末商品棚卸高は当期に仕入れた商品のうち、売れ残った在庫（資産）を意味します。そこで、その分だけ**仕入** [費用] を減算し、**繰越商品** [資産] とするのです。

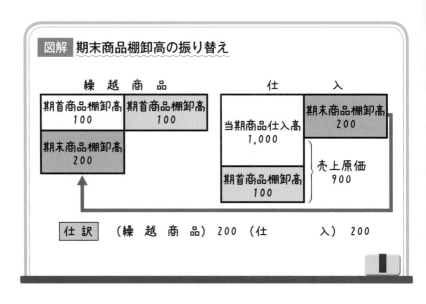

図解 期末商品棚卸高の振り替え

仕訳　（繰　越　商　品）　200　（仕　　　　　入）　200

▰ 例21 ━━━━━━━━━━━━━━━━━━━━━━━━ **売上原価の算定**

　決算において、売上原価を算定する。期首商品棚卸高は100円、期末商品棚卸高は200円であった。なお、売上原価は「仕入」の行で計算すること。

| 例21の仕訳 | （仕 入） | 100 | （繰 越 商 品） | 100 |
| | （繰 越 商 品） | 200 | （仕 入） | 200 |

精算表の記入

精　算　表

勘 定 科 目	試 算 表		修 正 記 入		損益計算書		貸借対照表	
	借方	貸方	借方	貸方	借方	貸方	借方	貸方
繰 越 商 品	100		⊕ 200	⊖ 100			200	
仕 入	1,000		⊕ 100	⊖ 200	900			

8 決算整理❼ 消費税の納付額の計算

商品を仕入れたとき、支払った消費税は**仮払消費税** [資産] で処理しています。また、商品を売り上げたとき、受け取った消費税は**仮受消費税** [負債] で処理しています。　🎵Review CH.06 🔟

この**仮払消費税** [資産] と**仮受消費税** [負債] は決算において相殺します。なお、**仮払消費税** [資産] よりも**仮受消費税** [負債] のほうが多かったときは差額を納付します。納付する消費税額は**未払消費税** [負債] で処理します。

☞ **負債の増加⇒貸方（右）**

New

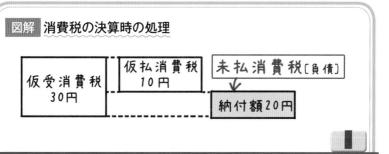

| 図解 消費税の決算時の処理 |

| 仮受消費税
30円 | 仮払消費税
10円 | 未払消費税 [負債] |
| | | 納付額20円 |

▸ 例22 ーーーーーーーーーーーー **消費税の納付額の計算**

決算において、消費税の納付額を計算する。仮払消費税は10円、仮受消費税は30円である。

例22の仕訳　（仮 受 消 費 税）　　30　（仮 払 消 費 税）　　10
　　　　　　　　　　　　　　　　　　（未 払 消 費 税）　　20*

　　＊　30円－10円＝20円

精算表の記入

精　算　表

勘定科目	試　算　表		修 正 記 入		損益計算書		貸借対照表	
	借方	貸方	借方	貸方	借方	貸方	借方	貸方
仮 払 消 費 税	10			10				
仮 受 消 費 税		30	30					
未 払 消 費 税				20				20

Ⅰ 費用・収益の前払い・前受け、未払い・未収

　当期に支払った費用に、次期分が含まれている場合には、その金額を当期の費用から差し引きます（**費用の前払い**）。また、当期に受け取った収益に、次期分が含まれている場合には、その金額を当期の収益から差し引きます（**収益の前受け**）。

　一方、当期の費用にもかかわらず、まだ支払っていない費用がある場合には、その分を当期の費用として計上します（**費用の未払い**）。また、当期の収益にもかかわらず、まだ受け取っていない収益がある場合には、その分を当期の収益として計上します（**収益の未収**）。

これならわかる!!

　アパートなどを借りている場合、通常、次月分の家賃を月末までに前払いします。

　次期の４月分の家賃を当期の３月末日に振り込んだ場合、振込日の３月に**支払家賃【費用】**として処理しますが、これは次期分の家賃です。

　そこで、決算において、３月に振り込んだ次期の４月分の家賃を当期の**支払家賃【費用】**から差し引きます。そうすることにより、当期分の**支払家賃【費用】**が正しく計算できるのです。これが費用の前払いです。

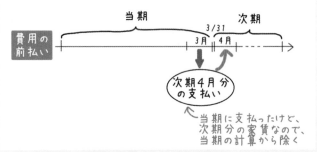

　一方、当期の１月に銀行からお金を借りたとしましょう。返済日は次期12月末日で、返済日にこの期間の利息も支払うとします。

　この場合、３月末日時点で当期の１月から３月までの利息はすでに発生していることになります。それにもかかわらず、利息の支払いは次期であるため、まだ支払っていないのです。そこで、決算において当期の１月から３月までの**支払利息【費用】**を当期分として計上するのです。これが費用の未払いです。

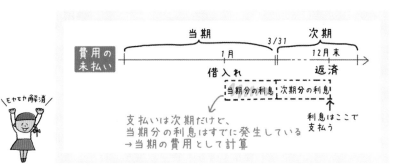

Ⅱ 費用の前払い

費用の前払いについて、当期の決算時と次期の期首の処理をみてみましょう。

1 当期の決算時の処理

当期に支払った費用に次期分が含まれている場合には、これを当期の費用から差し引きます。   ☞**費用の減少⇒貸方（右）**

また、次期分の費用を当期に前払いしているため、次期にその分だけサービスを受ける権利が生じます。この権利は**前払費用**［資産］で処理します。

New

☞**資産の増加⇒借方（左）**

なお、前払いしている費用の内容を明らかにするため、**前払家賃**［資産］、**前払地代**［資産］、**前払保険料**［資産］などで処理することもあります。

例23 ━━━━━━━━━━━━━━━━━━━━━━━━━━━ 費用の前払い

決算において、支払家賃のうち100円は次期の費用である。

例23の仕訳 （前 払 家 賃） 100 （支 払 家 賃） 100

精算表の記入

精　算　表

勘 定 科 目	試　算　表		修 正 記 入		損益計算書		貸借対照表	
	借方	貸方	借方	貸方	借方	貸方	借方	貸方
支 払 家 賃	1,200			➖100 ➤1,100				
前 払 家 賃			100				➤100	

2 次期の期首の処理

当期に前払計上した費用は、次期の期首（翌期首）に決算整理仕訳と逆の仕訳を行って、もとの費用の勘定に振り戻します（再振替仕訳）。

例24 ━━━━━━━━━━━━━━━━━━━━━━━━━━━ 再振替仕訳

期首につき、**例23**で前払処理した支払家賃100円について再振替仕訳を行う。

例24の仕訳 （支 払 家 賃） 100 （前 払 家 賃） 100

Ⅲ　収益の前受け

収益の前受けについて、当期の決算時と次期の期首の処理をみてみましょう。

1 当期の決算時の処理

当期に受け取った収益に次期分が含まれている場合には、これを当期の収益から差し引きます。　　　☞**収益の減少⇒借方（左）**

New
前受収益

また、次期分の収益を当期に前受けしているため、次期にその分だけサービスを提供する義務が生じます。この義務は**前受収益**[負債]で処理します。　　　☞**負債の増加⇒貸方（右）**

なお、前受けしている収益の内容を明らかにするため、**前受地代** [負債]、**前受利息** [負債] などで処理することもあります。

例25 ——————————————————— 収益の前受け

決算において、受取地代1,200円のうち、次期分を前受処理する。なお、地代は当期の12月1日に向こう1年分を受け取ったものである。決算日は3月31日である。

例25の仕訳　（受 取 地 代）　　800　（前 受 地 代）　　800*

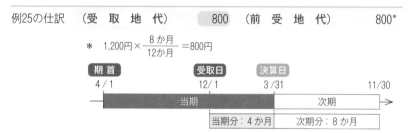

* $1,200円 \times \dfrac{8か月}{12か月} = 800円$

精算表の記入

精　算　表

勘 定 科 目	試 算 表		修 正 記 入		損益計算書		貸借対照表	
	借方	貸方	借方	貸方	借方	貸方	借方	貸方
受 取 地 代		1,200	800			400		
前 受 地 代				800				800

2　次期の期首の処理

当期に前受計上した収益は、次期の期首（翌期首）に決算整理仕訳と逆の仕訳を行って、もとの収益の勘定に振り戻します（再振替仕訳）。

例26 ——————————————————— 再振替仕訳

期首につき、**例25**で前受処理した受取地代800円について再振替仕訳を行う。

例26の仕訳　（前 受 地 代）　　800　（受 取 地 代）　　800

Ⅳ 費用の未払い

費用の未払いについて、当期の決算時と次期の期首の処理をみてみましょう。

1 当期の決算時の処理

当期分の費用にもかかわらず、支払日が次期のため、まだ支払っていない費用がある場合には、これを当期の費用として計上します。

☞**費用の増加⇒借方（左）**

また、当期分の費用が未払いであるため、その分の支払義務が生じます。この義務は**未払費用** [負債] で処理します。　　☞**負債の増加⇒貸方（右）**

New
未払費用

なお、未払いである費用の内容を明らかにするため、**未払利息** [負債]、**未払家賃** [負債] などで処理することもあります。

▼ 例27 ──────────────────────── **費用の未払い**

決算において、当期分の支払利息100円を未払計上する。

例27の仕訳　（支　払　利　息）　　100　（未　払　利　息）　　100

精算表の記入 -

精　算　表

勘定科目	試　算　表		修正記入		損益計算書		貸借対照表	
	借方	貸方	借方	貸方	借方	貸方	借方	貸方
支 払 利 息	600 →		⊕ 100 →		700			
未 払 利 息				100				→ 100

2 次期の期首の処理

当期に未払計上した費用は、次期の期首（翌期首）に決算整理仕訳と逆の仕訳を行って、もとの費用の勘定に振り戻します（再振替仕訳）。

▼ 例28 ──────────────────────── **再振替仕訳**

期首につき、**例27**で未払計上した支払利息100円について再振替仕訳を行う。

例28の仕訳　（未　払　利　息）　　100　（支　払　利　息）　　100

Ⅴ 収益の未収

収益の未収について、当期の決算時と次期の期首の処理をみてみましょう。

1 当期の決算時の処理

当期分の収益にもかかわらず、受取日が次期のため、まだ受け取っていない収益がある場合には、これを当期の収益として計上します。

☞**収益の増加⇒貸方（右）**

また、当期分の収益をまだ受け取っていないため、その分の金額を受け取る権利が生じます。この権利は**未収収益** [資産] で処理します。

New

☞**資産の増加⇒借方（左）**

未収収益

なお、未収状態の収益の内容を明らかにするため、**未収利息** [資産]、**未収地代** [資産] などで処理することもあります。

例29   収益の未収

決算において、当期分の受取利息を未収計上する。貸付金4,000円は、当期の11月1日に貸付期間1年、年利率3％、利息は返済時に受け取るという条件で貸し付けたものである。なお、決算日は3月31日である。

例29の仕訳　（未 収 利 息）　　50*　（受 取 利 息）　　　50

$$* \quad 4,000円 \times 3\% \times \frac{5か月}{12か月} = 50円$$

	期 首	貸付日	決算日	返済日
	4/1	11/1	3/31	10/31

当期　　次期

当期分：5か月

精算表の記入

精　算　表

勘 定 科 目	試 算 表 借方	試 算 表 貸方	修 正 記 入 借方	修 正 記 入 貸方	損益計算書 借方	損益計算書 貸方	貸借対照表 借方	貸借対照表 貸方
貸 付 金	4,000						4,000	
受 取 利 息				50		50		
未 収 利 息			50				50	

2 次期の期首の処理

　当期に未収計上した収益は、次期の期首（翌期首）に決算整理仕訳と逆の仕訳を行って、もとの収益の勘定に振り戻します（再振替仕訳）。

▰ **例30** ━━━━━━━━━━━━━━━━━━━━━━━━━━━━━━ **再振替仕訳**

　期首につき、**例29**で未収計上した受取利息50円について再振替仕訳を行う。

例30の仕訳　（受　取　利　息）　　　50　（未　収　利　息）　　　50

---

10 決算整理❾　法人税等の計上

Ⅰ 法人税等とは

　株式会社などの法人は個人と同様、さまざまな税金を納めます。法人が納める税金のうち、法人の利益に対して課される税金に、**法人税**、**住民税**、**事業税**があります。

　法人税、住民税、事業税をまとめて**法人税等**といいます。

Ⅱ 法人税等の処理

New
法人税、住民税及び事業税

　会社が法人税や住民税、事業税を納付したときは、**法人税、住民税及び事業税** [費用] で処理します。

　法人税等は、決算において会社の利益が確定したあとに申告（**確定申告**といいます）し、納付しますが、決算が年1回の会社は、会計期間の途中で半年分の概算額を申告（**中間申告**といいます）し、納付します。

New
仮払法人税等

　中間申告によって納付した法人税等はあくまでも概算額なので、法人税等の金額が確定するまで**仮払法人税等** [資産] で処理します。

228

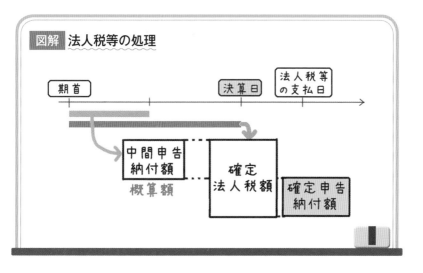

図解 法人税等の処理

1 法人税等を中間申告、納付したとき

会計期間の途中で、法人税等を中間申告、納付したときは、**仮払法人税等** [資産] で処理します。　　　　　　　　　　　☞資産の増加⇒借方（左）

例31 ━━━━━━━━━━━━━━━━ 法人税等を中間申告、納付したとき

法人税の中間申告を行い、税額100円を現金で納付した。なお、決算日は年1回、3月31日である。

例31の仕訳　（仮払法人税等）　　100　（現　　　金）　　100

2 法人税等が確定したとき（決算時）

決算において、当期の法人税等の金額が確定したときは、確定した税額を**法人税、住民税及び事業税**で処理します。

ふむふむ…　**ひとこと**

法人税等で処理することもあります。

なお、中間申告・納付時に計上した**仮払法人税等** [資産] を減少させます。

☞資産の減少⇒貸方（右）

また、確定した税額と**仮払法人税等** [資産] との差額は、これから納付しなければならない金額なので、**未払法人税等** [負債] で処理します。

☞**負債の増加⇒貸方（右）**

例32 ——————————————— 法人税等が確定したとき（決算時）

決算の結果、当期の法人税等が250円と確定した。なお、中間納付額100円は仮払法人税等として処理している。

例32の仕訳	（法人税,住民税及び事業税）	250	（仮 払 法 人 税 等）	100
			（未 払 法 人 税 等）	150*

* 250円－100円＝150円

3 未払法人税等を納付したとき

決算において確定した法人税等の未払額を納付したときは、**未払法人税等** [負債] を減少させます。

☞**負債の減少⇒借方（左）**

例33 ——————————————————— 未払法人税等を納付したとき

未払法人税等150円を現金で納付した。

例33の仕訳	（未 払 法 人 税 等）	150	（現 金）	150

11 決算整理後残高試算表

　以上の決算整理仕訳を反映させた試算表を、**決算整理後残高試算表**といいます。

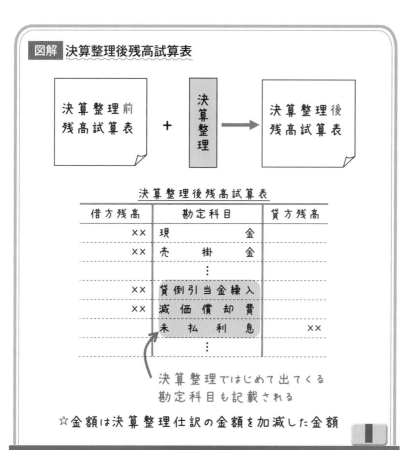

図解 決算整理後残高試算表

決算整理前 残高試算表 ＋ 決算整理 → 決算整理後 残高試算表

決算整理後残高試算表

借方残高	勘定科目	貸方残高
××	現　　　　金	
××	売　掛　金	
	：	
××	貸倒引当金繰入	
××	減価償却費	
	未　払　利　息	××
	：	

決算整理ではじめて出てくる
勘定科目も記載される

☆金額は決算整理仕訳の金額を加減した金額

問1　現金過不足の処理－Ⅰ　解答用紙あり

　次の決算整理事項と解答用紙の精算表（一部）にもとづいて、⑴決算整理仕訳を示すとともに、⑵解答用紙の精算表（一部）に記入しなさい。

[決算整理事項]

　現金過不足は、決算日現在、原因不明である。

問2　現金過不足の処理－Ⅱ　解答用紙あり

　次の決算整理事項と解答用紙の精算表（一部）にもとづいて、⑴決算整理仕訳を示すとともに、⑵解答用紙の精算表（一部）に記入しなさい。

[決算整理事項]

　現金過不足は、決算日現在、原因不明である。

問3　当座借越勘定への振り替え　解答用紙あり

　次の決算整理事項と解答用紙の精算表（一部）にもとづいて、⑴決算整理仕訳を示すとともに、⑵解答用紙の精算表（一部）に記入しなさい。

[決算整理事項]

　当座預金勘定の貸方残高を当座借越勘定に振り替える。なお、全額が当座借越によるものであるため、適切な勘定へ振り替える。

問4　貯蔵品勘定への振り替え　解答用紙あり

　次の決算整理事項と解答用紙の精算表（一部）にもとづいて、⑴決算整理仕訳を示すとともに、⑵解答用紙の精算表（一部）に記入しなさい。

[決算整理事項]

　決算において、未使用の郵便切手120円と未使用の収入印紙100円があった。

問5 貸倒引当金の設定　解答用紙あり

　次の決算整理事項と解答用紙の精算表（一部）にもとづいて、(1)決算整理仕訳を示すとともに、(2)解答用紙の精算表（一部）に記入しなさい。

［決算整理事項］

　受取手形と売掛金の期末残高に対して2％の貸倒引当金を設定する（差額補充法）。

問6 貸倒れの処理

　次の取引について仕訳しなさい。なお、勘定科目は［　　　］内に示すものの中から選ぶこと。

［勘定科目：現金、売掛金、貸倒引当金、貸倒引当金繰入、貸倒損失、償却債権
　　　　　　取立益］

(1)　得意先が倒産し、同社に対する売掛金10,000円（当期に発生）が貸し倒れた。
　　なお、貸倒引当金の残高は500円である。
(2)　得意先が倒産し、同社に対する売掛金15,000円（前期に発生）が貸し倒れた。
　　なお、貸倒引当金の残高は500円である。
(3)　前期に貸倒処理した売掛金10,000円のうち4,000円を現金で回収した。

問7 有形固定資産の減価償却－I　解答用紙あり

　次の決算整理事項と解答用紙の精算表（一部）にもとづいて、(1)決算整理仕訳を示すとともに、(2)解答用紙の精算表（一部）に記入しなさい。

［決算整理事項］

　建物について、定額法（残存価額は取得原価の10％、耐用年数20年）により減価償却を行う。

問8 有形固定資産の減価償却－Ⅱ　　解答用紙あり

　次の決算整理事項と解答用紙の精算表（一部）にもとづいて、(1)決算整理仕訳を示すとともに、(2)解答用紙の精算表（一部）に記入しなさい。なお、当期は×3年4月1日から×4年3月31日までである。

［決算整理事項］
1．建物について、定額法（残存価額は取得原価の10％、耐用年数30年）により減価償却を行う。
2．備品について、定額法（残存価額は0円、耐用年数は5年）により減価償却を行う。ただし、備品のうち18,000円は当期の12月1日に取得したものであり、減価償却費の計上は月割りで行うこと。

問9 有形固定資産の減価償却－Ⅲ

　次の取引について仕訳しなさい。なお、勘定科目は［　　］内に示すものの中から選ぶこと。
［勘定科目：備品、備品減価償却累計額、減価償却費］

　決算において、前期の期首に取得した備品（取得原価300,000円）について減価償却を行う。減価償却方法は定額法（残存価額は0円、耐用年数は5年）で、記帳方法は間接法である。

問10 有形固定資産の売却

次の取引について仕訳しなさい。なお、勘定科目は［　　　］内に示すものの中から選ぶこと。

［勘定科目：現金、未収入金、建物、備品、建物減価償却累計額、備品減価償却累計額、減価償却費、固定資産売却益、固定資産売却損］

(1) 当期首において、建物（取得原価200,000円、減価償却累計額108,000円）を90,000円で売却し、代金は翌月末日に受け取ることとした。なお、この建物の減価償却方法は定額法であり、記帳方法は間接法である。

(2) 当期末において、備品（取得原価100,000円、減価償却累計額60,000円）を30,000円で売却し、代金は小切手で受け取った。なお、この備品の減価償却方法は定額法（残存価額は取得原価の10%、耐用年数は6年）であり、記帳方法は間接法である。当期分の減価償却費も計上すること。

(3) 当期（決算日は年1回、3月31日）の11月30日に、備品（取得原価90,000円、減価償却累計額60,000円）を25,000円で売却し、代金は翌月末日に受け取ることとした。なお、この備品の減価償却方法は定額法（残存価額は0円、耐用年数は6年）であり、記帳方法は間接法である。当期分の減価償却費は月割りで計上すること。

問11 売上原価の算定　解答用紙あり

次の決算整理事項と解答用紙の精算表（一部）にもとづいて、(1)決算整理仕訳を示すとともに、(2)解答用紙の精算表（一部）に記入しなさい。

［決算整理事項］

期末商品棚卸高は2,000円である。なお、売上原価は「仕入」の行で計算すること。

消費税の納付額の計算 解答用紙あり

次の決算整理事項と解答用紙の精算表（一部）にもとづいて、(1)決算整理仕訳を示すとともに、(2)解答用紙の精算表（一部）に記入しなさい。

[決算整理事項]

決算において、消費税の納付額を計算する。

問13 **費用・収益の前払い・前受け** 解答用紙あり

次の決算整理事項と解答用紙の精算表（一部）にもとづいて、(1)決算整理仕訳を示すとともに、(2)解答用紙の精算表（一部）に記入しなさい。なお、当期は×1年4月1日から×2年3月31日までである。

[決算整理事項]

(1) 保険料は当期の7月1日に向こう1年分を支払ったものである。

(2) 手数料の前受額が3,000円ある。

問14 **費用・収益の未払い・未収** 解答用紙あり

次の決算整理事項と解答用紙の精算表（一部）にもとづいて、(1)決算整理仕訳を示すとともに、(2)解答用紙の精算表（一部）に記入しなさい。なお、当期は×1年4月1日から×2年3月31日までである。

[決算整理事項]

(1) 借入金は当期の11月1日に期間1年、年利率3％の条件で借り入れたもので、利息は元金とともに返済時に支払うことになっている。

(2) 家賃の未収分が5,000円ある。

問15 法人税等の計上

　次の一連の取引について仕訳しなさい。なお、勘定科目は［　　］内に示すものの中から選ぶこと。

［勘定科目：普通預金、仮払法人税等、未払法人税等、法人税等］

(1)　A社（決算年1回、3月31日）は、法人税の中間申告を行い、税額10,000円を普通預金口座から納付した。

(2)　決算の結果、当期の法人税等が18,000円と確定した。

(3)　(2)の未払法人税等を普通預金口座から納付した。

解答

問1 現金過不足の処理－Ⅰ

(1) 決算整理仕訳

（雑　　　　損）　　　300　　　（現 金 過 不 足）　　　300

(2) 精算表

精　算　表

勘 定 科 目	試 算 表 借方	試 算 表 貸方	修 正 記 入 借方	修 正 記 入 貸方	損益計算書 借方	損益計算書 貸方	貸借対照表 借方	貸借対照表 貸方
現　　　　　金	5,000						5,000	
現 金 過 不 足	300			300				
雑　（　損　）			300		300			

問2 現金過不足の処理－Ⅱ

(1) 決算整理仕訳

（現 金 過 不 足）　　　500　　　（雑　　　　益）　　　500

(2) 精算表

精　算　表

勘 定 科 目	試 算 表 借方	試 算 表 貸方	修 正 記 入 借方	修 正 記 入 貸方	損益計算書 借方	損益計算書 貸方	貸借対照表 借方	貸借対照表 貸方
現　　　　　金	8,000						8,000	
現 金 過 不 足		500	500					
雑　（　益　）				500		500		

問3 当座借越勘定への振り替え

(1) 決算整理仕訳

（当 座 預 金）　　　400　　　（当 座 借 越）　　　400

(2) 精算表

精　算　表

勘 定 科 目	試 算 表 借方	試 算 表 貸方	修 正 記 入 借方	修 正 記 入 貸方	損益計算書 借方	損益計算書 貸方	貸借対照表 借方	貸借対照表 貸方
当 座 預 金		400	400					
(当 座 借 越)				400				400

問4 貯蔵品勘定への振り替え

(1) 決算整理仕訳

（貯　蔵　品）　　　220　　（通　信　費）　　　120

　　　　　　　　　　　　　　（租　税　公　課）　　100

(2) 精算表

精　算　表

勘定科目	試算表		修正記入		損益計算書		貸借対照表	
	借方	貸方	借方	貸方	借方	貸方	借方	貸方
通　信　費	820			120	700			
租税公課	900			100	800			
（貯蔵品）			220				220	

問5 貸倒引当金の設定

(1) 決算整理仕訳

（貸倒引当金繰入）　　　120*　（貸倒引当金）　　　120

　＊　①当期の設定額：（4,000円＋6,000円）×2％＝200円

　　　②貸倒引当金の期末残高：80円

　　　③貸倒引当金繰入：200円－80円＝120円

(2) 精算表

精　算　表

勘定科目	試算表		修正記入		損益計算書		貸借対照表	
	借方	貸方	借方	貸方	借方	貸方	借方	貸方
受取手形	4,000						4,000	
売　掛　金	6,000						6,000	
貸倒引当金		80		120				200
貸倒引当金繰入			120		120			

問6 貸倒れの処理

(1)　（貸倒損失）　　　10,000　　（売　掛　金）　　　10,000

(2)　（貸倒引当金）　　　500　　（売　掛　金）　　　15,000

　　　（貸倒損失）　　14,500

(3)　（現　　金）　　　4,000　　（償却債権取立益）　　　4,000

問7 有形固定資産の減価償却－Ⅰ

(1) 決算整理仕訳

（減 価 償 却 費）　　2,700*　　（建物減価償却累計額）　　2,700
　　*　残 存 価 額：60,000円×10％＝6,000円
　　　　減価償却費：(60,000円－6,000円)÷20年＝2,700円

(2) 精算表

精　　算　　表

勘 定 科 目	試　算　表		修 正 記 入		損益計算書		貸借対照表	
	借方	貸方	借方	貸方	借方	貸方	借方	貸方
建　　　　　物	60,000						60,000	
建物減価償却累計額		13,500		2,700				16,200
減 価 償 却 費			2,700		2,700			

問8 有形固定資産の減価償却－Ⅱ

(1) 決算整理仕訳

（減 価 償 却 費）　　9,600　　（建物減価償却累計額）　　2,400*¹

　　　　　　　　　　　　　　　　（備品減価償却累計額）　　7,200*²

　　*1　残 存 価 額：80,000円×10％＝8,000円
　　　　減価償却費：(80,000円－8,000円)÷30年＝2,400円
　　*2　旧備品
　　　　　減価償却費：(48,000円－18,000円)÷5年＝6,000円
　　　　新備品
　　　　　1年分の減価償却費：18,000円÷5年＝3,600円
　　　　　当期分の減価償却費：$3,600円×\dfrac{4か月}{12か月}＝1,200円$
　　　　合　計：6,000円＋1,200円＝7,200円

(2) 精算表

精　算　表

勘定科目	試　算　表		修正記入		損益計算書		貸借対照表	
	借方	貸方	借方	貸方	借方	貸方	借方	貸方
建　　　　物	80,000						80,000	
備　　　　品	48,000						48,000	
建物減価償却累計額		24,000		2,400				26,400
備品減価償却累計額		12,000		7,200				19,200
減価償却費			9,600		9,600			

問9　有形固定資産の減価償却－Ⅲ

（減 価 償 却 費）　　　60,000*　　　　（備品減価償却累計額）　　　60,000

＊　300,000円 ÷ 5 年 = 60,000円

問10　有形固定資産の売却

(1)　（未 収 入 金）　　　90,000　　　　（建　　　　　物）　　　200,000

（建物減価償却累計額）　108,000

（固定資産売却損）　　　2,000*1

(2)　（現　　　　　金）　　　30,000　　　　（備　　　　　品）　　　100,000

（備品減価償却累計額）　60,000　　　　（固定資産売却益）　　　5,000*3

（減 価 償 却 費）　　　15,000*2

(3)　（未 収 入 金）　　　25,000　　　　（備　　　　　品）　　　90,000

（備品減価償却累計額）　60,000　　　　（固定資産売却益）　　　5,000*5

（減 価 償 却 費）　　　10,000*4

＊ 1　貸借差額

＊ 2　残 存 価 額：100,000円 × 10% = 10,000円

　　　減価償却費：（100,000円 － 10,000円）÷ 6 年 = 15,000円

＊ 3　貸借差額

＊ 4　1 年分の減価償却費：90,000円 ÷ 6 年 = 15,000円

　　　当期分の減価償却費：$15,000円 × \dfrac{8か月}{12か月} = 10,000円$

＊ 5　貸借差額

問11 売上原価の算定

(1) 決算整理仕訳

| (仕 入) | 1,000 | (繰 越 商 品) | 1,000 |
| (繰 越 商 品) | 2,000 | (仕 入) | 2,000 |

(2) 精算表

精 算 表

勘 定 科 目	試 算 表		修 正 記 入		損益計算書		貸借対照表	
	借方	貸方	借方	貸方	借方	貸方	借方	貸方
繰 越 商 品	1,000		2,000	1,000			2,000	
仕 入	50,000		1,000	2,000	49,000			

問12 消費税の納付額の計算

(1) 決算整理仕訳

| (仮 受 消 費 税) | 300 | (仮 払 消 費 税) | 100 |
| | | (未 払 消 費 税) | 200 |

(2) 精算表

精 算 表

勘 定 科 目	試 算 表		修 正 記 入		損益計算書		貸借対照表	
	借方	貸方	借方	貸方	借方	貸方	借方	貸方
仮 払 消 費 税	100			100				
仮 受 消 費 税		300	300					
未 払 消 費 税				200				200

問13 費用・収益の前払い・前受け

(1) 決算整理仕訳

| (前 払 保 険 料) | 6,000* | (保 険 料) | 6,000 |
| (受 取 手 数 料) | 3,000 | (前 受 手 数 料) | 3,000 |

$$* \quad 24,000円 \times \frac{3か月}{12か月} = 6,000円$$

(2) 精算表

精　算　表

勘定科目	試　算　表		修正記入		損益計算書		貸借対照表	
	借方	貸方	借方	貸方	借方	貸方	借方	貸方
受取手数料		15,000	3,000			12,000		
保　険　料	24,000			6,000	18,000			
（前払）保険料			6,000				6,000	
（前受）手数料				3,000				3,000

問14　費用・収益の未払い・未収

(1) 決算整理仕訳

（支　払　利　息）　　　1,000　　　（未　払　利　息）　　　1,000*

（未　収　家　賃）　　　5,000　　　（受　取　家　賃）　　　5,000

＊　　$80,000円 \times 3\% \times \dfrac{5か月}{12か月} = 1,000円$

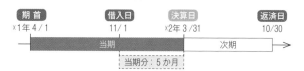

(2) 精算表

精　算　表

勘定科目	試　算　表		修正記入		損益計算書		貸借対照表	
	借方	貸方	借方	貸方	借方	貸方	借方	貸方
借　入　金		80,000						80,000
受　取　家　賃		15,000		5,000		20,000		
支　払　利　息			1,000		1,000			
（未払）利息				1,000				1,000
（未収）家賃			5,000				5,000	

問15　法人税等の計上

(1)　（仮払法人税等）　　　10,000　　　（普　通　預　金）　　　10,000

(2)　（法　人　税　等）　　　18,000　　　（仮払法人税等）　　　10,000

　　　　　　　　　　　　　　　　　　　（未払法人税等）　　　 8,000

(3)　（未払法人税等）　　　 8,000　　　（普　通　預　金）　　　 8,000

CHAPTER 12

決算手続Ⅲ

◆集計の仕方をおさえる

　ここでは、精算表の作成、財務諸表の作成、勘定の締め切りについてみていきます。

　精算表や財務諸表の作成は、CHAPTER 11で学習した決算整理が理解できていれば、あとは集計するだけなのでそんなに難しくありません。

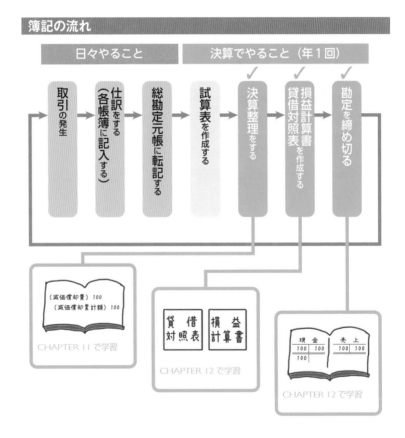

簿記の流れ

日々やること	決算でやること（年1回）

取引の発生 → 仕訳をする（各帳簿に記入する）→ 総勘定元帳に転記する → 試算表を作成する → 決算整理をする ✓ → 損益計算書・貸借対照表を作成する ✓ → 勘定を締め切る ✓

（減価償却費）100
　（減価償却累計額）100

CHAPTER 11 で学習

貸借対照表　損益計算書

CHAPTER 12 で学習

現金　売上
100 | 100　100 | 100
100

CHAPTER 12 で学習

1 精算表の作成

CHAPTER 11で学習した決算整理にもとづいて、精算表が作成されます。以下、具体例を使って、精算表がどのように作成されるかみてみましょう。

例1 ────────────────────── 精算表の作成

次の決算整理事項にもとづいて、精算表を完成させなさい。なお、当期は×1年4月1日から×2年3月31日までである。

[決算整理事項]

(1) 試算表の現金過不足について、決算日までに原因が判明しなかったので、雑損または雑益に振り替える。

(2) 売掛金の期末残高に対し、2%の貸倒引当金を設定する。

(3) 備品について減価償却費5,400円を計上する。

(4) 期末商品棚卸高は300円である。売上原価は「仕入」の行で算定する。

(5) 保険料のうち140円は次期の費用である。

精　算　表

勘定科目	試算表 借方	試算表 貸方	修正記入 借方	修正記入 貸方	損益計算書 借方	損益計算書 貸方	貸借対照表 借方	貸借対照表 貸方
現　　　　金	15,000							
現 金 過 不 足	100							
売　掛　　金	12,000							
繰 越 商 品	500							
備　　　　品	30,000							
買　掛　　金		9,700						
貸 倒 引 当 金		200						
備品減価償却累計額		13,500						
資　　本　　金		20,000						
繰越利益剰余金		2,000						
売　　　　上		42,000						
受 取 手 数 料		600						
仕　　　　入	20,000							
給　　　　料	10,000							
保　　険　　料	400							
	88,000	88,000						
雑　　（　　）								
貸倒引当金繰入								
減 価 償 却 費								
（　　）保険料								
当 期 純 利 益								

例1の解答

精 算 表

勘 定 科 目	試算表 借方	試算表 貸方	修正記入 借方	修正記入 貸方	損益計算書 借方	損益計算書 貸方	貸借対照表 借方	貸借対照表 貸方
現　　　　金	15,000						15,000	
現 金 過 不 足	100			100				
売　掛　金	12,000						12,000	
繰 越 商 品	500		300	500			300	
備　　　品	30,000						30,000	
買　掛　金		9,700						9,700
貸 倒 引 当 金		200		40				240
備品減価償却累計額		13,500		5,400				18,900
資　本　金		20,000						20,000
繰越利益剰余金		2,000						2,000
売　　　上		42,000				42,000		
受 取 手 数 料		600				600		
仕　　　入	20,000		500	300	20,200			
給　　　料	10,000				10,000			
保　険　料	400			140	260			
	88,000	88,000						
雑　　　（損）			100		100			
貸倒引当金繰入			40		40			
減 価 償 却 費			5,400		5,400			
（前払）保険料			140				140	
当 期 純 利 益					6,600			6,600
			6,480	6,480	42,600	42,600	57,440	57,440

〈解説〉

決算整理仕訳
(1) （雑　　　　　損）　100　（現 金 過 不 足）　100
(2) （貸倒引当金繰入）　40 *　（貸 倒 引 当 金）　40
(3) （減 価 償 却 費）　5,400　（備品減価償却累計額）　5,400
(4) （仕　　　　　入）　500　（繰 越 商 品）　500
　　（繰 越 商 品）　300　（仕　　　　　入）　300
(5) （前 払 保 険 料）　140　（保　　険　　料）　140
　　*　12,000円× 2 ％－200円＝40円

2 財務諸表の作成

一会計期間が終わったら財務諸表（損益計算書と貸借対照表）を作成します。

Ｉ 損益計算書の作成

損益計算書は、一会計期間の収益と費用から当期純利益（または当期純損失）を計算した表で、企業の経営成績を明らかにするために作成されます。

次の決算整理後残高試算表にもとづいて損益計算書を作成すると、以下のようになります。

決算整理後残高試算表
×2年3月31日

借方残高	勘 定 科 目	貸方残高
15,000	現　　　　　　金	
12,000	売　　掛　　金	
140	前 払 保 険 料	
300	繰　越　商　品	
30,000	備　　　　　　品	
	買　　掛　　金	9,700
	未 払 法 人 税 等	2,640
	貸 倒 引 当 金	240
	備品減価償却累計額	18,900
	資　　本　　金	20,000
	繰 越 利 益 剰 余 金	2,000
	売　　　　　　上	42,000
	受 取 手 数 料	600
20,200	仕　　　　　　入	
10,000	給　　　　　　料	
260	保　　険　　料	
5,400	減 価 償 却 費	
40	貸 倒 引 当 金 繰 入	
100	雑　　　　　　損	
2,640	法　人　税　等	
96,080		96,080

損 益 計 算 書

A社　　　　　×1年4月1日～×2年3月31日　　　　　（単位：円）

費　用	金　額	収　益	金　額
売 上 原 価❶	20,200	売 上 高❷	42,000
給　料	10,000	受 取 手 数 料	600
保 険 料	260		
減 価 償 却 費	5,400		
貸倒引当金繰入	40		
雑　損	100		
法 人 税 等	2,640		
当 期 純 利 益	3,960❸		
	42,600		42,600

❶ 決算整理後の**仕入**〔費用〕は売上原価を表します。損益計算書では「仕入」ではなく、「売上原価」で表示します。
❷ 「売上」ではなく、「売上高」で表示します。
❸ 収益（貸方）－費用（借方）で計算します。
　　収益＞費用ならば当期純利益となり、借方に表示します。
　　収益＜費用ならば当期純損失となり、貸方に表示します。
　　当期純利益の場合は赤字で記入します（試験では黒の鉛筆で記入します）。

Ⅱ　貸借対照表の作成

　貸借対照表は、決算日における資産・負債・資本（純資産）をまとめた表で、企業の財政状態を明らかにするために作成されます。

次の決算整理後残高試算表にもとづいて貸借対照表を作成すると、次のようになります。

決算整理後残高試算表
x2年3月31日

借方残高	勘 定 科 目	貸方残高
15,000	現　　　　　金	
12,000	売　　掛　　金	
140	前　払　保　険　料	
300	繰　越　商　品	
30,000	備　　　　　品	
	買　　掛　　金	9,700
	未　払　法　人　税　等	2,640
	貸　倒　引　当　金	240
	備品減価償却累計額	18,900
	資　　本　　金	20,000
	繰　越　利　益　剰　余　金	2,000
	売　　　　　上	42,000
	受　取　手　数　料	600
20,200	仕　　　　　入	
10,000	給　　　　　料	
260	保　　険　　料	
5,400	減　価　償　却　費	
40	貸　倒　引　当　金　繰　入	
100	雑　　　　　損	
2,640	法　人　税　等	
96,080		96,080

貸 借 対 照 表

A社　　　　　　　　　　x2年3月31日　　　　　　　　　　（単位：円）

資　　産	金　　額		負債・純資産	金　　額
現　　　　金		15,000	買　掛　金	9,700
売　掛　金	12,000		未払法人税等	2,640
貸 倒 引 当 金	240❶	11,760❷	資　本　金	20,000
前 払 費 用❸		140	繰越利益剰余金	5,960❼
商　　　　品❹		300		
備　　　　品	30,000			
減価償却累計額	18,900❺	11,100❻		
		38,300		38,300

New

❶　貸倒引当金は売掛金（または受取手形）の下に表示します。

❷　売掛金（または受取手形）から貸倒引当金を差し引いた残額を記入します。

> 12,000円－240円＝11,760円

❸　通常、費用の前払額（「前払保険料」など）は「前払費用」で、収益の前受額（「前受地代」など）は「前受収益」で、費用の未払額（「未払利息」など）は「未払費用」で、収益の未収額（「未収利息」など）は「未収収益」で表示します。

❹　「繰越商品」ではなく、「商品」で表示します。

❺　減価償却累計額は各固定資産の科目の下に表示します。

❻　各固定資産の金額から減価償却累計額を差し引いた残額を記入します。

> 30,000円－18,900円＝11,100円

❼　試算表の繰越利益剰余金の金額に、損益計算書の当期純利益（または当期純損失）の金額を合算します。

> 2,000円　＋　3,960円　＝5,960円
> 試算表　　　　損益計算書
> 繰越利益剰余金　当期純利益

3 勘定の締め切り

　勘定の締め切りとは、当期の勘定記入と次期の勘定記入を区別するため、総勘定元帳の各勘定を整理することをいいます。

　勘定を締め切るまでの流れは次のとおりです。以下、この流れに沿って説明していきます。

●勘定を締め切るまでの流れ

❶　収益・費用の各勘定残高を損益勘定に振り替える
❷　当期純利益（または当期純損失）を繰越利益剰余金勘定に振り替える
❸　各勘定を締め切る

Ⅰ　収益・費用の各勘定残高を損益勘定に振り替える

　勘定の締め切りは収益・費用の各勘定から行います。

　総勘定元帳上で当期純利益（または当期純損失）を計算するために、総勘定元帳に**損益勘定**を設け、損益勘定に収益・費用の各勘定残高を振り替えます。

　具体的には、収益の各勘定残高は損益勘定の貸方に、費用の各勘定残高は損益勘定の借方に振り替えることになります。

ひとこと

　収益・費用の金額は当期の利益または損失を計算するためのものなので、次期には関係ありません。そこで、決算の最後に収益・費用の各勘定残高がゼロになるようにしておくのです。

　収益・費用の各勘定残高を損益勘定に集めることにより、損益勘定で当期純利益（または当期純損失）を計算することができます。

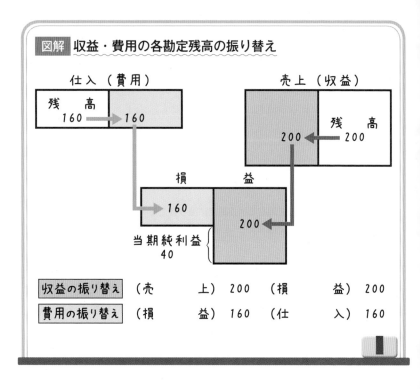

図解 収益・費用の各勘定残高の振り替え

仕 入 （費 用）		売 上 （収 益）	
残 高 160 →160		200← 残 高 200	

損　　　　益

160

200

当期純利益
40

収益の振り替え	（売 　 　 　 上） 200 （損 　 　 　 益） 200
費用の振り替え	（損 　 　 　 益） 160 （仕 　 　 　 入） 160

ひとこと

ふむふむ…

　収益・費用の各勘定残高がゼロになるように振り替えるので、仕訳上、収益（売上）や費用（仕入）がいつもとは逆側（収益→借方、費用→貸方）に記入されることに注意しましょう。

Ⅱ　当期純利益（または当期純損失）を繰越利益剰余金勘定に振り替える

　損益勘定で計算された当期純利益（または当期純損失）を繰越利益剰余金勘定に振り替えます。当期純利益は次期以降の活動資金となるため、当期純利益の場合には資本の増加として繰越利益剰余金勘定の貸方に振り替えます。

☞**資本の増加⇒貸方（右）**

　一方、当期純損失の場合には、資本の減少として繰越利益剰余金勘定の借方に振り替えます。

☞**資本の減少⇒借方（左）**

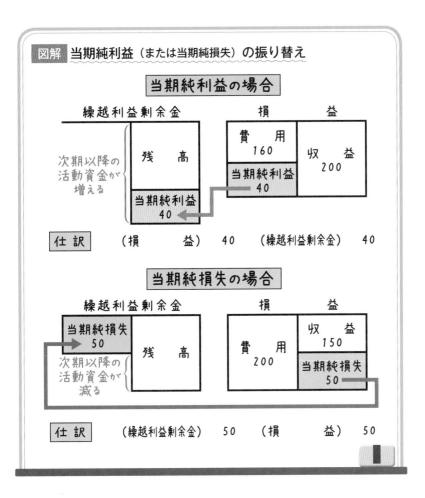

図解 当期純利益（または当期純損失）の振り替え

当期純利益の場合

繰越利益剰余金

損 益

費 用 160

収 益 200

当期純利益 40

残 高

次期以降の
活動資金が
増える

当期純利益 40

仕訳 （損 益） 40 （繰越利益剰余金） 40

当期純損失の場合

繰越利益剰余金

損 益

当期純損失 50

収 益 150

残 高

費 用 200

当期純損失 50

次期以降の
活動資金が
減る

仕訳 （繰越利益剰余金） 50 （損 益） 50

Ⅲ 各勘定を締め切る

　損益勘定から当期純利益（または当期純損失）を繰越利益剰余金勘定に振り替えたあと、総勘定元帳の各勘定を締め切ります。

1 収益と費用の各勘定の締め切り

収益と費用の各勘定について、借方合計と貸方合計が一致していることを確認し、締め切ります。

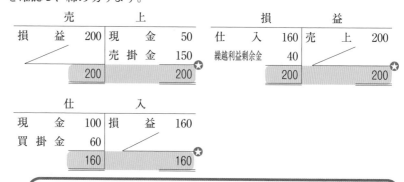

	売	上	
損　　益	200	現　　金	50
		売　掛　金	150
	200		200 ☆

	損	益	
仕　　入	160	売　　上	200
繰越利益剰余金	40		
	200		200 ☆

	仕	入	
現　　金	100	損　　益	160
買　掛　金	60		
	160		160 ☆

> ☆ 借方合計と貸方合計を計算し、二重線を引いて締め切ります。

2 資産・負債・資本（純資産）の各勘定の締め切り

資産・負債・資本（純資産）の各勘定の締切方法は次のとおりです。

	現	金	
前期繰越	500	仕　　入	100
売　　上	50	次期繰越	450 ❶
	550		550 ❷
前期繰越	450 ❸		

	買	掛　金	
次期繰越	60	仕　　入	60
		前期繰越	60

	売	掛　金	
売　　上	150	次期繰越	150
前期繰越	150		

	繰越利益剰余金		
次期繰越	340	前期繰越	300
		損　　益	40
	340		340
		前期繰越	340

> ❶ 資産・負債・資本（純資産）の各勘定残高は次期に繰り越すので、勘定の貸借差額を**「次期繰越」**と赤字で記入します（試験では黒の鉛筆で記入します）。
> ❷ 借方合計と貸方合計を記入し、一致していることを確認したあと、二重線を引いて締め切ります。
> ❸ 「次期繰越」と記入した逆側に**「前期繰越」**と繰越額を記入します。

4 剰余金の配当

Ⅰ 剰余金の配当とは

剰余金とは、会社が稼いだこれまでの利益のうち、まだ使い道が決まっていないものをいいます。

ひとこと

貸借対照表に計上されている**繰越利益剰余金**［資本］のことです。

CHAPTER 06 **11** で学習したように、会社は株主からの出資があって、活動できるわけですから、会社が稼いだ利益は株主のものです。そこで、会社が稼いだ利益は株主に**還元**されます。これを**剰余金の配当**といいます。

剰余金の配当額は、決算後に開催される株主総会において、株主からの承認を得る形で決定されます。

ひとこと

決算において、当期の儲け（当期純利益）が確定されます。その儲けを株主に還元するのが、剰余金の配当です。

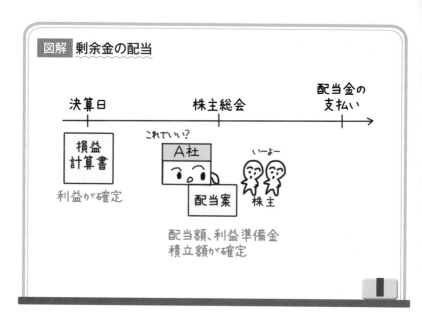

Ⅱ 剰余金の配当の処理

1 剰余金の配当額が決定したとき

New

繰越利益剰余金

株主総会で剰余金の配当額が決定したら、**繰越利益剰余金** [資本] から**未払配当金** [負債] に振り替えます。

☞**資本の減少⇒借方（左）** ☞**負債の増加⇒貸方（右）**

New

未払配当金

ひとこと

ふむふむ...

　株主総会の場では配当額が決定するだけで、実際の支払いは後日となる（株主に配当額を支払わなければならない義務が発生する）ため、**未払配当金** [負債] で処理するのです。

New

利益準備金

　また、配当のたびに、一定の金額を**利益準備金** [資本] として積み立てることが会社法で規定されています。そのため、**繰越利益剰余金** [資本] から**利益準備金** [資本] に振り替える処理もします。

ひとこと

ふむふむ...

利益準備金積立額の求め方は2級で学習します。3級では利益準備金積立額は問題に与えられるので、問題の指示にしたがって解答してください。

▼ 例2 ———————————————— **剰余金の配当額が決定したとき**

A社の株主総会において、繰越利益剰余金を財源として、株主配当金が100円、利益準備金積立額が10円と決定した。

例2の仕訳	（繰越利益剰余金）	110*	（未 払 配 当 金）	100
			（利 益 準 備 金）	10

* 100円＋10円＝110円

繰越利益剰余金勘定の記入を示すと、次のようになります。

図解 **繰越利益剰余金勘定の記入**

×2年4/1　第2期期首の繰越利益剰余金は500円だった。
×2年6/20　株主総会において、株主配当金100円、
　　　　　　利益準備金積立額10円が決定された。

↓

繰越利益剰余金

6/20	未払配当金	100	4/1	前期繰越	500
〃	利益準備金	10			

だから、株主総会後（剰余金の配当額が決定したあと）の
繰越利益剰余金の残高は390円（500円－100円－10円）となる！

2 配当金を支払ったとき

後日、株主に配当金を支払ったときは、**未払配当金** [負債] が減少します。

☞**負債の減少⇒借方（左）**

例3 ＿＿＿＿＿＿＿＿＿＿＿＿＿＿＿ 配当金を支払ったとき

A社は、**例2**で決定した株主配当金100円を当座預金口座から支払った。

例3の仕訳 （未 払 配 当 金）　　　100　（当 座 預 金）　　　100

CHAPTER 12　決算手続Ⅲ　基本問題

問1　精算表の作成　[解答用紙あり]

　次の決算整理事項と解答用紙の精算表（一部）にもとづいて、解答用紙の精算表を完成させなさい。なお、当期は×3年4月1日から×4年3月31日までである。

[決算整理事項]

1. 決算日に、現金過不足のうち300円は受取手数料の記入漏れであることが判明したが、残額は不明である。

2. 期末商品棚卸高は21,000円である。なお、売上原価の計算は「仕入」の行で行う。

3. 通信費として計上した金額のうち、1,500円は郵便切手の未使用分である。

4. 売掛金の期末残高に対して5％の貸倒引当金を設定する（差額補充法）。

5. 建物および備品について、定額法により減価償却を行う。

　　　　建物：残存価額は取得原価の10％、耐用年数30年

　　　　備品：残存価額0円、耐用年数5年

6. 保険料は当期の9月1日に向こう1年分を支払ったものである。

7. 支払利息の未払分が600円ある。

次の決算整理後残高試算表にもとづいて、解答用紙の損益計算書と貸借対照表を完成させなさい。

決算整理後残高試算表
×2年3月31日

借　方	勘 定 科 目	貸　方
82,600	現　　　　　金	
161,000	当 座 預 金	
39,000	受 取 手 形	
31,000	売 掛 金	
8,600	繰 越 商 品	
600,000	建　　　　　物	
150,000	備　　　　　品	
	支 払 手 形	60,000
	買 掛 金	66,000
	未 払 法 人 税 等	6,000
	借 入 金	80,000
	貸 倒 引 当 金	(注)1,400
	建物減価償却累計額	324,000
	備品減価償却累計額	67,500
	資 本 金	350,000
	繰 越 利 益 剰 余 金	100,000
	売　　　　　上	473,400
	受 取 手 数 料	9,600
245,000	仕　　　　　入	
80,400	給　　　　　料	
73,000	支 払 地 代	
54,000	減 価 償 却 費	
1,100	貸倒引当金繰入	
2,400	支 払 利 息	
10,000	法 人 税 等	
	未 払 利 息	600
400	未 収 手 数 料	
1,538,500		1,538,500

（注）内訳：受取手形780円、売掛金620円

問3 勘定の締め切り－Ⅰ 解答用紙あり

　解答用紙に記載された収益と費用の各勘定の残高を損益勘定へ振り替え、各勘定を締め切ったあと、損益勘定の残高を繰越利益剰余金勘定へ振り替えなさい（繰越利益剰余金勘定も締め切ること）。なお、[　　]には相手科目を（　　）には金額を記入すること。

問4 勘定の締め切り－Ⅱ

　次の(1)～(3)について仕訳しなさい。

(1)　決算において、売上勘定の残高を損益勘定に振り替えた。なお、当期の総売上高は150,000円、売上戻り高は13,000円であった。

(2)　決算において、支払利息勘定の残高を損益勘定に振り替えた。なお、当期の利息支払高は5,000円、未払利息は1,000円であった。

(3)　損益勘定の残高を繰越利益剰余金勘定に振り替えた。なお、当期の収益合計は230,000円、費用合計は180,000円であった。

問5 剰余金の配当

　次の一連の取引について仕訳しなさい。なお、勘定科目は[　　]内に示すものの中から選ぶこと。

[勘定科目：普通預金、未払配当金、利益準備金、繰越利益剰余金]

(1)　A社の株主総会において、繰越利益剰余金を財源として、株主配当金が20,000円、利益準備金積立額が2,000円と決定した。

(2)　(1)で確定した配当金を普通預金口座から支払った。

解答

問1 精算表の作成

精算表

勘定科目	試算表 借方	試算表 貸方	修正記入 借方	修正記入 貸方	損益計算書 借方	損益計算書 貸方	貸借対照表 借方	貸借対照表 貸方
現　　　　金	58,360						58,360	
現 金 過 不 足		360	360					
当 座 預 金	62,400						62,400	
売 　掛 　金	42,000						42,000	
繰 越 商 品	27,000		21,000	27,000			21,000	
建　　　　物	600,000						600,000	
備　　　　品	72,000						72,000	
買 　掛 　金		65,000						65,000
借 　入 　金		90,000						90,000
貸 倒 引 当 金		1,400		700				2,100
建物減価償却累計額		180,000		18,000				198,000
備品減価償却累計額		28,800		14,400				43,200
資 　本 　金		240,000						240,000
繰越利益剰余金		120,000						120,000
売　　　　上		510,000				510,000		
受 取 手 数 料		7,600		300		7,900		
仕　　　　入	254,000		27,000	21,000	260,000			
給　　　　料	104,000				104,000			
保 　険 　料	2,400			1,000	1,400			
水 道 光 熱 費	11,000				11,000			
通 　信 　費	5,800			1,500	4,300			
支 払 利 息	4,200		600		4,800			
	1,243,160	1,243,160						
雑　（　益　）				60		60		
貯 　蔵 　品			1,500				1,500	
貸倒引当金繰入			700		700			
減 価 償 却 費			32,400		32,400			
（前払)保険料			1,000				1,000	
（未払)利　息				600				600
当期純（利益)					99,360			99,360
			84,560	84,560	517,960	517,960	858,260	858,260

〈解説〉

決算整理仕訳を示すと次のとおりです。

1. (現 金 過 不 足)　360　(受 取 手 数 料)　300
　　　　　　　　　　　　　　　(雑　　　　益)　60
2. (仕　　　　入)　27,000　(繰 越 商 品)　27,000
　　(繰 越 商 品)　21,000　(仕　　　　入)　21,000
3. (貯 蔵 品)　1,500　(通 信 費)　1,500
4. (貸倒引当金繰入)　700 *1　(貸 倒 引 当 金)　700

　　＊1　①当期の設定額：42,000円×5％＝2,100円
　　　　　②貸倒引当金の期末残高：1,400円
　　　　　③貸倒引当金繰入：2,100円－1,400円＝700円

5. (減 価 償 却 費)　32,400　(建物減価償却累計額)　18,000 *2
　　　　　　　　　　　　　　　(備品減価償却累計額)　14,400 *3

　　　＊2　残存価額：600,000円×10％＝60,000円
　　　　　　減価償却費：(600,000円－60,000円)÷30年＝18,000円

　　　＊3　減価償却費：72,000円÷5年＝14,400円

6. (前 払 保 険 料)　1,000 *4　(保 険 料)　1,000

　　　＊4　$2,400円 \times \dfrac{5 \text{か月}}{12 \text{か月}} = 1,000円$

7. (支 払 利 息)　600　(未 払 利 息)　600

問2 財務諸表の作成

<u>損 益 計 算 書</u>
×1年4月1日～×2年3月31日　　　　　　　（単位：円）

費　　用	金　　額	収　　益	金　　額
売上（原価）	（　　245,000　）	売上（高）	（　　473,400　）
給　　料	（　　80,400　）	受取手数料	（　　9,600　）
支払地代	（　　73,000　）		
減価償却費	（　　54,000　）		
貸倒引当金繰入	（　　1,100　）		
支払利息	（　　2,400　）		
法人税等	（　　10,000　）		
当期純（利益）	（　　17,100　）		
	（　　483,000　）		（　　483,000　）

<u>貸 借 対 照 表</u>
×2年3月31日　　　　　　　（単位：円）

資　　産	金　　額		負債・純資産	金　　額
現　　金		（　82,600　）	支払手形	（　60,000　）
当座預金		（161,000　）	買　掛　金	（　66,000　）
受取手形	（　39,000　）		未払法人税等	（　6,000　）
（貸倒引当金）	（　780　）	（　38,220　）	未払費用	（　600　）
売　掛　金	（　31,000　）		借　入　金	（　80,000　）
（貸倒引当金）	（　620　）	（　30,380　）	資　本　金	（350,000　）
商　　品		（　8,600　）	繰越利益剰余金	（117,100　）*
未収収益		（　400　）		
建　　物	（600,000　）			
（減価償却累計額）	（324,000　）	（276,000　）		
備　　品	（150,000　）			
（減価償却累計額）	（　67,500　）	（　82,500　）		
		（679,700　）		（679,700　）

*　100,000円＋17,100円＝117,100円
　　　　　　　当期純利益

問3 勘定の締め切り－Ⅰ

売　　　上

［損　　　　益］	(210,000)	現　　　　金	60,000
		売　掛　金	150,000
	(210,000)		(210,000)

受　取　手　数　料

［損　　　　益］	(10,000)	現　　　　金	10,000

仕　　　入

現　　　　金	20,000	［損　　　　益］	(120,000)
買　掛　金	100,000		
	(120,000)		(120,000)

広　告　宣　伝　費

現　　　　金	15,000	［損　　　　益］	(15,000)

損　　　益

［仕　　　　入］	(120,000)	［売　　　上］	(210,000)
［広告宣伝費］	(15,000)	［受取手数料］	(10,000)
［繰越利益剰余金］	(85,000)		
	(220,000)		(220,000)

繰　越　利　益　剰　余　金

［次　期　繰　越］	(285,000)	前　期　繰　越	200,000
		［損　　　益］	(85,000)
	(285,000)		(285,000)
		［前　期　繰　越］	(285,000)

〈解説〉
　各勘定からの振替仕訳を示すと次のとおりです。
(1)　収益の各勘定から損益勘定への振り替え

| （売　　　　　上） | 210,000 | （損　　　　　益） | 210,000 |
| （受 取 手 数 料） | 10,000 | （損　　　　　益） | 10,000 |

(2)　費用の各勘定から損益勘定への振り替え

| （損　　　　　益） | 120,000 | （仕　　　　　入） | 120,000 |
| （損　　　　　益） | 15,000 | （広 告 宣 伝 費） | 15,000 |

(3)　損益勘定から繰越利益剰余金勘定への振り替え

| （損　　　　　益） | 85,000 | （繰越利益剰余金） | 85,000 |

問4　勘定の締め切り－Ⅱ

(1)　（売　　　　　上）　137,000^{*1}　（損　　　　　益）　137,000

　　＊1　純売上高：150,000円－13,000円＝137,000円

(2)　（損　　　　　益）　6,000　（支 払 利 息）　6,000^{*2}

　　＊2　5,000円＋1,000円＝6,000円

(3)　（損　　　　　益）　50,000^{*3}　（繰越利益剰余金）　50,000

　　＊3　当期純利益：230,000円－180,000円＝50,000円

問5　剰余金の配当

(1)　（繰越利益剰余金）　22,000　（未 払 配 当 金）　20,000
　　　　　　　　　　　　　　　　　（利 益 準 備 金）　2,000

(2)　（未 払 配 当 金）　20,000　（普 通 預 金）　20,000

CHAPTER 13

参　考

ここでは、CHAPTER 01からCHAPTER 12の内容のうち、発展的な内容のものについて説明します。

1 売上原価を売上原価勘定で算定する場合

CHAPTER 11では決算整理について学習しました。

決算整理事項の1つである「売上原価の算定」では、「売上原価を仕入勘定で算定する場合」についてみてきましたが、「売上原価を売上原価勘定で算定する場合」もあります。

Review CH.11 7

Ⅰ　具体的な処理（❶〜❸は次ページの 図解 の❶〜❸に対応しています。）

「売上原価を売上原価勘定で算定する場合」では、決算において新たに売上原価勘定を設けて、売上原価勘定に期首商品棚卸高、当期商品仕入高、期末商品棚卸高を集計し、売上原価勘定で売上原価を計算します。

New
売上原価

具体的には、まず❶期首商品棚卸高を**繰越商品**［資産］から**売上原価**［費用］に振り替え、次に❷当期商品仕入高を**仕入**［費用］から**売上原価**［費用］に振り替えます。そして最後に、❸期末商品棚卸高を**売上原価**［費用］から**繰越商品**［資産］に振り替えます。

▶ 例1 ─────────── 売上原価を売上原価勘定で算定する場合

決算において、売上原価を算定する。期首商品棚卸高は100円、期末商品棚卸高は200円、当期商品仕入高は1,000円であった。なお、売上原価は売上原価勘定で計算すること。

例1の仕訳	❶（売　上　原　価）	100	（繰　越　商　品）	100
	❷（売　上　原　価）	1,000	（仕　　　　　入）	1,000
	❸（繰　越　商　品）	200	（売　上　原　価）	200

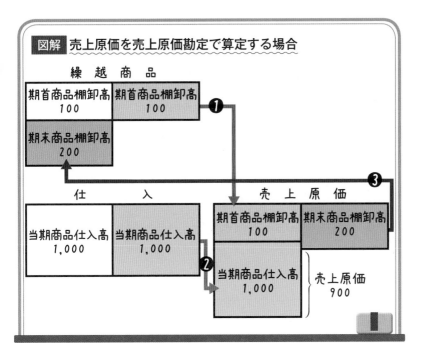

図解 売上原価を売上原価勘定で算定する場合

2 ICカードの処理

CHAPTER 03で学習したように、電車代やバス代などを支払ったとき
は、**旅費交通費** [費用] で処理します。　　　　　　　　*Review* CH.03 5

ICカードを用いて電車やバスを利用する場合は、ICカードに入金（チャージ）したときに、入金した金額を**旅費交通費** [費用] で処理するか、**仮払金**
[資産] で処理します。

入金時に**旅費交通費** [費用] で処理した場合には、電車やバスに乗ったと
きには「仕訳なし」となります。

一方、入金時に**仮払金** [資産] で処理した場合には、電車やバスに乗った
ときに、利用した金額を**仮払金** [資産] から**旅費交通費** [費用] に振り替えま
す。

ひとこと

　　　3級の試験では、「ICカードに1,000円を入金した。なお、入金した全額を
費用計上する」という指示がつくことが多いです。そのため、ここでは入金時
に**旅費交通費** [費用] で処理する方法のみ、例題でみておきましょう。

例2 ━━━━━━━━━ ICカードに入金したときの処理

営業活動で利用する電車・バスの料金支払用ICカードに現金1,000円を入金
し、領収書の発行を受けた。なお、入金時に全額費用に計上している。

例2の仕訳	（旅 費 交 通 費）	1,000	（現　　　　　金）	1,000

3 固定資産の買換え

CHAPTER 11では、固定資産の売却について学習しました。

Review CH.11 6

ここでは、固定資産を買い換えたときの処理について学習します。

I 固定資産の買換えとは

固定資産の買換えとは、古い固定資産を下取りに出して、新しい固定資産を購入することをいいます。

II 固定資産の買換えの処理

固定資産を買い換えた場合、古い固定資産を下取価額で売却し、その下取価額を新しい固定資産の取得原価にあてたとして処理します。

具体的には、古い固定資産の売却の仕訳と新しい固定資産の購入の仕訳を合わせた仕訳となります。

▼ 例3 ─────────── 固定資産を買い換えたときの処理

期首に営業用車両の買換えを行い、旧車両（取得原価2,000円、減価償却累計額1,200円）を下取りに出して新車両3,000円を購入した。なお、下取価額は500円であり、新車両の購入価額と旧車両の下取価額との差額は現金で支払った。

例3の仕訳	（車 両 運 搬 具）	3,000	（車 両 運 搬 具）	2,000
	（車両運搬具減価償却累計額）	1,200	（現　　　金）	2,500
	（固定資産売却損）	300		

〈解説〉
①旧固定資産の売却の仕訳：（車両運搬具減価償却累計額） 1,200 （車 両 運 搬 具） 2,000
　　　　　　　　　　　　　（現　　　金） 500
　　　　　　　　　　　　　（固定資産売却損） 300*
　　　　　　　　　* 貸借差額
②新固定資産の取得の仕訳：（車 両 運 搬 具） 3,000 （現　　　金） 3,000
③解 答 の 仕 訳：①＋②

4 証ひょうからの記帳

I 証ひょうとは

取引は、取引の事実を表す書類にもとづいて帳簿に記録しなければなりません。この書類を**証ひょう**といいます。

証ひょうには、納品書、請求書、領収書（控え）などの書類のほか、相手方に渡した小切手や手形の控え、通帳、振込依頼書などがあります。

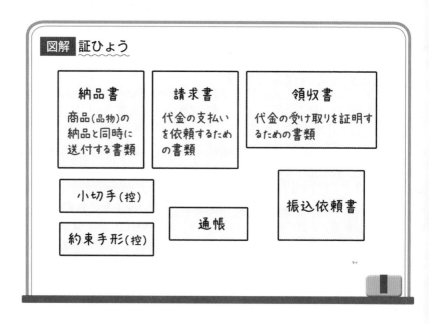

図解 証ひょう

納品書
商品(品物)の納品と同時に送付する書類

請求書
代金の支払いを依頼するための書類

領収書
代金の受け取りを証明するための書類

小切手(控)

約束手形(控)

通帳

振込依頼書

Ⅱ 証ひょうからの記帳

　いくつかの具体的な証ひょうを用いて、証ひょうから仕訳を作ってみましょう。

▼例4 ━━━━━━━━━━━━━━━━━━━━ **商品の仕入れ**

　商品を仕入れ、商品とともに次の請求書を受け取り、<u>代金は後日支払うこと</u>❸
とした（三分法、消費税は税抜方式）。

請　求　書			
新宿商事株式会社　御中			
			原宿商事株式会社
品　　物	数　量	単　価	金　額
コーヒーカップ（白） 10個入り	20	300	￥ 6,000 ❶
マグカップ（ストライプ） 10個入り	20	200	￥ 4,000
	消費税		￥ 1,000 ❷
	合　計		￥11,000 ❸

×2年9月30日までに合計額を下記口座へお振込みください。

東西銀行新宿支店　普通　1234567　ハラジュクショウジ（カ

例4の仕訳	（仕　　　　　入）❶	10,000	（買　　掛　　金）❸	11,000
	（仮 払 消 費 税）❷	1,000		

❶　商品10,000円（6,000円＋4,000円）を仕入れている→**仕入［費用］**を計上

❷　商品の仕入れでかかった消費税→**仮払消費税［資産］**で処理

❸　商品を仕入れたさいの代金後払い→**買掛金［負債］**で処理

　事務作業に使用する物品を購入し、品物とともに次の請求書を受け取り、代
金は後日支払うこととした。
　　　　　❸

請　　求　　書			
新宿商事株式会社　御中			
			銀座電器株式会社
品　　物	数　量	単　価	金　　額
デスクトップパソコン	1	320,000	￥320,000 ❶
プリンター用紙（500枚入り）	10	500	￥　5,000 ❷
セッティング代	1	3,000	￥　3,000 ❶
		合　計	￥328,000 ❸

×2年10月31日までに合計額を下記口座へお振込みください。
　南北銀行池袋支店　普通　1325476　ギンザデンキ（カ

例5の仕訳

　（備　　　　　品）❶ 323,000　（未　払　金）❸ 328,000
　（消　耗　品　費）❷ 　5,000

❶　デスクトップパソコン→備品 **[資産]** で処理。セッティング代（付随費用）
　　は備品の取得原価に含める

❷　プリンター用紙→消耗品費 **[費用]** で処理

❸　商品以外のものを購入したさいの代金後払い→未払金 **[負債]** で処理

例6 ——————————————————————————— 旅費の精算

　出張から戻った従業員から次の領収書と報告書が提出されるとともに、以前
に概算払いしていた20,000円との差額を現金で受け取った。
❷　　　　　　　　　　　　　　　❸

旅費交通費支払報告書

簿記太郎

移動先	手段等	領収書	金　額
高崎駅	電車	無	¥1,800
群馬商事高崎支店	タクシー	有	¥3,100 ★
帰社	電車	無	¥1,800
合　計			¥6,700

領　収　書	領　収　書
運賃　¥3,100 −	金額　¥8,300 = ———❶
上記のとおり領収いたしました。	但し、宿泊料として
高崎交通㈱	上記のとおり領収いたしました。
	ホテル高崎山

例6の仕訳	（旅 費 交 通 費）❶	15,000	（仮　　払　　金）❷	20,000
	（現　　　　　金）❸	5,000		

❶　出張にかかった交通費や宿泊費→**旅費交通費 [費用]** で処理
　　6,700円＋8,300円＝15,000円
　　★タクシー代3,100円は、領収書と旅費交通費報告書の両方に記載があ
　　るので、二重に計上しないように注意！

❷　さきに旅費交通費の概算額20,000円を**仮払金 [資産]** で処理している→**仮
　払金 [資産]** の減少

❸　従業員から差額を現金で受け取っている→**現金 [資産]** の増加
　　20,000円－15,000円＝5,000円

以下の納付書にもとづき、普通預金口座から振り込んだ。
❶

```
              領 収 証 書

科目                本    税      200,000   納期等   ×××××
    法人税                               の区分   ×××××
          ○ ○ 税
          △ △ 税
          □ □ 税
          合 計 額      ¥200,000        中間  確定
    ❷                                  申告  申告

住 東京都××区
所                                      出納印
氏 新宿商事株式会社                       x2.11.29
名                                      東西銀行
```

例7の仕訳　　（仮払法人税等）❷ 200,000　　（普 通 預 金）❶ 200,000

❶　普通預金口座から振り込んでいる→**普通預金[資産]**の減少

❷　「法人税」の「中間申告」→200,000円は法人税の中間申告・納付額→**仮払法人税等[資産]**で処理

例8 ———————————————————— 法人税の納付（確定申告）

以下の納付書にもとづき、普通預金口座から振り込んだ。
❶

領 収 証 書				
科目 **法人税**	本　　税	300,000	納期等	×10401
	○ ○ 税		の区分	×20331
	△ △ 税			
	□ □ 税			
	合 計 額	¥300,000		

中間申告　確定申告

出納印
×2.5.29
東西銀行

住所	東京都××区
氏名	新宿商事株式会社

❷

例8の仕訳　　（未払法人税等）❷ 300,000　　（普 通 預 金）❶ 300,000

❶　普通預金口座から振り込んでいる→**普通預金［資産］**の減少

❷　「法人税」の「確定申告」の納付→決算時に計上した未払法人税等
（300,000円）の納付→**未払法人税等［負債］**の減少

［決算時（法人税の金額が確定したとき）の仕訳］

（法 人 税 等）　　××　　（仮払法人税等）　　××
　　　　　　　　　　　　　（未払法人税等）　 300,000

銀行のインターネットバンキングサービスから当座勘定照合表（入出金明細）を参照したところ、以下のとおりだった。12月5日と12月8日の取引の仕訳をしなさい。なお、原宿商事㈱および品川商事㈱はそれぞれ新宿商事㈱の商品の取引先で、商品売買取引はすべて掛けとしている。
❷ ❺

x2年1月5日

当座勘定照合表

新宿商事株式会社　様

東西銀行新宿支店

取引日	摘　　要	お支払金額 ❶	お預り金額 ❹	取引残高
12.5	お振込み　原宿商事㈱ ❷	10,000		× ×
12.5	お振込手数料 ❸	100		× ×
12.8	お振込み　品川商事㈱ ❺		15,000	× ×
⋮	⋮	⋮	⋮	⋮

例9の仕訳　12月5日の仕訳

（買　　掛　　金）❷	10,000	（当 座 預 金）❶	10,100
（支 払 手 数 料）❸	100		

12月8日の仕訳

（当 座 預 金）❹	15,000	（売　　掛　　金）❺	15,000

12月5日の仕訳

❶　お支払金額（10,000円＋100円＝10,100円）→当座預金 **[資産]** の減少

❷　原宿商事㈱は新宿商事㈱の商品の取引先で、商品売買取引はすべて掛けとしている＆原宿商事㈱に代金を支払っている→原宿商事㈱に対する買掛金の決済→買掛金 **[負債]** の減少

❸　振込手数料→支払手数料 **[費用]** で処理

12月8日の仕訳

❹　お預り金額（15,000円）→当座預金 **[資産]** の増加

❺　品川商事㈱は新宿商事㈱の商品の取引先で、商品売買取引はすべて掛けとしている＆品川商事㈱から代金を受け取っている→品川商事㈱に対する売掛金の回収→売掛金 **[資産]** の減少

例10　　　　　　　　　　　　　　　　　　　　事務所の賃貸取引

　事務所の賃借契約を行い、以下の振込依頼書どおりに普通預金口座から振り
込み、賃借を開始した。なお、仲介手数料は費用として処理すること。
❶

振　込　依　頼　書

新宿商事株式会社　　様

株式会社黒川不動産

ご契約いただき、ありがとうございます。下記の金額を以下の口座へお振
込みいただきますよう、よろしくお願いいたします。

内　　容	金　　額	
仲介手数料	¥　10,000	❷
敷金	¥120,000	❸
初月賃料	¥　60,000	❹
合　計	¥190,000	❶

南北銀行　目黒支店　当座　3456789　カ）クロカワフドウサン

例10の仕訳　　（支 払 手 数 料）❷　10,000　（普 通 預 金）❶　190,000

　　　　　　　（差 入 保 証 金）❸　120,000

　　　　　　　（支 払 家 賃）❹　60,000

❶　普通預金口座から190,000円を振り込んでいる→普通預金 [資産] の減少

❷　仲介手数料→支払手数料 [費用] で処理

❸　敷金→差入保証金 [資産] で処理

❹　賃料→支払家賃 [費用] で処理

ひとこと

　敷金は退去時に（退去費用を差し引いた残額が）返還されるので、資産として処理
します。

5 損益法と財産法

当期純利益を求める方法には、**損益法**と**財産法**の2つの方法があります。

Ⅰ 損益法

これまで学習してきたように、収益から費用を差し引いて当期純利益を求める方法を**損益法**といいます。

収益－費用＝当期純利益

ひとこと

マイナスのときは当期純損失になります。

Ⅱ 財産法

損益計算書で求めた当期純利益は、貸借対照表の繰越利益剰余金に振り替えます。

そのため、（増資等を考慮しなければ）期末貸借対照表の純資産の額は、期首貸借対照表の純資産の額よりも、当期純利益の分だけ増えます。

そこで、期末純資産から期首純資産を差し引いても当期純利益を計算することができます。このようにして当期純利益を求める方法を**財産法**といいます。

期末純資産－期首純資産＝当期純利益

ひとこと

マイナスのときは当期純損失になります。

なお、損益法でも、財産法でも、計算した結果（当期純利益または当期純損失）は一致します。

図解 損益法と財産法

期首貸借対照表

期末貸借対照表

損益計算書

当期純利益の分だけ、期末純資産が増える！

例11 ─────────────────────── 損益法と財産法

次の表の空欄（ア）（イ）の金額を求めなさい（単位：円）。

期首貸借対照表			期末貸借対照表			損益計算書		当期純利益
資　産	負　債	純資産	資　産	負　債	純資産	収　益	費　用	
420	?	100	540	（ア）	?	300	260	（イ）

例11の解答　　（ア）400　（イ）40

〈解説〉

当期純利益：300円－260円＝40円…（イ）
　　　　　　　　収益　　費用

期末純資産：100円＋40円＝140円
　　　　　　期首純資産 当期純利益

期末負債：540円－140円＝400円…（ア）
　　　　　期末資産 期末純資産

第2問
勘定記入の解き方・考え方

本試験で出る　勘定記入の形

ひととおりの3級の学習、
おつかれさま！

これで知識は身についたから、
バリバリ問題が解けますね！

…そのはずなんだけど、
試験では、あちらこちらの内容を組み合わせた問題が
出題されるから、ちょっと手間取る問題があるんだよね…

その代表格が
第2問でよく出題される「勘定記入」なんだ。

勘定記入って、転記と締め切りっていうもの
ですよね？

そう。
それが試験だとこんな感じで出題されるんだ。

　当社（決算日は３月31日）の以下の取引にもとづいて、答案用紙の各勘定に記入しなさい。当期は×２年４月１日から×３年３月31日までの１年である。各勘定には（日付）［摘要］〈金額〉の順に記入し、［摘要］は、下記の**［摘要］**の中からもっとも適当と思われるものを選び、記号で解答すること。

［摘　要］
　ア．損益　　イ．支払利息　　ウ．未払利息　　エ．前払利息　　オ．前期繰越
　カ．次期繰越　　キ．当座預金　　ク．借入金

［取　引］
1．×１年８月１日　銀行から6,000円を年利率２％、期間１年で借り入れた。
　なお、利息の支払いは半年ごとの前払い（８月１日、２月１日）で行うため、向こう半年分の利息を差し引かれた金額が当座預金口座に入金された。
2．×２年２月１日　向こう半年分の利息を当座預金口座から支払った。
3．×２年３月31日　決算日につき、適切な利息の処理をした。
4．×２年４月１日　利息について再振替仕訳を行った。
5．×２年７月31日　返済日につき、借入金6,000円を当座預金口座を通じて返済した。
6．×２年８月１日　銀行から4,000円を年利率1.8％、期間１年で借り入れた。
　なお、利息の支払いは半年ごとの前払い（８月１日、２月１日）で行うため、向こう半年分の利息を差し引かれた金額が当座預金口座に入金された。
7．×３年２月１日　向こう半年分の利息を当座預金口座から支払った。
8．×３年３月31日　決算日につき、適切な利息の処理をした。

［答案用紙］

支　払　利　息

（　）［　　　　］〈　　　　〉	（　）［　　　　］〈　　　　〉
（　）［　　　　］〈　　　　〉	（　）［　　　　］〈　　　　〉
（　）［　　　　］〈　　　　〉	（　）［　　　　］〈　　　　〉
〈　　　　〉	〈　　　　〉

□□　利　息

（　）［　　　　］〈　　　　〉	（　）［　　　　］〈　　　　〉
（　）［　　　　］〈　　　　〉	（　）［　　　　］〈　　　　〉
〈　　　　〉	〈　　　　〉

なんと！

これ、多くの受験生が苦労する問題なので、問題を簡単にして、解き方を解説しよう。

ちょっと簡単にした問題がコレ。

当社（決算日は3月31日）の以下の取引にもとづいて、答案用紙の各勘定に記入しなさい。なお、当期は×2年4月1日から×3年3月31日までの1年である。

[取　引]

1. ×1年8月1日　銀行から6,000円を期間1年で借り入れた。なお、利息の支払いは1年分（120円）を前払いで行うため、向こう1年分の利息を差し引かれた金額が当座預金口座に入金された。

2. ×2年3月31日　決算日につき、適切な利息の処理をした。

3. ×2年4月1日　利息について再振替仕訳を行った。

4. ×2年7月31日　返済日につき、借入金6,000円を当座預金口座から返済した。

5. ×2年8月1日　銀行から4,000円を期間1年で借り入れた。なお、利息の支払いは1年分（72円）を前払いで行うため、向こう1年分の利息を差し引かれた金額が当座預金口座に入金された。

6. ×3年3月31日　決算日につき、適切な利息の処理をした。

[答案用紙]

支　払　利　息

（　）［　　　］〈　　　〉	（　）［　　　　］〈　　　〉
（　）［　　　］〈　　　〉	（　）［　　　　］〈　　　〉
〈　　　〉	〈　　　〉

□□利　息

（　）［　　　］〈　　　〉	（　）［　　　　］〈　　　〉
（　）［　　　］〈　　　〉	（　）［　　　　］〈　　　〉
〈　　　〉	〈　　　〉

少しスッキリしましたね。
では、まずは仕訳を…

ちょっと待って！
最初に会計期間を確認するよ。
この会計期間内の取引を勘定に記入するから。

なお、当期は×2年4月1日から×3年3月31日までの1年である。

なるほど。
そうすると、当期は…
×2年4月1日から×3年3月31日ですね。

勘定記入の解き方　②仕訳する

そしたら、この会計期間内の取引だけ仕訳すればいいんですね。
だから、×2年4月1日以降の取引は…

1．×1年8月1日　銀行から6,000円を期間1年で借り入れた。なお、利息の支払いは1年分（120円）を前払いで行うため、向こう1年分の利息を差し引かれた金額が当座預金口座に入金された。
2．×2年3月31日　決算日につき、適切な利息の処理をした。
3．×2年4月1日　利息について再振替仕訳を行った。

あれ…
×2年4月1日の取引は金額とかが？？？

…となるので、仕訳はすべての取引について、
下書用紙に書いた方がいいんだ。

1個ずついくよ!
この仕訳は?

1. ×1年8月1日　銀行から6,000円を期間1年で借り入れた。なお、利息の支払いは1年分（120円）を前払いで行うため、向こう1年分の利息を差し引かれた金額が当座預金口座に入金された。

え〜と。
借入金が6,000円で、支払利息が120円で、その差額が当座預金ですね!

1. ×1年8月1日	（支払利息）	120	（借　入　金）	6,000
	（当座預金）	5,880		

これは?

2. ×2年3月31日　決算日につき、適切な利息の処理をした。

8月1日に借り入れて、
利息は1年分(120円)を前払いしているから、
120円のうち、×2年4月1日から7月31日までの
4か月分が前払利息ですね。

前払利息：$120円 \times \dfrac{4か月}{12か月} = 40円$

2. ×2年3月31日	（前　払　利　息）	40	（支　払　利　息）	40

いいね!
次は?

3. ×2年4月1日　利息について再振替仕訳を行った。

再振替仕訳だから、
決算日の仕訳の逆仕訳ですね!

3. ×2年4月1日　（支 払 利 息）　　40　（前 払 利 息）　　40

そうそう。
ここから当期の仕訳だよ!

4. ×2年7月31日　返済日につき、借入金6,000円を当座預金口座から返済した。

これはふつうに、借入金の返済の仕訳で
いいんですよね?

4. ×2年7月31日　（借　入　金）　6,000　（当 座 預 金）　6,000

そうだね。
じゃあ、これは?

---

5. ×2年8月1日　銀行から4,000円を期間1年で借り入れた。なお、利息の支払いは1年分（72円）を前払いで行うため、向こう1年分の利息を差し引かれた金額が当座預金口座に入金された。

新たな借入れですね。
考え方は1.の仕訳と同じですね。

---

5. ×2年8月1日　（支 払 利 息）　　72　（借　入　金）　4,000
　　　　　　　　（当 座 預 金）　3,928

最後、これは?

---

6. ×3年3月31日　決算日につき、適切な利息の処理をした。

決算時の仕訳ですね。
8月1日に支払った1年分（72円）の利息のうち、×3年4月1日から7月31日までの4か月分が前払分だから…

前払利息：$72円 \times \dfrac{4か月}{12か月} = 24円$

---

6. ×3年3月31日　（前 払 利 息）　　24　（支 払 利 息）　　24

オッケー!
これで仕訳が全部終わったね。

つづいて、仕訳から勘定への転記だね。
勘定は「支払利息」と「□□□利息」だから、
利息に関する仕訳の金額を転記していくよ。

下書用紙に書いた仕訳は次のとおりだね。
このうち、×2年4月1日から×3年3月31日
までの仕訳を転記するよ。

1. ×1年8月1日	（支 払 利 息）	120	（借 入 金）	6,000
	（当 座 預 金）	5,880		
2. ×2年3月31日	（前 払 利 息）	40	（支 払 利 息）	40
3. ×2年4月1日	（支 払 利 息）	40	（前 払 利 息）	40
4. ×2年7月31日	（借 入 金）	6,000	（当 座 預 金）	6,000
5. ×2年8月1日	（支 払 利 息）	72	（借 入 金）	4,000
	（当 座 預 金）	3,928		
6. ×3年3月31日	（前 払 利 息）	24	（支 払 利 息）	24

□□□利息勘定は、前払利息勘定っていうことが
わかりますね。

そうだね。
そして、注意すべきが、×2年4月1日の再振替仕訳。

再振替仕訳は、前期の決算で行った仕訳の逆仕訳で、
ここで前払利息〔資産〕が出てくるっていうことは…

前期末に前払利息〔資産〕が残っていて、
それが当期に繰り越されている…

そう！
だから、前払利息勘定の借方には、
期首の日付で「前期繰越」が入るんだ。

	前 払 利 息				
(×2.4/1) [前 期 繰 越]〈	40〉	( ) [	]〈	〉
( ) [	]〈	〉	( ) [	]〈	〉
	〈	〉		〈	〉

ここがちょっと忘れちゃうところだよね。
あとは、仕訳から転記すると…

摘要欄には相手科目を書くよ

	支 払 利 息				
(×2.4/1) [前 払 利 息]〈	40〉	(×3.3/31) [前 払 利 息]〈	24〉
(×2.8/1) [借 入 金]〈	72〉	( ) [	]〈	〉
	〈	〉		〈	〉

	前 払 利 息				
(×2.4/1) [前 期 繰 越]〈	40〉	(×2.4/1) [支 払 利 息]〈	40〉
(×3.3/31) [支 払 利 息]〈	24〉	( ) [	]〈	〉
	〈	〉		〈	〉

こんな感じになって…

おしまい！

まだ早い！

勘定記入の解き方　④帳簿の締め切り

決算では最後に帳簿を締め切るでしょ？
帳簿の締め切りでは、
まず収益、費用の各勘定の残高は…

損益勘定に振り替える！

正解！
この問題は支払利息勘定が費用の勘定だから、
支払利息勘定の残高を損益勘定の借方に振り替えるよ。

支払利息勘定の残高は
40＋72－24＝88 ですね！

7．×3年3月31日	（損　　　益）	88	（支払利息）	88

支 払 利 息

(×2.4/1)	［前 払 利 息］〈	40〉	(×3.3/31)	［前 払 利 息］〈	24〉
(×2.8/1)	［借 入 金］〈	72〉	(×3.3/31)	［損　　　益］〈	88〉
	〈　　　　　〉			〈　　　　　〉	

この問題に損益勘定の記入はないけど、
もしあったら、損益勘定の記入はこうなるね。

損　　　益

×3.3/31	支 払 利 息	88	

そして、帳簿の締め切りでは、
資産・負債・純資産の各勘定残高は…

期末の日付で「次期繰越」とします!

よく覚えていたね!
この問題は前払利息勘定が資産の勘定だから、
「次期繰越」は貸方に記入することになるね。

	前 払 利 息		
(x2.4/1)〔前 期 繰 越〕〈 40〉	(x2.4/1)〔支 払 利 息〕〈 40〉
(x3.3/31)〔支 払 利 息〕〈 24〉	(x3.3/31)〔次 期 繰 越〕〈 24〉
〈 〉	〈 〉

あとは、合計欄を記入すれば、
この勘定記入の完成!
…というわけさ。

解答

	支 払 利 息		
(x2.4/1)〔前 払 利 息〕〈 40〉	(x3.3/31)〔前 払 利 息〕〈 24〉
(x2.8/1)〔借 入 金〕〈 72〉	(x3.3/31)〔損 益〕〈 88〉
〈 112〉	〈 112〉

	前 払 利 息		
(x2.4/1)〔前 期 繰 越〕〈 40〉	(x2.4/1)〔支 払 利 息〕〈 40〉
(x3.3/31)〔支 払 利 息〕〈 24〉	(x3.3/31)〔次 期 繰 越〕〈 24〉
〈 64〉	〈 64〉

おわりに

ひとつひとつ考えていくと、
そんなに難しくないんですね。

そうだね。
あとは、本試験では利息の金額を計算させたり、
利払日が年2回だったりするので、
もう少し処理が増えるかな。

あと、本試験だと、
「日付欄には配点がない」と指示がつくこともあるよ。

配点がないなら、
日付欄は書かなくてもいいですよね?

そうなんだけど、
書いておいた方がミスが減るから書くようにしようね。

は〜い!

より本試験に近い形の問題を姉妹書の「簿記の
問題集（別売）」に載せておいたから解いてみてね。

それから、法人税等に関する勘定記入も
よく出題されるから、こちらも姉妹書の
「簿記の問題集（別売）」で解いてみてね!

頑張って解いてみます!

補助資料

このテキストで学習した勘定科目の一覧です

貸　借　対　照　表			
資　　　産		**負　　　債**	
現　　　　　金 … CHAPTER03 **1**		支　払　手　形 … CHAPTER04 **2**	
小　口　現　金 … CHAPTER03 **5**		電 子 記 録 債 務 … CHAPTER04 **3**	
当　座　預　金 … CHAPTER03 **4**		買　掛　　金 … CHAPTER02 **3**	
普　通　預　金 … CHAPTER03 **3**		未 払 消 費 税 … CHAPTER11 **8**	
定　期　預　金 … CHAPTER03 **3**		未 払 法 人 税 等 … CHAPTER11 **10**	
受　取　手　形 … CHAPTER04 **2**		未　払　配　当　金 … CHAPTER12 **4**	
電 子 記 録 債 権 … CHAPTER04 **3**		借　入　　金 … CHAPTER06 **2**	
売　掛　　金 … CHAPTER02 **3**		当　座　借　越 … CHAPTER11 **2**	
クレジット売掛金 … CHAPTER02 **5**		手　形　借　入　金 … CHAPTER06 **3**	
△ 貸 倒 引 当 金 … CHAPTER11 **4**		未　払　　金 … CHAPTER06 **1**	
仮 払 法 人 税 等 … CHAPTER11 **10**		前　受　　金 … CHAPTER06 **4**	
貯　蔵　　品 … CHAPTER11 **3**		仮　受　　金 … CHAPTER06 **5**	
立　替　　金 … CHAPTER02 **6**		預　り　　金 … CHAPTER06 **6**	
(従 業 員 立 替 金) … CHAPTER06 **6**		(所 得 税 預 り 金) … CHAPTER06 **6**	
貸　付　　金 … CHAPTER06 **2**		(従 業 員 預 り 金) … CHAPTER06 **6**	
手　形　貸　付　金 … CHAPTER06 **3**		仮 受 消 費 税 … CHAPTER06 **10**	
未　収　入　金 … CHAPTER06 **1**		前　受　収　益 … CHAPTER11 **9**	
(未　収　　金) … CHAPTER06 **1**		未　払　費　用 … CHAPTER11 **9**	
前　払　　金 … CHAPTER06 **4**		**純　資　産**	
仮　払　　金 … CHAPTER06 **5**		資　本　　金 … CHAPTER06 **11**	
受 取 商 品 券 … CHAPTER06 **7**		利 益 準 備 金 … CHAPTER12 **4**	
差　入　保　証　金 … CHAPTER06 **8**		繰越利益剰余金 … CHAPTER12 **4**	
仮　払　消　費　税 … CHAPTER06 **10**			
商　　　　　品 … CHAPTER12 **2**			
(繰　越　商　品) … CHAPTER11 **7**			
前　払　費　用 … CHAPTER11 **9**			
未　収　収　益 … CHAPTER11 **9**			
土　　　　　地 … CHAPTER05 **1**			
建　　　　　物 … CHAPTER05 **1**			
備　　　　　品 … CHAPTER05 **1**			
車　両　運　搬　具 … CHAPTER05 **1**			
△減価償却累計額 … CHAPTER11 **5**			
資　産　合　計　　×××		負債・純資産合計　　×××	

上記以外：現金過不足 … CHAPTER03 **2**

損 益 計 算 書

費　　　　用	収　　　　益
仕　　　　　　　入 … CHAPTER02 **2**	売　　上　　（高） … CHAPTER02 **2**
（売　上　原　価）…………参考 **1**	受 取 手 数 料 … CHAPTER06 **9**
給　　　　　　料 … CHAPTER06 **6**	受　取　家　賃 … CHAPTER06 **9**
広 告 宣 伝 費 … CHAPTER06 **9**	受　取　地　代 … CHAPTER06 **9**
旅 費 交 通 費 … CHAPTER03 **5**	受　取　利　息 … CHAPTER06 **2**
支 払 手 数 料 … CHAPTER02 **5**	雑　　　　　益 … CHAPTER11 **1**
保　　険　　料 … CHAPTER01 **1**	固 定 資 産 売 却 益 … CHAPTER11 **6**
水 道 光 熱 費 … CHAPTER03 **2**	貸 倒 引 当 金 戻 入 … CHAPTER11 **4**
通　　信　　費 … CHAPTER03 **5**	償 却 債 権 取 立 益 … CHAPTER11 **4**
雑　　　　　費 … CHAPTER03 **5**	
発　　送　　費 … CHAPTER02 **6**	
租　税　公　課 … CHAPTER06 **9**	
消　耗　品　費 … CHAPTER03 **5**	
法 定 福 利 費 … CHAPTER06 **9**	
貸 倒 引 当 金 繰 入 … CHAPTER11 **4**	
貸　倒　損　失 … CHAPTER11 **4**	
減 価 償 却 費 … CHAPTER11 **5**	
支　払　地　代 … CHAPTER06 **9**	
支　払　家　賃 … CHAPTER06 **8**	
修　　繕　　費 … CHAPTER05 **3**	
支　払　利　息 … CHAPTER06 **2**	
雑　　　　　損 … CHAPTER11 **1**	
固 定 資 産 売 却 損 … CHAPTER11 **6**	
法人税、住民税及び事業税 … CHAPTER11 **10**	
（法　人　税　等）… CHAPTER11 **10**	
当期純利益	
費用・当期純利益合計　　×××	収　益　合　計　　×××

索 引

【著者】

滝澤ななみ（たきざわ・ななみ）

簿記、ＦＰ、宅建士など多くの資格書を執筆している。主な著書は
『スッキリわかる日商簿記』１～３級（15年連続全国チェーン売上第
１位※１）、『みんなが欲しかった！簿記の教科書・問題集』日商２・
３級、『みんなが欲しかった！ＦＰの教科書』２・３級（10年連続売
上第１位※２）、『みんなが欲しかった！ＦＰの問題集』２・３級など。

※１　紀伊國屋書店PubLine/三省堂書店/丸善ジュンク堂書店　2009年1月～2023
　　　年12月（各社調べ、50音順）
※２　紀伊國屋書店PubLine調べ　2014年1月～2023年12月

〈ホームページ〉『滝澤ななみのすすめ！』
著者が運営する簿記・ＦＰ・宅建士に関する情報サイト。
ネット試験対応の練習問題も掲載しています。
URL：https://takizawananami-susume.jp/

・装丁：Malpu Design ／イラスト：matsu（マツモト　ナオコ）

みんなが欲しかったシリーズ

みんなが欲しかった！
簿記の教科書　日商３級　商業簿記　第12版

2012年２月20日　初　版　第１刷発行
2024年２月26日　第12版　第１刷発行
2024年11月22日　　　　　第４刷発行

著　　者	滝　澤　な　な　み	
発　行　者	多　田　敏　男	
発　行　所	TAC株式会社　出版事業部	
	（TAC出版）	

〒101-8383
東京都千代田区神田三崎町3-2-18
電　話　03（5276）9492（営業）
FAX　03（5276）9674
https://shuppan.tac-school.co.jp

組　　版	有限会社　マーリンクレイン
印　　刷	株式会社　光　邦
製　　本	東京美術紙工協業組合

© Nanami Takizawa 2024　　　Printed in Japan　　　ISBN 978-4-300-11006-5
N.D.C. 336

簿記の教科書　日商3級　商業簿記

別　冊

○SIWAKE-119 ～仕訳119～
○基本問題解答用紙

　この冊子には、重要仕訳を集めた「SIWAKE-119 ～仕訳119～」と、基本問題（ 解答用紙あり の問題）の解答用紙がとじこまれています。

〈別冊ご利用時の注意〉

　この色紙を残したまま冊子をていねいに抜き取り、ご利用ください。
　また、抜き取りのさいの損傷についてのお取替えはご遠慮願います。

別冊の使い方

Step ❶ この色紙を残したまま、ていねいに抜き取ってください。色紙は、本体からとれませんので、ご注意ください。

Step ❷ 抜き取った用紙を針金のついているページでしっかりと開き、工具を使用して、針金を外してください。針金で負傷しないよう、お気をつけください。

Step ❸ アイテムごとに分けて、お使いください。

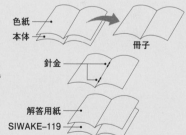

★取りはずし動画はこちらから！
https://bookstore.tac-school.co.jp/min202403/

SIWAKE-119

～仕訳 119～

教科書の中で登場する重要な仕訳を集めました。
試験直前の復習に活用してください。

1 三分法

A社はB社から商品100円を仕入れ、代金は現金で支払った。

（仕 入）	100	（現 金）	100

2 三分法

A社はC社に商品（原価100円、売価150円）を売り上げ、代金は現金で受け取った。

（現 金）	150	（売 上）	150

3 掛けによる仕入れ、売上げ

A社はB社から商品100円を仕入れ、代金は掛けとした。

（仕 入）	100	（買 掛 金）	100

4 掛けによる仕入れ、売上げ

A社はB社に対する買掛金100円を現金で支払った。

（買 掛 金）	100	（現 金）	100

5 掛けによる仕入れ、売上げ

Ａ社はＣ社に商品（原価100円、売価150円）を売り上げ、代金は掛けとした。

（売 掛 金）	150	（売 上）	150

6 掛けによる仕入れ、売上げ

Ａ社はＣ社より売掛金150円を現金で回収した。

（現 金）	150	（売 掛 金）	150

7 返品

Ｂ社から掛けで仕入れた商品のうち、20円を品違いのため返品した。

（買 掛 金）	20	（仕 入）	20

8 返品

Ｃ社に掛けで売り上げた商品のうち、40円が品違いのため、返品された。

（売 上）	40	（売 掛 金）	40

クレジット売掛金

商品100円をクレジット払いの条件で販売した。なお、信販会社への手数料（販売代金の2％）は販売時に計上する。

（支 払 手 数 料）	2*1	（売	上）	100
（クレジット売掛金）	98*2			

* 1　100円×2％＝2円
* 2　100円－2円＝98円

クレジット売掛金

信販会社より決済手数料を差し引かれた残額98円が当座預金口座へ入金された。

（当 座 預 金）	98	（クレジット売掛金）	98

諸掛り

A社はB社から商品100円を仕入れ、代金は掛けとした。なお、引取運賃10円を現金で支払った。

（仕	入）	110	（買	掛	金）	100
			（現		金）	10

諸掛り

A社はB社から商品100円を仕入れ、代金は掛けとした。なお、B社負担の引取運賃10円を現金で立替払いした。

（仕	入）	100	（買	掛	金）	100
（立	替	金）	10	（現	金）	10

A社はC社へ商品170円（送料込み）を販売し、代金は掛けとした。また、同時に運送業者へ商品を引き渡し、送料20円（費用処理する）は現金で支払った。

（売 掛 金)	170	（売 上)	170
（発 送 費)	20	（現 金)	20

A社はC社へ商品150円を販売し、代金は掛けとした。なお、送料（当社負担）20円は現金で支払った。

（売 掛 金)	150	（売 上)	150
（発 送 費)	20	（現 金)	20

C社に商品100円を売り上げ、代金はC社振出の小切手で受け取った。

（現 金)	100	（売 上)	100

C社の売掛金100円の回収として、普通為替証書を受け取った。

（現 金)	100	（売 掛 金)	100

現金の帳簿残高が100円のところ、実際有高は80円であった。

（現 金 過 不 足）	20	（現 金）	20

現金の帳簿残高が100円のところ、実際有高は110円であった。

（現 金）	10	（現 金 過 不 足）	10

現金の不足額20円を現金過不足勘定の借方に記入していたが、このうち15円は電気代（水道光熱費）の記入漏れであることが判明した。

（水 道 光 熱 費）	15	（現 金 過 不 足）	15

現金の過剰額10円を現金過不足勘定の貸方に記入していたが、このうち8円は売掛金の回収額であることが判明した。

（現 金 過 不 足）	8	（売 掛 金）	8

21 普通預金と定期預金

① 普通預金口座に現金100円を預け入れた。
② 定期預金口座に現金200円を預け入れた。

①	（普　通　預　金）	100	（現　　　　金）	100
②	（定　期　預　金）	200	（現　　　　金）	200

22 普通預金と定期預金

① 普通預金口座から現金100円を引き出した。
② 定期預金口座から普通預金口座に200円を預け替えた。

①	（現　　　　金）	100	（普　通　預　金）	100
②	（普　通　預　金）	200	（定　期　預　金）	200

23 普通預金と定期預金

現金100円を甲銀行の普通預金口座に、現金200円を乙銀行の普通預金口座に預け入れた。

（普通預金甲銀行）	100	（現　　　　金）	100
（普通預金乙銀行）	200	（現　　　　金）	200

24 当座預金

Ａ社はＸ銀行と当座取引契約を結び、当座預金口座に現金100円を預け入れた。

（当　座　預　金）	100	（現　　　　金）	100

Ａ社はＢ社に対する買掛金100円を支払うため、小切手を振り出した。

| （買 掛 金） | 100 | （当 座 預 金） | 100 |

Ａ社はＣ社に対する売掛金100円について、Ｃ社振出の小切手で受け取り、ただちに当座預金口座に預け入れた。

| （当 座 預 金） | 100 | （売 掛 金） | 100 |

Ａ社はＣ社に対する売掛金100円について、以前にＡ社が振り出した小切手で受け取った。

| （当 座 預 金） | 100 | （売 掛 金） | 100 |

Ａ社はＢ社に対する買掛金300円を支払うため、小切手を振り出した。なお、Ａ社の当座預金口座の残高は100円であったが、取引銀行と限度額500円の当座借越契約を結んでいる。

| （買 掛 金） | 300 | （当 座 預 金） | 300 |

定額資金前渡法（インプレスト・システム）により、会計係は小口係に小口現金1,000円を小切手を振り出して前渡しした。

（小 口 現 金）	1,000	（当 座 預 金）	1,000

会計係は小口係から以下の支払報告（合計900円）を受けた。
バス代400円　ハガキ代300円　文房具代200円

（旅 費 交 通 費）	400	（小 口 現 金）	900
（通　　信　　費）	300		
（消 耗 品 費）	200		

会計係は小口係に小切手900円を振り出して小口現金を補給した。

（小 口 現 金）	900	（当 座 預 金）	900

会計係は小口係から以下の支払報告（合計900円）を受け、ただちに小切手を振り出して小口現金を補給した。
バス代400円　ハガキ代300円　文房具代200円

（旅 費 交 通 費）	400	（当 座 預 金）	900
（通　　信　　費）	300		
（消 耗 品 費）	200		

Ａ社はＢ社から商品100円を仕入れ、代金は約束手形を振り出して支払った。

（仕 入）	100	（支 払 手 形）	100

Ｂ社はＡ社に商品100円を売り上げ、代金はＡ社振出の約束手形で受け取った。

（受 取 手 形）	100	（売 上）	100

かねてＢ社に振り出していた約束手形100円の支払期日となり、Ａ社は取引銀行より当座預金口座から支払いが行われた旨の通知を受けた。

（支 払 手 形）	100	（当 座 預 金）	100

かねてＡ社から受け取っていた約束手形100円の支払期日となり、Ｂ社は取引銀行より当座預金口座に入金があった旨の通知を受けた。

（当 座 預 金）	100	（受 取 手 形）	100

A社は、B社に対する買掛金1,000円の支払いに電子記録債務を用いることとし、取引銀行を通じて債務の発生記録を行った。また、B社（A社に対する売掛金がある）は取引銀行よりその通知を受けた。A社（債務者）とB社（債権者）の仕訳をしなさい。

A社	（買　　掛　　金）	1,000	（電 子 記 録 債 務）	1,000
B社	（電 子 記 録 債 権）	1,000	（売　　掛　　金）	1,000

A社は、**36**の電子記録債務について、取引銀行の当座預金口座からB社の取引銀行の当座預金口座に払い込みを行った。A社（債務者）とB社（債権者）の仕訳をしなさい。

A社	（電 子 記 録 債 務）	1,000	（当 　座 　預 　金）	1,000
B社	（当 　座 　預 　金）	1,000	（電 子 記 録 債 権）	1,000

倉庫用建物500,000円を購入し、代金は小切手を振り出して支払った。なお、不動産会社への仲介手数料20,000円は現金で支払った。

（建　　　　　物）	520,000 *	（当 　座 　預 　金）	500,000
		（現　　　　　金）	20,000

* 500,000円＋20,000円＝520,000円

建物の改良と修繕を行い、70,000円を小切手を振り出して支払った。なお、このうち資本的支出は50,000円で、収益的支出は20,000円である。

（建　　　　　物）	50,000	（当 　座 　預 　金）	70,000
（修　　繕　　費）	20,000		

保有する土地150円（帳簿価額）を150円で売却し、代金は月末に受け取ることとした。

（未 収 入 金）	150	（土 地）	150

月末となり、未収入金150円を現金で受け取った。

（現 金）	150	（未 収 入 金）	150

土地100円を購入し、代金は仲介手数料10円とともに月末に支払うこととした。

（土 地）	110	（未 払 金）	110

月末となり、未払金110円を現金で支払った。

（未 払 金）	110	（現 金）	110

A社はB社に対して現金100円を貸し付けた。

（貸 付 金）	100	（現 金）	100

A社はB社から貸付金の利息10円を現金で受け取った。

（現 金）	10	（受 取 利 息）	10

A社はB社から貸付金100円の返済を受け、現金を受け取った。

（現 金）	100	（貸 付 金）	100

B社はA社より現金100円を借り入れた。

（現 金）	100	（借 入 金）	100

B社はA社に借入金の利息10円を現金で支払った。

（支　払　利　息）	10	（現　　　　　金）	10

B社はA社に対する借入金100円を現金で返済した。

（借　　入　　金）	100	（現　　　　　金）	100

取引銀行に借入金400円を返済し、利息とともに当座預金口座から支払った。なお、利息の年利率は3％で借入期間は10か月である。

（借　　入　　金）	400	（当　座　預　金）	410
（支　払　利　息）	10 *		

$$* \quad 400円 \times 3\% \times \frac{10か月}{12か月} = 10円$$

A社はB社に現金100円を貸し付け、同額の約束手形を受け取った。

（手　形　貸　付　金）	100	（現　　　　　金）	100

Ｂ社はＡ社から現金100円を借り入れ、同額の約束手形を振り出した。

（現　　　　金）	100	（手 形 借 入 金）	100

54 **前払金・前受金** CHAPTER 06

Ａ社はＢ社に商品100円を注文し、内金として20円を現金で支払った。

（前　払　　金）	20	（現　　　　金）	20

55 **前払金・前受金** CHAPTER 06

Ａ社はＢ社より商品100円を仕入れ、代金のうち20円は注文時に支払った内金と相殺し、残額（80円）は掛けとした。

（仕　　　　入）	100	（前　払　　金）	20
		（買　掛　　金）	80

56 **前払金・前受金** CHAPTER 06

Ｂ社はＡ社より商品100円の注文を受けた。そのさい、内金として20円を現金で受け取った。

（現　　　　金）	20	（前　受　　金）	20

B社はA社に商品100円を販売し、代金のうち20円は注文時に受け取った内金と相殺し、残額（80円）は掛けとした。

（前　受　金）	20	（売　　　上）	100
（売　掛　金）	80		

従業員の出張にあたり、旅費の概算額100円を現金で前渡しした。

（仮　払　金）	100	（現　　　金）	100

従業員が出張から戻り、概算額100円のうち、旅費交通費として60円を使ったと報告を受け、残額（40円）は現金で受け取った。

（旅費交通費）	60	（仮　払　金）	100
（現　　　金）	40		

出張中の従業員から当座預金口座に100円の入金があったが、その内容は不明である。

（当座預金）	100	（仮　受　金）	100

仮払金・仮受金　　　　　　　　　　　　　　　　CHAPTER 06

従業員が出張から戻り、仮受金100円は得意先から売掛金を回収した金額であること
が判明した。

（仮	受	金）	100	（売	掛	金）	100

立替金・預り金　　　　　　　　　　　　　　　　CHAPTER 06

Ａ社は、従業員が負担すべき生命保険料20円を現金で立て替えた。

（立	替	金）	20	（現		金）	20

立替金・預り金　　　　　　　　　　　　　　　　CHAPTER 06

Ａ社は、従業員に支払う給料100円のうち、さきに立て替えていた20円を差し引き、
残額（80円）を現金で支給した。

（給	料）	100	（立	替	金）	20
			（現		金）	80

立替金・預り金　　　　　　　　　　　　　　　　CHAPTER 06

Ａ社は、従業員に支払う給料100円のうち、源泉所得税10円を差し引き、残額（90円）
を現金で支給した。

（給	料）	100	（預	り	金）	10
			（現		金）	90

65 立替金・預り金

預り金として処理していた源泉所得税10円を税務署に現金で納付した。

（預　　り　　金）	10	（現　　　　　金）　10

66 受取商品券

商品200円を売り上げ、代金は自治体発行の商品券150円と現金50円を受け取った。

（受　取　商　品　券）	150	（売　　　　　　上）　200
（現　　　　　金）	50	

67 受取商品券

かねて売上代金として受け取った自治体発行の商品券100円を引き渡して換金請求を行い、ただちに同額が普通預金口座に振り込まれた。

（普　通　預　金）	100	（受　取　商　品　券）　100

68 差入保証金・支払家賃

店舗の賃借にあたって、敷金100円を普通預金口座から振り込んだ。

（差　入　保　証　金）	100	（普　通　預　金）　100

店舗の賃貸借契約の終了にともない、**68**で差し入れた敷金100円のうち、修繕費用20円が差し引かれた残額（80円）が普通預金口座に振り込まれた。

（修　繕　費）	20	（差 入 保 証 金）	100
（普　通　預　金）	80		

店舗の賃貸借契約にもとづき、1か月分の家賃100円を普通預金口座から支払った。

（支　払　家　賃）	100	（普　通　預　金）	100

当月分の家賃100円を現金で受け取った。

（現　　　　金）	100	（受　取　家　賃）	100

会社負担分の社会保険料100円を現金で納付した。

（法 定 福 利 費）	100	（現　　　　金）	100

商品110円（税込価額）を仕入れ、代金は現金で支払った。なお、消費税率は10%である。

（仕 入）	100 *1	（現 金）	110
（仮 払 消 費 税）	10 *2		

* 1　仕入価額（税抜価額）：110円 × $\dfrac{100\%}{100\% + 10\%}$ ＝100円
* 2　支払った消費税額：100円×10%＝10円

商品330円（税込価額）を売り上げ、代金は現金で受け取った。なお、消費税率は10%である。

（現 金）	330	（売 上）	300 *1
		（仮 受 消 費 税）	30 *2

* 1　売上価額（税抜価額）：330円 × $\dfrac{100\%}{100\% + 10\%}$ ＝300円
* 2　受け取った消費税額：300円×10%＝30円

A株式会社は、会社の設立にあたり、株式100株を1株あたり500円で発行し、全株式の払い込みを受け、払込金額は普通預金とした。

（普 通 預 金）	50,000	（資 本 金）	50,000 *

*　@500円×100株＝50,000円

A株式会社は、取締役会により増資を決議し、新たに株式20株を1株あたり600円で発行し、全株式の払い込みを受け、払込金額は当座預金とした。

（当 座 預 金）	12,000	（資 本 金）	12,000 *

*　@600円×20株＝12,000円

簿記の教科書　日商３級　商業簿記
基本問題　解答用紙

解答用紙はダウンロードでもご利用いただけます。
TAC出版書籍販売サイト・サイバーブックストアにアクセスしてください。
https://bookstore.tac-school.co.jp/

問1　転記

日付	借方科目	金　額	貸方科目	金　額
4／5				
10				
18				
20				

現　　　　金

4／1 前　月　繰　越　100,000	

売　　掛　　金

4／1 前　月　繰　越　100,000	

買　　掛　　金

	4／1 前　月　繰　越　5,000

借　　入　　金

売　　　　上

仕　　　　入

問2　小口現金出納帳－Ⅰ

小 口 現 金 出 納 帳

受　　入	x年		摘　　要	支　払	内　　　　訳			
					旅費交通費	消耗品費	通信費	雑　費
8,000	5	16	本日補給					
			合　　計					
		〃	次週繰越					
	5	23	前週繰越					
		〃	本日補給					

3

問3　小口現金出納帳－Ⅱ

(1)

小 口 現 金 出 納 帳

受　　入	X年		摘　　　要	支　　払	内　　　訳			
					旅費交通費	消耗品費	通信費	雑　　費
10,000	6	6	前 週 繰 越					
			合　　　　計					
		〃	本 日 補 給					
		〃	次 週 繰 越					
	6	13	前 週 繰 越					

(2)

日付	借方科目	金　　額	貸方科目	金　　額
6/10				

4

問4　仕入帳・売上帳

仕　入　帳

x年		摘　　要	内　訳	金　額
7	1	甲社　　　　　　　　　掛け		
		A商品　（　　個）（@　　円）	（　　　　　）	
		B商品　（　　個）（@　　円）	（　　　　　）	（　　　　　　）
	3	**甲社　　　　　　　掛け返品**		
		A商品　（　　個）（@　円）		（　　　　　　）
	15	乙社　　　　　　　　　掛け		
		C商品　（　　個）（@　　円）	（　　　　　）	
		D商品　（　　個）（@　　円）	（　　　　　）	（　　　　　　）
	31	総 仕 入 高		（　　　　　　）
	〃	返 品 高		（　　　　　　）
		純 仕 入 高		（　　　　　　）

売　上　帳

x年		摘　　要	内　訳	金　額
7	7	丙社　　　　　　　　　掛け		
		A商品　（　　個）（@　　円）	（　　　　　）	
		B商品　（　　個）（@　　円）	（　　　　　）	（　　　　　　）
	10	**丙社　　　　　　　掛け返品**		
		B商品　（　　個）（@　　円）		（　　　　　　）
	22	丁社　　　　　　　　　掛け		
		C商品　（　　個）（@　　円）	（　　　　　）	
		D商品　（　　個）（@　　円）	（　　　　　）	（　　　　　　）
	31	総 売 上 高		（　　　　　　）
	〃	返 品 高		（　　　　　　）
		純 売 上 高		（　　　　　　）

問5　手形記入帳－Ⅰ

(1)　帳簿の名称：(　　　　　　　　　　)記入帳

(2)　各日付の仕訳

日付	借方科目	金　　額	貸方科目	金　　額
7/ 9				
8/ 6				
10/ 9				

問6　手形記入帳－Ⅱ

(1)　帳簿の名称：(　　　　　　　　　　)記入帳

(2)　各日付の仕訳

日付	借方科目	金　　額	貸方科目	金　　額
9 /26				
12/26				

6

問7　売掛金元帳

売 掛 金 元 帳
丙　　社

x年		摘　　　　　　要	借　方	貸　方	借/貸	残　高
7	1	前 月 繰 越				
	31	次 月 繰 越				
8	1	前 月 繰 越				

問8　買掛金元帳

買 掛 金 元 帳
Y　　社

x年		摘　　　　　　要	借　方	貸　方	借/貸	残　高
7	1	前 月 繰 越				
	31	次 月 繰 越				
8	1	前 月 繰 越				

問9　商品有高帳－Ⅰ

商 品 有 高 帳

（先入先出法）　A　商　品

日　付		摘　要	受　入			払　出			残　高		
			数量	単価	金額	数量	単価	金額	数量	単価	金額
8	1	前月繰越	10	450	4,500				10	450	4,500
	8	仕　入									
	10	売　上									
	17	仕　入									
	19	仕入戻し									
	20	売　上									
	31	次月繰越									
				－			－				
9	1	前月繰越									

問10　商品有高帳－Ⅱ

(1)　商品有高帳の記入

商 品 有 高 帳

（移動平均法）　B　商　品

日　付		摘　要	受　入			払　出			残　高		
			数量	単価	金額	数量	単価	金額	数量	単価	金額
9	1	前月繰越	20	200	4,000				20	200	4,000
	5	仕　入									
	7	売　上									
	12	仕　入									
	20	売　上									
	30	次月繰越									
				－			－				
10	1	前月繰越									

8

(2) 売上総利益の計算

売 上 原 価 の 計 算

月初商品棚卸高	: (円)
当 月 純 仕 入 額	: (円)
月末商品棚卸高	: (円)
売 上 原 価	: (円)

売 上 総 利 益 の 計 算

売 上 高	: (円)
売 上 原 価	: (円)
売 上 総 利 益	: (円)

問11 補助簿の選択

補助簿＼取引	(1)	(2)	(3)	(4)	(5)
当座預金出納帳					
売 上 帳					
仕 入 帳					
受取手形記入帳					
支払手形記入帳					
売 掛 金 元 帳					
買 掛 金 元 帳					
商 品 有 高 帳					
固 定 資 産 台 帳					

問1　合計試算表

合　計　試　算　表
×1年6月30日

借　　方	勘　定　科　目	貸　　方
	現　　　　　金	
	当　座　預　金	
	受　取　手　形	
	売　　掛　　金	
	備　　　　　品	
	仮　　払　　金	
	支　払　手　形	
	買　　掛　　金	
	未　　払　　金	
	資　　本　　金	
	繰越利益剰余金	
	売　　　　　上	
	仕　　　　　入	
	給　　　　　料	
	保　　険　　料	
	旅　費　交　通　費	

問2　残高試算表

残 高 試 算 表
x1年9月30日

借　　方	勘 定 科 目	貸　　方
	現　　　　　金	
	当 座 預 金	
	受 取 手 形	
	売 掛 金	
	前 払 金	
	支 払 手 形	
	買 掛 金	
	前 受 金	
	所 得 税 預 り 金	
	資 本 金	
	繰 越 利 益 剰 余 金	
	売　　　　　上	
	受 取 手 数 料	
	仕　　　　　入	
	給　　　　　料	
	支 払 家 賃	
	旅 費 交 通 費	
	消 耗 品 費	

問2　三伝票制－Ⅱ

(1)

出　金　伝　票	
科　　　目	金　　額

振　替　伝　票			
借方科目	金　　額	貸方科目	金　　額
仕　　　　　入	80,000	買　　掛　　金	80,000

(2)

出　金　伝　票	
科　　　目	金　　額
建　　　　　物	5,000

振　替　伝　票			
借方科目	金　　額	貸方科目	金　　額

問3　仕訳日計表

仕　訳　日　計　表
×1年5月1日　　　　　　5

借　　方	元丁	勘　定　科　目	元丁	貸　　方
		現　　　　　金		
		受　取　手　形		
		売　　掛　　金		
		支　払　手　形		
		買　　掛　　金		
		売　　　　　上		
		仕　　　　　入		

総 勘 定 元 帳
現　　　　　金　　　　　　　　1

日	付	摘　　　要	仕丁	借　方	貸　方	借/貸	残　高
5	1	前 月 繰 越	✔	20,000		借	20,000

売　　掛　　金　　　　　　　　4

日	付	摘　　　要	仕丁	借　方	貸　方	借/貸	残　高
5	1	前 月 繰 越	✔	23,000		借	23,000

得 意 先 元 帳
甲　　　　社　　　　　　　　　1

日	付	摘　　　要	仕丁	借　方	貸　方	借/貸	残　高
5	1	前 月 繰 越	✔	18,000		借	18,000

乙　　　　社　　　　　　　　　2

日	付	摘　　　要	仕丁	借　方	貸　方	借/貸	残　高
5	1	前 月 繰 越	✔	5,000		借	5,000

仕 入 先 元 帳

X　　　　社　　　　　　　　　　1

日	付	摘　　要	仕丁	借　方	貸　方	借/貸	残　高
5	1	前月繰越	✓		10,000	貸	10,000

Y　　　　社　　　　　　　　　　2

日	付	摘　　要	仕丁	借　方	貸　方	借/貸	残　高
5	1	前月繰越	✓		7,000	貸	7,000

CHAPTER 11　決算手続Ⅱ　基本問題

問1　現金過不足の処理－Ⅰ

(1)　決算整理仕訳

借方科目	金　　額	貸方科目	金　　額

(2)　精算表

精　　算　　表

勘 定 科 目	試　算　表		修 正 記 入		損益計算書		貸借対照表	
	借方	貸方	借方	貸方	借方	貸方	借方	貸方
現　　　　金	5,000							
現 金 過 不 足	300							
雑　　（　　）								

問2　現金過不足の処理－Ⅱ

(1)　決算整理仕訳

借方科目	金　　額	貸方科目	金　　額

(2) 精算表

精　算　表

勘定科目	試　算　表		修正記入		損益計算書		貸借対照表	
	借方	貸方	借方	貸方	借方	貸方	借方	貸方
現　　　金	8,000							
現 金 過 不 足		500						
雑　（　　）								

問3　当座借越勘定への振り替え

(1) 決算整理仕訳

借方科目	金　　額	貸方科目	金　　額

(2) 精算表

精　算　表

勘定科目	試　算　表		修正記入		損益計算書		貸借対照表	
	借方	貸方	借方	貸方	借方	貸方	借方	貸方
当 座 預 金		400						
（　　　　）								

問4　貯蔵品勘定への振り替え

(1) 決算整理仕訳

借方科目	金　　額	貸方科目	金　　額

(2) 精算表

精　算　表

勘定科目	試　算　表		修正記入		損益計算書		貸借対照表	
	借方	貸方	借方	貸方	借方	貸方	借方	貸方
通　信　費	820							
租 税 公 課	900							
（　　　　　）								

問5　貸倒引当金の設定

(1) 決算整理仕訳

借方科目	金　　額	貸方科目	金　　額

(2) 精算表

精　算　表

勘定科目	試　算　表		修正記入		損益計算書		貸借対照表	
	借方	貸方	借方	貸方	借方	貸方	借方	貸方
受 取 手 形	4,000							
売　掛　金	6,000							
貸 倒 引 当 金		80						
貸倒引当金繰入								

問7　有形固定資産の減価償却－Ⅰ

(1) 決算整理仕訳

借方科目	金　　額	貸方科目	金　　額

(2) 精算表

精 算 表

勘定科目	試 算 表		修 正 記 入		損益計算書		貸借対照表	
	借方	貸方	借方	貸方	借方	貸方	借方	貸方
建 物	60,000							
建物減価償却累計額		13,500						
減 価 償 却 費								

問8 有形固定資産の減価償却－Ⅱ

(1) 決算整理仕訳

借方科目	金 額	貸方科目	金 額

(2) 精算表

精 算 表

勘定科目	試 算 表		修 正 記 入		損益計算書		貸借対照表	
	借方	貸方	借方	貸方	借方	貸方	借方	貸方
建 物	80,000							
備 品	48,000							
建物減価償却累計額		24,000						
備品減価償却累計額		12,000						
減 価 償 却 費								

問11 売上原価の算定

(1) 決算整理仕訳

借方科目	金 額	貸方科目	金 額

(2) 精算表

精　算　表

勘定科目	試　算　表		修正記入		損益計算書		貸借対照表	
	借方	貸方	借方	貸方	借方	貸方	借方	貸方
繰 越 商 品	1,000							
仕　　　入	50,000							

問12　消費税の納付額の計算

(1) 決算整理仕訳

借方科目	金　　額	貸方科目	金　　額

(2) 精算表

精　算　表

勘定科目	試　算　表		修正記入		損益計算書		貸借対照表	
	借方	貸方	借方	貸方	借方	貸方	借方	貸方
仮 払 消 費 税	100							
仮 受 消 費 税		300						
未 払 消 費 税								

問13　費用・収益の前払い・前受け

(1) 決算整理仕訳

借方科目	金　　額	貸方科目	金　　額

(2) 精算表

精　算　表

勘 定 科 目	試 算 表		修 正 記 入		損益計算書		貸借対照表	
	借方	貸方	借方	貸方	借方	貸方	借方	貸方
受 取 手 数 料		15,000						
保　険　料	24,000							
（　　　）保険料								
（　　　）手数料								

問14　費用・収益の未払い・未収

(1) 決算整理仕訳

借方科目	金　額	貸方科目	金　額

(2) 精算表

精　算　表

勘 定 科 目	試 算 表		修 正 記 入		損益計算書		貸借対照表	
	借方	貸方	借方	貸方	借方	貸方	借方	貸方
借　入　金		80,000						
受 取 家 賃		15,000						
支 払 利 息								
（　　　）利息								
（　　　）家賃								

問1　精算表の作成

精　算　表

勘定科目	試　算　表		修 正 記 入		損益計算書		貸借対照表	
	借方	貸方	借方	貸方	借方	貸方	借方	貸方
現　　　　金	58,360							
現 金 過 不 足		360						
当 座 預 金	62,400							
売 　掛　 金	42,000							
繰 越 商 品	27,000							
建　　　　物	600,000							
備　　　　品	72,000							
買 　掛 　金		65,000						
借 　入　 金		90,000						
貸 倒 引 当 金		1,400						
建物減価償却累計額		180,000						
備品減価償却累計額		28,800						
資　 本　 金		240,000						
繰越利益剰余金		120,000						
売　　　　上		510,000						
受 取 手 数 料		7,600						
仕 　　　 入	254,000							
給 　　 　料	104,000							
保 　険 　料	2,400							
水 道 光 熱 費	11,000							
通 　信 　費	5,800							
支 払 利 息	4,200							
	1,243,160	1,243,160						
雑 （　　　）								
貯 蔵 品								
貸倒引当金繰入								
減 価 償 却 費								
（　　　）保険料								
（　　　）利 息								
当 期 純 （　　　）								

問2　財務諸表の作成

損 益 計 算 書
×1年4月1日～×2年3月31日　　　（単位：円）

費　　　用	金　　額	収　　　益	金　　額
売　上　（　　　）	（　　　　　）	売　上　（　　　）	（　　　　　）
給　　　　　料	（　　　　　）	受 取 手 数 料	（　　　　　）
支　払　地　代	（　　　　　）		
減 価 償 却 費	（　　　　　）		
貸倒引当金繰入	（　　　　　）		
支　払　利　息	（　　　　　）		
法　人　税　等	（　　　　　）		
当期純（　　　）	（　　　　　）		
	（　　　　　）		（　　　　　）

貸 借 対 照 表
×2年3月31日　　　　　（単位：円）

資　　　産	金　　額	負債・純資産	金　　額
現　　　　　金	（　　　　　）	支　払　手　形	（　　　　　）
当　座　預　金	（　　　　　）	買　　掛　　金	（　　　　　）
受　取　手　形	（　　　）	未 払 法 人 税 等	（　　　　　）
（　　　　　）	（　　　）	未　払　費　用	（　　　　　）
売　　掛　　金	（　　　）	借　　入　　金	（　　　　　）
（　　　　　）	（　　　）（　　　）	資　　本　　金	（　　　　　）
商　　　　　品	（　　　）	繰越利益剰余金	（　　　　　）
未　収　収　益			
建　　　　　物	（　　　）		
（　　　　　）	（　　　）（　　　）		
備　　　　　品	（　　　）		
（　　　　　）	（　　　）（　　　）		
	（　　　　　）		（　　　　　）

問3　勘定の締め切りーI

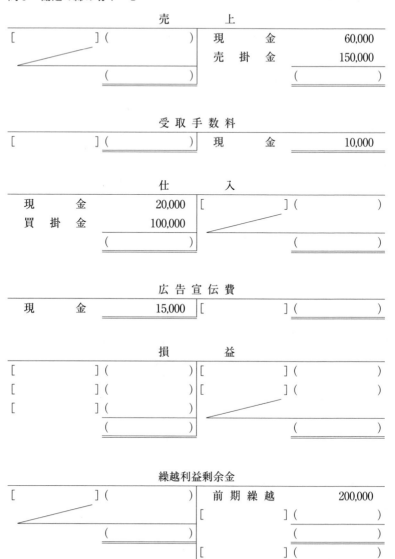

売　　上

[　　　　　　] (　　　　　)	現　　金	60,000
	売　掛　金	150,000
(　　　　　)	(　　　　　)

受 取 手 数 料

| [　　　　　　] (　　　　　) | 現　　金 | 10,000 |

仕　　入

現　　金	20,000	[　　　　　　] (　　　　　)
買　掛　金	100,000	
(　　　　　)	(　　　　　)

広 告 宣 伝 費

| 現　　金 | 15,000 | [　　　　　　] (　　　　　) |

損　　益

[　　　　　　] (　　　　　)	[　　　　　　] (　　　　　)
[　　　　　　] (　　　　　)	[　　　　　　] (　　　　　)
[　　　　　　] (　　　　　)	
(　　　　　)	(　　　　　)

繰越利益剰余金

[　　　　　　] (　　　　　)	前 期 繰 越	200,000
	[　　　　　　] (　　　　　)
(　　　　　)	(　　　　　)
	[　　　　　　] (　　　　　)

22

商品100円を仕入れ、代金のうち20円は現金で支払い、残額は掛けとしたが、誤って次の仕訳をしていたため訂正を行った。

（仕 入）	100	（現 金）	80
		（買 掛 金）	20

（現 金）	60	（買 掛 金）	60

78 決算整理　現金過不足の処理   CHAPTER 11

決算において、現金過不足（借方）が100円あるが、その原因は不明である。

（雑 損）	100	（現 金 過 不 足）	100

79 決算整理　現金過不足の処理   CHAPTER 11

決算において、現金過不足（貸方）が100円あるが、その原因は不明である。

（現 金 過 不 足）	100	（雑 益）	100

80 決算整理　当座借越勘定への振り替え   CHAPTER 11

決算において、当座預金の貸方残高は100円である。なお、全額が当座借越によるものであるため、適切な勘定へ振り替える。

（当 座 預 金）	100	（当 座 借 越）	100

81 決算整理　当座借越勘定への振り替え

期首につき、前期の決算整理のさい振り替えた当座借越勘定の残高100円について再振替仕訳を行う。

| （当　座　借　越） | 100 | （当　座　預　金） | 100 |

82 決算整理　貯蔵品勘定への振り替え

決算において、未使用の郵便切手10円と未使用の収入印紙20円があった。

| （貯　　蔵　　品） | 30 | （通　　信　　費） | 10 |
| | | （租　税　公　課） | 20 |

83 決算整理　貯蔵品勘定への振り替え

期首につき、82で貯蔵品に振り替えた郵便切手10円と収入印紙20円について、再振替仕訳を行う。

| （通　　信　　費） | 10 | （貯　　蔵　　品） | 30 |
| （租　税　公　課） | 20 | | |

84 決算整理　貸倒引当金の設定

得意先が倒産し、同社に対する売掛金100円（当期に発生）が貸し倒れた。

| （貸　倒　損　失） | 100 | （売　　掛　　金） | 100 |

決算整理　貸倒引当金の設定

決算において、売掛金の期末残高1,000円に対し、2％の貸倒引当金を設定する。

（貸倒引当金繰入）	20 *	（貸 倒 引 当 金）	20

*　1,000円×2％＝20円

決算整理　貸倒引当金の設定

決算において、売掛金の期末残高1,500円に対し、2％の貸倒引当金を設定する。なお、貸倒引当金の期末残高は20円である。

（貸倒引当金繰入）	10 *	（貸 倒 引 当 金）	10

*　①当期の設定額：1,500円×2％＝30円　②貸倒引当金の期末残高：20円
　③貸倒引当金繰入：30円－20円＝10円

決算整理　貸倒引当金の設定

得意先が倒産し、同社に対する売掛金100円（前期に発生）が貸し倒れた。なお、貸倒引当金の残高は30円である。

（貸 倒 引 当 金）	30	（売　　　掛　　　金）	100
（貸 倒 損 失）	70		

決算整理　貸倒引当金の設定

前期に貸倒処理した売掛金100円を当期に現金で回収した。

（現　　　　　金）	100	（償却債権取立益）	100

89 決算整理　有形固定資産の減価償却

決算において、前期首に購入した建物（取得原価10,000円、残存価額は取得原価の10％、耐用年数30年）について、定額法により減価償却を行う（間接法）。

（減 価 償 却 費）	300 *	（建物減価償却累計額）	300

　＊　残存価額：10,000円×10％＝1,000円　減価償却費：（10,000円－1,000円）÷30年＝300円

90 決算整理　有形固定資産の減価償却

当社は月次決算を行っている。建物の減価償却費について、年間見積額300円を12か月で割った金額を毎月の決算で計上している。当月の減価償却費を計上しなさい（間接法）。

（減 価 償 却 費）	25 *	（建物減価償却累計額）	25

　＊　300円÷12か月＝25円

91 決算整理　有形固定資産の減価償却

当期の会計期間は×1年4月1日から×2年3月31日までである。また、当社は月次決算を行っている。建物の減価償却費について、年間見積額300円を12か月で割った金額を毎月の決算で計上しており、×2年2月末まで計上している。決算において3月分について同額を計上する（間接法）。

（減 価 償 却 費）	25 *	（建物減価償却累計額）	25

　＊　300円÷12か月＝25円

92 有形固定資産の売却

当期首において、備品（取得原価10,000円、減価償却累計額5,400円）を4,000円で売却し、代金は月末に受け取ることとした（間接法）。

（未 収 入 金）	4,000	（備　　　　品）	10,000
（備品減価償却累計額）	5,400		
（固 定 資 産 売 却 損）	600 *		

　＊　帳簿価額：10,000円－5,400円＝4,600円　売却損益：4,000円－4,600円＝△600円（売却損）

93 有形固定資産の売却

当期首において、備品（取得原価10,000円、減価償却累計額5,400円）を5,200円で売却し、代金は月末に受け取ることとした（間接法）。

（未 収 入 金）	5,200	（備 品）	10,000
（備品減価償却累計額）	5,400	（固定資産売却益）	600 *

* 帳簿価額：10,000円－5,400円＝4,600円　売却損益：5,200円－4,600円＝600円（売却益）

94 有形固定資産の売却

×4年8月31日に、備品（取得原価10,000円、減価償却累計額5,400円）を4,000円で売却し、代金は月末に受け取ることとした。この備品は定額法（残存価額は取得原価の10％、耐用年数は5年）により減価償却しており、当期の減価償却費は月割計上する。なお、決算日は3月31日である（間接法）。

（未 収 入 金）	4,000	（備 品）	10,000
（備品減価償却累計額）	5,400	（固定資産売却益）	150 *2
（減 価 償 却 費）	750 *1		

* 1　残存価額：10,000円×10％＝1,000円
　　1年分の減価償却費：（10,000円－1,000円）÷5年＝1,800円
　　当期分の減価償却費：$1,800円 \times \dfrac{5か月}{12か月} = 750円$

* 2　貸借差額：4,000円－（10,000円－5,400円－750円）＝150円（売却益）

95 決算整理　売上原価の算定

決算において、売上原価を算定する。期首商品棚卸高は100円、期末商品棚卸高は200円であった。なお、売上原価は「仕入」の行で計算すること。

（仕 入）	100	（繰 越 商 品）	100
（繰 越 商 品）	200	（仕 入）	200

96 決算整理　消費税の納付額の計算

決算において、消費税の納付額を計算する。仮払消費税は10円、仮受消費税は30円である。

（仮 受 消 費 税）	30	（仮 払 消 費 税）	10
		（未 払 消 費 税）	20 *

＊　30円－10円＝20円

97 決算整理　費用・収益の前払い・前受けと未払い・未収

決算において、支払家賃のうち100円は次期の費用である。

（前 払 家 賃）	100	（支 払 家 賃）	100

98 決算整理　費用・収益の前払い・前受けと未払い・未収

期首につき、前期の決算整理のさい前払処理した支払家賃100円について再振替仕訳を行う。

（支 払 家 賃）	100	（前 払 家 賃）	100

99 決算整理　費用・収益の前払い・前受けと未払い・未収

決算において、受取地代1,200円のうち、次期分を前受処理する。なお、地代は当期の12月1日に向こう1年分を受け取ったものである。決算日は3月31日である。

（受 取 地 代）	800	（前 受 地 代）	800 *

＊　$1,200円 \times \dfrac{8か月}{12か月} = 800円$

期首につき、前期の決算整理のさい前受処理した受取地代800円について再振替仕訳を行う。

| （前　受　地　代） | 800 | （受　取　地　代） | 800 |

決算において、当期分の支払利息100円を未払計上する。

| （支　払　利　息） | 100 | （未　払　利　息） | 100 |

期首につき、前期の決算整理のさい未払計上した支払利息100円について再振替仕訳を行う。

| （未　払　利　息） | 100 | （支　払　利　息） | 100 |

決算において、当期分の受取利息を未収計上する。貸付金4,000円は、当期の11月1日に貸付期間1年、年利率3％、利息は返済時に受け取るという条件で貸し付けたものである。なお、決算日は3月31日である。

| （未　収　利　息） | 50 * | （受　取　利　息） | 50 |

　*　$4,000円 \times 3\% \times \dfrac{5か月}{12か月} = 50円$

決算整理　費用・収益の前払い・前受けと未払い・未収　CHAPTER 11

期首につき、前期の決算整理のさい未収計上した受取利息50円について再振替仕訳を行う。

（受　取　利　息）	50	（未　収　利　息）	50

決算整理　法人税等の計上　CHAPTER 11

法人税の中間申告を行い、税額100円を現金で納付した。なお、決算日は年1回、3月31日である。

（仮 払 法 人 税 等）	100	（現　　　　　金）	100

決算整理　法人税等の計上　CHAPTER 11

決算の結果、当期の法人税等が250円と確定した。なお、中間納付額100円は仮払法人税等として処理している。

（法人税、住民税及び事業税）	250	（仮 払 法 人 税 等）	100
		（未 払 法 人 税 等）	150 *

　　　*　250円－100円＝150円

107

未払法人税等の納付　CHAPTER 11

未払法人税等150円を現金で納付した。

（未 払 法 人 税 等）	150	（現　　　　　金）	150

Ａ社の株主総会において、繰越利益剰余金を財源として、株主配当金が100円、利益準備金積立額が10円と決定した。

（繰越利益剰余金）	110 *	（未 払 配 当 金）	100
		（利 益 準 備 金）	10

* 100円＋10円＝110円

Ａ社は、108で決定した株主配当金100円を当座預金口座から支払った。

（未 払 配 当 金）	100	（当 座 預 金）	100

決算において、売上原価を算定する。期首商品棚卸高は100円、期末商品棚卸高は200円、当期商品仕入高は1,000円であった。なお、売上原価は売上原価勘定で計算すること。

（売 上 原 価）	100	（繰 越 商 品）	100
（売 上 原 価）	1,000	（仕 入）	1,000
（繰 越 商 品）	200	（売 上 原 価）	200

111 ICカードの処理

営業活動で利用する電車・バスの料金支払用ICカードに現金1,000円を入金し、領収書の発行を受けた。なお、入金時に全額費用に計上している。

（旅 費 交 通 費）	1,000	（現 金）	1,000

112 固定資産の買換え

期首に営業用車両の買換えを行い、旧車両（取得原価2,000円、減価償却累計額1,200円）を下取りに出して新車両3,000円を購入した。なお、下取価額は500円であり、新車両の購入価額と旧車両の下取価額との差額は現金で支払った。

（車 両 運 搬 具）	3,000	（車 両 運 搬 具）	2,000
（車両運搬具減価償却累計額）	1,200	（現 金）	2,500
（固 定 資 産 売 却 損）	300		

①旧固定資産の売却の仕訳： （車両運搬具減価償却累計額） 1,200 （車 両 運 搬 具） 2,000
（現 金） 500
（固定資産売却損） 300 *
* 貸借差額
②新固定資産の取得の仕訳： （車 両 運 搬 具） 3,000 （現 金） 3,000
③解 答 の 仕 訳： ①＋②

商品を仕入れ、商品とともに次の請求書を受け取り、代金は後日支払うこととした（三分法、消費税は税抜方式）。

<table>
<tr><td colspan="4" align="center">請　　求　　書</td></tr>
<tr><td colspan="4">新宿商事株式会社　御中</td></tr>
<tr><td colspan="4" align="right">原宿商事株式会社</td></tr>
<tr><td align="center">品　物</td><td align="center">数　量</td><td align="center">単　価</td><td align="center">金　額</td></tr>
<tr><td>コーヒーカップ（白）
10個入り</td><td align="center">20</td><td align="center">300</td><td align="right">¥　6,000</td></tr>
<tr><td>マグカップ（ストライプ）
10個入り</td><td align="center">20</td><td align="center">200</td><td align="right">¥　4,000</td></tr>
<tr><td colspan="3" align="center">消費税</td><td align="right">¥　1,000</td></tr>
<tr><td colspan="3" align="center">合　計</td><td align="right">¥11,000</td></tr>
</table>

×2年9月30日までに合計額を下記口座へお振込みください。

東西銀行新宿支店　普通　1234567　ハラジュクショウジ（カ

（仕　　　　　入）	10,000	（買　　掛　　金）	11,000
（仮 払 消 費 税）	1,000		

事務作業に使用する物品を購入し、品物とともに次の請求書を受け取り、代金は後日
支払うこととした。

<table>
<tr><td colspan="4" align="center">請　求　書</td></tr>
</table>

新宿商事株式会社　御中

銀座電器株式会社

品　物	数　量	単　価	金　額
デスクトップパソコン	1	320,000	￥320,000
プリンター用紙（500枚入り）	10	500	￥　5,000
セッティング代	1	3,000	￥　3,000
		合　計	￥328,000

×2年10月31日までに合計額を下記口座へお振込みください。

南北銀行池袋支店　普通　1325476　ギンザデンキ（カ

（備　　　　品）	323,000	（未　払　金）	328,000
（消　耗　品　費）	5,000		

出張から戻った従業員から次の領収書と報告書が提出されるとともに、以前に概算払いしていた20,000円との差額を現金で受け取った。

<table>
<tr><th colspan="4">旅費交通費支払報告書</th></tr>
<tr><td colspan="4" align="right">簿記太郎</td></tr>
<tr><th>移動先</th><th>手段等</th><th>領収書</th><th>金　額</th></tr>
<tr><td>高崎駅</td><td>電車</td><td>無</td><td>￥1,800</td></tr>
<tr><td>群馬商事高崎支店</td><td>タクシー</td><td>有</td><td>￥3,100</td></tr>
<tr><td>帰社</td><td>電車</td><td>無</td><td>￥1,800</td></tr>
<tr><td colspan="3" align="center">合　計</td><td>￥6,700</td></tr>
</table>

領　収　書

運賃　￥3,100−

上記のとおり領収いたしました。

高崎交通㈱

領　収　書

金額　￥8,300−

但し、宿泊料として

上記のとおり領収いたしました。

ホテル高崎山

（旅　費　交　通　費）	15,000	（仮　　払　　金）	20,000
（現　　　　　金）	5,000		

以下の納付書にもとづき、普通預金口座から振り込んだ。

領　収　証　書			
科目　　　　法人税	本　　税	200,000	納期等　××××× の区分　×××××
	○　○　税		
	△　△　税		
	□　□　税		
	合　計　額	￥200,000	中間申告　確定申告
住所　東京都××区			出納印 x2.11.29 東西銀行
氏名　新宿商事株式会社			

（仮 払 法 人 税 等）	200,000	（普　通　預　金）	200,000

以下の納付書にもとづき、普通預金口座から振り込んだ。

領　収　証　書				
科目	本　　税	300,000	納期等	×10401
法人税	○　○　税		の区分	×20331
	△　△　税			
	□　□　税			
	合　計　額	￥300,000		

科目：法人税

本　税　300,000　納期等の区分　×10401　×20331

合計額　￥300,000

中間申告　（確定申告）

住所　東京都××区

氏名　新宿商事株式会社

出納印　×2.5.29　東西銀行

（未 払 法 人 税 等）	300,000	（普　通　預　金）	300,000

銀行のインターネットバンキングサービスから当座勘定照合表（入出金明細）を参照したところ、以下のとおりだった。12月5日と12月8日の取引の仕訳をしなさい。なお、原宿商事㈱および品川商事㈱はそれぞれ新宿商事㈱の商品の取引先で、商品売買取引はすべて掛けとしている。

×2年1月5日

当座勘定照合表

新宿商事株式会社　様

東西銀行新宿支店

取引日	摘　　要	お支払金額	お預り金額	取引残高
12.5	お振込み　原宿商事㈱	10,000		××
12.5	お振込手数料	100		××
12.8	お振込み　品川商事㈱		15,000	××
⋮	⋮	⋮	⋮	⋮

12月5日の仕訳

（買　掛　金）	10,000	（当　座　預　金）	10,100
（支 払 手 数 料）	100		

12月8日の仕訳

（当　座　預　金）	15,000	（売　掛　金）	15,000

事務所の賃借契約を行い、以下の振込依頼書どおりに普通預金口座から振り込み、賃借を開始した。なお、仲介手数料は費用として処理すること。

振　込　依　頼　書

新宿商事株式会社　様

株式会社黒川不動産

ご契約いただき、ありがとうございます。下記の金額を以下の口座へお振込みいただきますよう、よろしくお願いいたします。

内　　容	金　額
仲介手数料	¥ 10,000
敷金	¥120,000
初月賃料	¥ 60,000
合　計	¥190,000

南北銀行　目黒支店　当座　3456789　カ）クロカワフドウサン

（支 払 手 数 料）	10,000	（普 通 預 金）	190,000
（差 入 保 証 金）	120,000		
（支 払 家 賃）	60,000